复旦城市治理评论

Fudan Urban Governance Review
Vol.6 / 2021

复旦城市治理评论　第6辑
Fudan Urban Governance Review Vol.6
复旦大学国际关系与公共事务学院

主编
唐亚林　陈水生

副主编
李春成　孙小逸

编辑部主任
陈水生（兼）

编辑部副主任
孙小逸（兼）

编辑委员会（按姓氏音序排列）

陈水生	陈醒	高恩新	高翔	谷志军
韩志明	黄璜	李春成	李德国	李瑞昌
李文钊	刘建军	刘鹏	罗梁波	马亮
孟天广	庞明礼	容志	尚虎平	孙小逸
锁利铭	谭海波	唐亚林	王佃利	吴晓林
线实	肖建华	颜昌武	叶林	叶敏
易承志	余敏江	张海波	张乾友	朱旭峰

复旦城市治理评论

物业管理与基层治理

唐亚林　陈水生　主编

第六辑

复旦大学出版社

城市治理现代化和美好城市生活需要物业管理的现代化与科学化。现代物业管理应实现新时代、新物业、新治理、新价值的"四新"治理目标。本书对中国物业管理和基层治理进行了深入探讨，主要包括大型异质性社区业主自管、业主维权的行动逻辑、党建引领的物业管理体系、物业管理纠纷现状及治理、物业管理系列调研报告等。

本书可作为城市治理研究者、政府管理者和物业管理人员的研究与工作指南。

目　　录

| 专题论文 |

张鸣春　探寻城市社区物业管理的发展之道:研究综述与
　　　　未来展望 …………………………………………………… 3

张紧跟　李梦宸　大型异质性社区业主自管何以可能
　　　　——以广州市Q社区为例 …………………………… 40

钱志远　张　洁　保卫家园:业主维权的行动逻辑
　　　　——以一个城市社区的移门占地事件为例
　　　　………………………………………………………… 63

郑　扬　党建引领的物业管理体系:实践、实效与反思 ……… 82

张先莟　南京市物业管理纠纷现状及其治理研究 …………… 98

| 研究论文 |

袁方成　何雪娇　林洁云　通往城市现代化之路:打造超大
　　　　城市社会治理共同体 ……………………………… 135

杨志军　政策网络理论如何对中国治理场景产生解释力?
　　　　——基于一项水改案例的分析 …………………… 163

丁魁礼　吴晓燕　城市更新的政策宣传方式及其功能研究
　　　　——以深圳、上海、广州和佛山四市为例 ……… 195

李梦琰 "体验式"廉政教育:理论机理、现实困境与优化路径⋯⋯⋯⋯ 210

| 调查报告 |

唐亚林 城市社区物业管理的现状、问题与对策 ⋯⋯⋯⋯ 239

宋贵伦 于晓静 以基层社会治理创新破解小区物业工作难题⋯⋯⋯⋯ 255

周生来 城市住宅小区物业管理问题分析与治理对策思考
——以湖南省永州市中心城区小区物业管理为例
⋯⋯⋯⋯ 269

专题论文

探寻城市社区物业管理的发展之道：
研究综述与未来展望

张鸣春 *

[内容摘要] 城市社区物业管理是目前物业管理行业覆盖最广泛的业务类型，也是物业管理中最为艰巨和复杂的部分。城市精细化管理的推进必然要求打通城市管理的"最后一公里"，避免因住宅小区物业管理不力而影响居民的生活质量。社区管理和物业管理是城市社会管理的主要内容，"国家治理体系与治理能力现代化"这一治国战略的提出又催生了社区治理形态的建构。因此，将物业管理融入社区治理进程，既符合新时代党和国家加强与完善社区治理的发展要求，又能更好地推动社区治理走向"善治"。从首创于深圳的业主委托物业服务企业管理的"一体化"模式到如今被广为提倡的"红色物业"模式，我国城市社区物业管理模式的演变始终与国情、民情和房屋建筑管理规律息息相关。目前，我国的物业管理尚处于初级发展阶段，面临诸多现实困境和矛盾难题，亟须探寻城市社区物业管理的良性发展之道。城市社区物业管理的良性发展在于：需要先进的理念来引导，需要科学的机制创新来推动，需要关联主体正确的角色定位来保障，需要先进的信息技术接入来优化。

[关键词] 物业管理；城市社区；发展之道

---

* 张鸣春，复旦大学国际关系与公共事务学院博士研究生。

一、引言

截至2020年12月,我国城市数量达到684个,"十四五"时期常住人口的城镇化率将提至65%。① 随着我国城镇住房制度改革的不断深化,物业管理的覆盖面也不断扩大,物业管理行业将有望实现快速发展。作为城市管理的新生力量,城市物业管理伴随着市场经济的建立、发展和成熟,逐步进入人们的日常生活,是城市管理的有效补充。

现代化城市建设与发展的重要原则之一在于为民服务、以人为本。作为新兴的服务行业,物业管理正是通过以物的管理实现对人的服务,不断创造和发挥物业的使用价值,达到社会效益、经济效益、环境效益的最佳统一。物业管理的这一行业性质体现了城市现代化的根本内涵,决定了它与城市现代化进程存在紧密的联系。物业管理虽然在形式上是对"物"的管理,但实质上是物业管理从业人员在城市的各个住宅小区、大厦内通过对物业的维修、养护及对物业使用人在社区内的行为习惯的规范管理,以实现对人的潜移默化的影响。

城市社区是城市的基本单元。城市社区主要由商品房小区、老旧小区、拆迁安置小区、保障房小区、单位住宅小区等不同类型的住宅小区构成。城市社区物业管理作为物业管理的一个重要组成部分,是目前物业管理行业覆盖最广泛的业务类型,也是物业管理中最复杂的部分。城市精细化管理的推进要求打通城市管理的

---

① 张艳玲、魏婧、刘洪庆:《李克强:"十四五"时期常住人口城镇化率将提至65%》(2021年3月5日),中国网,http://www.china.com.cn/lianghui/news/2021-03/05/content_77274844.shtml,最后浏览日期:2021年3月21日。

"最后一公里"①,推动物业管理与社区治理的融合发展,避免因住宅小区物业管理不力而影响居民的生活质量。城市社区物业管理的基本属性是公共服务性质,同时兼有经营服务性质,就是要通过专业的物业管理服务,实现物业区域资源的充分利用,达到社区环境优美、秩序井然,居民生活便利、和谐幸福的目标。

城市社区物业管理与居民生活息息相关,实现居民满意的社区物业管理是保障和改善民生的重要内容,也是社会治理创新的基本目标。因此,物业管理企业如何有效服务于业主,物业管理和社区治理的关系如何协调,社区物业管理的问题和矛盾如何有效化解等都是城市社区治理中无法回避的现实问题。此外,物业管理模式的选择与优化也是一个值得关注的课题,亟须开展系统性研究。本文在对相关文献进行总结的基础上,对城市社区物业管理的相关论题进行系统化梳理与评价,并对进一步拓展城市社区物业管理的研究进路做出思考。

二、城市社区物业管理:实现物业管理与社区管理的有效整合

(一) 我国物业管理发展的基本历程

"物业"译自 real property 或 real estate,广义上为"财产""拥有物""房地产",现实中的物业一般是狭义范畴上的理解,即指单元性房地产和住宅区以及与之配套的设备、设施和场地。② 物业具体也可指已经建成并竣工验收投入使用的各类房屋建筑及其所属

---

① 唐亚林:《基于管理、服务与秩序的超大城市精细化管理:一个分析框架》,载唐亚林、陈水生主编:《城市精细化治理研究》(《复旦城市治理评论》第3辑),上海人民出版社2018年版,第1—16页。
② 黄安永:《现代房地产物业管理》(第2版),东南大学出版社2000年版,第30页。

配套设施与场地。物业管理起源于19世纪60年代的英国,后经过100多年的发展,英国的物业管理已经成为一个固定行业,物业管理的内容也有了很大的扩展,除了传统意义上的楼宇维修、养护、清洁、保安外,已延展至工程咨询和监理、物业租售推广代理、通信及旅行安排、智能系统化服务、专门性社会保障服务等全方位服务。在我国,2003年9月1日开始实施的《物业管理条例》①第一章总则第二条规定:"本条例所称物业管理,是指业主通过选聘物业服务企业,由业主和物业服务企业按照物业服务合同约定,对房屋及配套的设施设备和相关场地进行维修、养护、管理,维护物业管理区域内的环境卫生和相关秩序的活动。"从上述定义可以看出,通过物业管理对物业进行系统有序的管理与维修养护,可使物业发挥最大的使用价值和经济效益,保障区域内的良好环境和生活秩序。

因与英国特殊的历史渊源,我国香港地区的物业管理起步于20世纪50年代,形成于20世纪70年代,其理论框架及管理实务均来源于英国。我国内地的物业管理始于20世纪80年代初,深圳经济特区借鉴我国香港地区的经验进行了物业管理的首尝试,其背景是房地产业的迅速发展和住房制度的改革。整体来看,自20世纪90年代以来,在市场经济的推动下,我国城市居住区管理纷纷进入了物业管理时代。② 我国物业管理行业发展基本经历了三大阶段。③

1. 起步阶段:1981—1993年

1981年3月,深圳市物业服务公司成立,这是我国内地第一

---

① 《物业管理条例》(中华人民共和国国务院令第379号)于2003年6月8日公布,自2003年9月1日开始实施。随后,依次根据2007年8月26日《国务院关于修改〈物业管理条例〉的决定》、2016年1月13日《国务院关于修改部分行政法规的决定》(国务院令第666号)以及2018年3月19日《国务院关于修改和废止部分行政法规的决定》(国务院令第698号)得以修订,最新的《物业管理条例》于2018年4月4日公布实施。
② 伍延基:《探寻城市住宅小区物业管理之路》,《兰州学刊》2004年第3期。
③ 张金娟:《物业管理模式的演变》,《城市问题》2019年第2期。

家物业服务公司,标志着我国物业管理行业开始起步。区别于传统福利型的房屋管理模式,物业服务公司的引入较好地解决了商品住宅小区面临的管理问题,由物业服务公司对住宅小区公共事务进行统一管理,将会提高小区管理的社会化和专业化程度。然而,初创时期的物业管理的独立性很低,处于房地产产业的下游,且多为房地产开发商所左右,有些物业公司还是开发商的子公司。1993年,国家建设部号召一些房地产公司在广州、深圳召开了第一届全国物业管理研讨会,深圳随之成立了物业管理协会,物业管理开始从房地产开发的附属产业中逐渐剥离出来,从此向纵深发展并显现了现代物业管理的功能。但是,总体来看,这一时期的物业服务公司角色定位错误,业主群体普遍缺乏权利意识和对物业服务的消费意识。

2. 快速发展阶段:1994—1999年

1994年3月23日,国家建设部颁布了《城市新建住宅小区管理办法》,这是新中国成立以来有关物业管理的第一个部委规章,明确规定在城市新建住宅小区实施物业管理制度。自该办法实施以来,我国城镇近万个5万平方米以上的新建商品住宅小区普遍实行物业管理的新体制,各级政府也从中认识到实施物业管理是提高城市管理水平的有效途径。[①] 1995年8月,第一次全国物业管理工作会议在青岛市召开,这次会议的召开对我国物业管理探索一条科学化、专业化、社会化、中国化的道路起到重要的推动作用。在这次会议之后,物业管理被赋予明确的定义和服务对象,物业服务公司也在实践中不断汲取各国先进的、行之有效的理论和实践,形成了一套具有中国特色的物业管理体系。深圳、上海、北京等地分别出台了物业管理条例或办法,明确了物业管理概念的内涵等,这些法规迅速成为全国各地效仿和学习的模板。1997

---

① 詹林坚:《住宅小区物业管理招投标方法探析》,《北京房地产》2007年第2期。

年,中共十五大召开,物业管理体制改革成为城市管理体制改革的一部分,在深度上向市场化方向进一步发展。该阶段,房地产开发以及社会经济的快速发展催生了巨大的物业管理需求,政府推动下的企业主导的物业管理模式基本形成。

3. 市场化和法制化发展阶段:1999年至今

随着我国房地产开发黄金时代的到来,物业管理行业进入市场化和法制化发展的新阶段,国家相关法律法规的出台,使我国的物业管理行业发展更加规范化。例如,2003年6月8日国务院颁布《物业管理条例》①,2003年6月26日国家建设部颁布《前期物业管理招投标管理暂行办法》,2003年11月13日国家发展改革委、建设部颁布《物业服务收费管理办法》,2007年全国人大通过《物权法》,《物业管理条例》随即被修订,2009年10月1日起实施的《最高人民法院关于审理物业服务纠纷案件具体应用法律若干问题的解释》这一司法解释进一步推动了物业管理的规范化、有序化、法制化进程。由中华人民共和国住房和城乡建设部制定的、2010年1月1日起实施的《业主大会和业主委员会指导规则》规范了业主大会和业主委员会的活动。由中华人民共和国住房和城乡建设部制定的、2011年1月1日起施行的《物业承接查验办法》,旨在加强前期物业管理活动的指导和监督,规范物业承接查验行为,维护业主的合法权益,成为完善我国物业服务市场体系的重要制度。可以看出,从20世纪末至今,我国的物业管理逐步走上了一条不断改革完善的道路,各地在参照这些法律法规的基础上,结合自身实际,相继修改或制定了地方性的物业管理规章制度,保障我国的物业管理有法可依、有章可循。这一时期,随着业主群体自治能力的明显增强,一些住宅区物业管理开始实行业主自治与专业

---

① 在2003年颁布的《物业管理条例》中,物业管理的规范性制度规定主要有七项:业主大会制度、业主公约制度、物业管理招投标制度、物业承接验收制度、物业管理企业资质管理制度、物业管理专业人员资格制度、住房专项维修资金制度。

服务相结合的管理模式。

综上,在我国,物业管理作为一项新生事物,是对旧的房屋管理体制的根本性变革,①具体涉及四个方面的转化:一是由各产权单位自建自管的分散管理转化为物业公司的统一管理;二是由各部门的多头管理转化为物业公司的综合管理;三是由政府的行政性福利管理转化为社会化、专业化、市场化的经营型管理;四是由单纯对房屋的维修管理转化为对建筑物、场地、绿化、环卫、治安等全方位的综合性服务。

(二)冲突还是融合:社区管理与物业管理的关系探讨

随着社会经济的发展,物业管理已经超越以房屋维护管理为主的服务范围,逐渐覆盖社区生活的各个方面,成为现代城市社区管理的有效途径和组成部分。社区物业管理是共有业主通过选聘物业服务企业对共有物业进行的管理,包括三大基本方面:服务社区居民、维护管理社区的配套设施、创造优美的社区居住环境。物业服务企业提供的管理和服务包含了公共服务或准公共服务(如小区治安、绿化、环卫等)、小区业主共有物业的管理和服务(如停车场、电梯运行等)以及个别业主的私有物业服务等形式。

近年来,国内学者对城市社会管理的研究主要有两大类:一类主要从政治学和社会学角度对城市社区的组织体系、管理模式等议题进行研究;另一类主要从经济学角度对物业管理领域存在的问题进行探索。② 由此,城市社会管理从微观层面上可划分为两大类:社区管理和物业管理。在城市生活中,社区管理与物业管理在时间上、空间上是同时运行的,但又是在参与主体、运行体系、运

---

① 伍延基:《探寻城市住宅小区物业管理之路》,《兰州学刊》2004年第3期。
② 陈淑云、艾建国:《城市居住区物业管理与社区管理合作模式研究》,《江汉论坛》2010年第5期。

行目的上各不相同的两种管理。可从如下三个方面对物业管理和社区管理做出区分。从性质上看：社区管理是一项综合性管理,它是街道办事处、居委会对社区服务、社区卫生、治安管理、综合治理和精神文明建设等实行组织领导、综合协调、执法检查等活动,具有行政管理职能,它的对象主要是人；而物业管理是以各类房屋、建筑物及配套设施设备、小区公共场地的使用、维修、保养为核心的专业管理服务。从管理区域来看：社区管理具有区域性,按照行政区域划分,一般来讲,一个社区往往包含几个楼盘和小区；而物业管理一般以一个小区为单位,是构成社区的基础。从目标来看：社区管理是在街道的指导下,社区各团体、居民共同参与的管理,主要围绕人的生活来实施,旨在规范公民行为；而物业管理主要围绕业主的居住环境进行,也就是从外部入手,对物业进行管理,为人提供服务。

  随着城市的发展,以及民主和法治的进步,需要对社区管理和物业管理这两种现代城市微观层面的不同管理形态之间的关系做进一步探讨。在物业管理和社区管理发展都不成熟的情况下,在社区这个"微型社会"中,两者经常会发生职能混淆与碰撞。在有些城市住宅区,物业管理与社区管理缺乏深度合作,遇到问题时,喜欢相互指责和推卸责任。由于体制不顺、概念不清、机制不灵活等原因,两种管理之间还会产生一些矛盾和冲突,比如社区在监督物业管理上体现出"不管"和"多管",物业公司对于社区管理机构的监督和工作指导抱有"消极对抗"的复杂情绪。[①] 不难看出,以上研究是从冲突的视角来考量城市居住区物业管理与社区管理之间的关系。虽然物业管理和社区管理体现了不同的管理机制,但两者在功能上具有互补性,合作应成为物业管理与社区管理的理

---

① 陈淑云、艾建国:《城市居住区物业管理与社区管理合作模式研究》,《江汉论坛》2010年第5期。

想关系。物业管理与社区管理相结合,会增加社区管理的资源途径和公共服务的供给范围。① 由此,随着城市新建住宅小区专业物业管理的盛行,现代城市社区管理与物业管理逐渐形成了相融性的关系。

在社区管理中,社区居民委员会在拥有资源上的先天不足,使得原有的以社区居民委员会为主的社区管理模式受到巨大的挑战。② 随着住宅物业的进一步市场化和社区化,在城市基层社区管理中,社区物业服务企业成为继社区居民委员会之后又一支重要的社区管理力量。③ "国家治理体系与治理能力现代化"这一治国战略的提出,使得"社区治理"这一词汇开始进入研究者的视野中。叶敏等用实例说明了将物业管理纳入社区治理的有效性。④ 何立军强调了社区治理视野下业主委员会等社区多元主体合作共治的必要性和重要性。⑤ 同时,构建以社区党组织为治理核心,以社区自治为前提,政府、社区组织、社会企业、社工、物业服务公司、业主委员会、社区居民等多方交流和多元参与的"一核多元"社区治理模式⑥也成为人们关注的焦点。推动社区治理与物业管理融合发展,既符合新时代党和国家加强与完善社区治理的发展要求,又能更好地满足人民对美好生活的现实需要。

综合既有研究,研究者达成的基本共识是:现代城市社区管理与物业管理逐渐形成了相融性关系。住宅物业管理不仅是社区管

---

① 陈喜强:《社区物业管理溢出效应与社区共同治理优化机制研究》,经济管理出版社2014年版,第4页。
② 何海兵:《关于社区制的几点思考》,《广西社会科学》2003年第11期。
③ 罗峰:《社区公共治理与和谐社区的组织化构建》,《中国行政管理》2008年第8期。
④ 叶敏、徐晓菁:《物业管理治理化的理论视角与可接受性》,《上海城市管理》2017年第1期。
⑤ 何立军:《社区治理视野下业主委员会参与物业管理问题研究》,《社会工作》2014年第5期。
⑥ 姜秀敏:《社区治理:典型模式及"一核多元"新模式构建》,《天津行政学院学报》2019年第1期。

理中的重要组成部分,而且与社区管理相辅相成、协调发展。住宅物业管理能够促进管理有序、服务完善、环境优美、治安良好、生活便利、人际关系和谐的现代化社区的建设,应当将物业管理纳入社区管理,以物业管理促进和谐社区建设。

(三)城市社区物业管理:关联主体及其关系

城市社区物业管理由多个关联主体构成,包括物业管理行政主管部门、市政设施管理单位、其他相关机构(街道办事处、居民委员会和行业协会等)、物业服务企业、业主、业主大会、业主委员会。研究者十分重视社区物业管理中各关联主体之间的关系理顺与和谐互动。王光荣指出,我国城市社区物业管理的基本架构由业主、物业服务企业、行政主管部门组成,三者所处的地位和行动逻辑各不相同,需要通过权责清晰、分工明确来确保城市社区物业管理基本架构的稳定性。[①] 从城市社区治理的角度看,社区治理是一个综合性的系统工程,由物业服务企业、业主委员会和社区居民委员会三大主体构成,任何一方的单独行动都无法管理好社区公共事务,进而无法为居民提供高质量的社区服务。何菲在分析居民委员会、业主委员会和物业服务公司三者在社区治理中的职责划分的基础上认为,三者作为合作型社区和自治型社区治理模式中的主体,需要携手共进,三者需分别从社区治理、自治治理和专业治理的角度,在相互的博弈中共同推进我国现代城市社区建设的进程。[②] 杨小华和苗天青从法律关系视角分析社区居民委员会、业主委员会和物业服务企业三者之间的关系,并提出理顺小区中各主体之间的法律关系,分清各方责权利,是防患和化解

[①] 王光荣:《城市社区物业管理难题的破解策略》,《兰州学刊》2013 年第 2 期。
[②] 何菲:《博弈视角下的社区治理》,《山东理工大学学报》(社会科学版)2006 年第 4 期。

纠纷的前提。① 总之,社区治理"三驾马车"(社区居民委员会、业主管理委员会、物业服务企业)之间应形成一种"优势互补、服务互为、利益互与、资源互享"的协同关系。

三、城市社区物业管理的理论关怀与实践方式

(一)理论关怀:城市社区物业管理实践需结合科学理论

社会结构的变迁是社会经济规律决定的必然结果,所有的现实问题解决,必须回到科学探索、认识和按规律办事的方法论的科学运用上。物业管理作为"实践前出,理论滞后"的行业,需要补好基本理论指导这一课。②

溢出是近年来被强调的经济学概念。所谓"溢出效应",是指一个组织在进行某项活动时,不仅会产生活动所预期的效果,而且会对组织之外的人或社会产生影响。作为营利性的物业管理活动,其溢出效应是指物业服务企业在住宅小区行使物业管理职能和提供社区服务的行为中对社区公共管理和社区居民产生的影响,这种影响以社区社会资本的作用体现出来,通过物业管理的功能得以输出。从功能上看,社区物业管理由管理、经营和服务三个显著的功能组成,是一种集成性的管理和服务,是宏观社会效益、经济效益、环境效益的统一。陈喜强结合社区物业管理的功能考察了社区物业管理的溢出效应,认为由于社区管理是一个综合的管理领域,社区管理主体之间存在共生关系,溢出效应是各个管理

---

① 杨小华、苗天青:《社区建设中的"三巨头"(社区居委会、业主委员会、物业服务企业)角色探讨》,《现代城市研究》2008 年第 7 期。
② 黄安心:《融入社区治理:物业管理服务迈向成熟的希望之路》,《湖北社会科学》2013 年第 1 期。

主体共生关系的结果。① 社区物业服务企业的管理项目包括小区治安、环境卫生、绿化管理、小区公共基础设施维护与管理等方面的内容,物业服务企业在完成自身物业管理服务的基础上,客观上为社区提供了良好的社区公共管理环境,为社区居民创造安全、整洁、舒适、优美、方便的生活和工作环境,这实际上就是社区物业管理的重要外溢结果。

多元利益协调理论主要研究在博弈过程中各个利益方如何获得自己最为合理的利益,并且如何让自己的利益最大化。目前,城市社区物业管理利益主体日益多元化,涉及的利益方包括街道办事处、社区居委会、业主委员会、业主、物业服务公司等。街道办事处要协调政府与居民的利益;业主委员会要协调业主之间的利益,同时要处理好与物业服务公司的利益关系;物业服务公司要处理好自己与业主委员会之间的利益关系。每个利益参与者都要为了自己的利益博弈。在一个社区内有诸多业主,业主委员会在履行职责的过程中,其所有权的主体并不是单一的,而是多元的。这些多元主体之间既有共同的公共利益,也有各自的特殊利益需求。因此,在具体的事务处理过程中,就很容易出现利益上的纷争。多元主体的利益交织在一起,容易产生冲突和管理难度,利用多元利益协调理论处理好物业管理过程中出现的各种问题显得尤为必要。徐济益和张曙指出,要在利益多元化视角下探索创新社区物业管理,使用多元利益协调理论充分调动各个管理主体的参与意识、工作热情,以及主动性和创造性。要建立和健全多元利益主体共同参与的物业管理体系,实现各方利益均衡,探索合适的物业管理路径。② 在公共管理的众多理论中,多元共治理论对于分析社

---

① 陈喜强:《社区物业管理溢出效应与社区共同治理优化机制研究》,经济管理出版社 2014 年版,第 87—88 页。
② 徐济益、张曙:《对创建"三元一体"城市社区管理目标的思考》,《桂海论丛》2008 年第 2 期。

区管理中三大主体(居委会、物业服务公司、业主委员会)的互动博弈具有很好的解释力。李江新在多元共治的框架范围内对社区管理的三大主体进行深度剖析,认为这三个主体代表政府、市场与社会三大领域。① 在社区治理过程中,三个主体也存在相互博弈,需要平衡协调,合作共治。陈福茜在探讨利益多元化下的社区物业管理各利益主体定位及平衡点构建的基础上,提出通过构筑"多位一体"的社区物业管理模式来满足利益多元主体的社区物业管理需求。②

20世纪70年代,斯蒂芬·罗斯(Stephen Ross)系统地提出了委托-代理理论,这种假设和分析框架普遍地用于描述在所有权、控制权两权分离和利益分割的情况下,委托人和代理人之间的关系模式以及行为动机与规则等问题。③ 从经济学意义上讲,委托-代理的前提是委托人和代理人都是理性的。委托人是理性的,即委托活动将增加委托人的利益,或减少委托人的损失;代理人也是理性的,即其将从委托代理中获得报酬。《民法通则》第64条规定:"代理包括委托代理、法定代理和指定代理。"物业服务是一种委托-代理,是指代理人在被代理人的委托和授权之下产生的代理行为,委托方处于主体地位,由双方共同根据市场规则形成委托-代理关系。在代理关系中,主体有代理人、被代理人和相对人。代理人以被代理人的名义与相对人发生民事行为关系时,代理人与被代理人之间的代理关系才能实现。在物业管理实践中,代理人是物业服务公司,被代理人是业主或业主委员会,相对人则是专业公司,如房屋维修公司、设备维修公司、绿化公司、清洁公司等。

---

① 李江新:《社区管理三大参与主体分析——基于多元共治的视角》,《学术界》2011年第5期。
② 陈福茜:《利益多元化下的社区物业管理研究——以平阳县鳌江镇为例》,福建农林大学公共管理专业硕士学位论文,2014年,第1—2页。
③ Stephen A. Ross, "The Economic Theory of Agency: The Principal's Problem", *The American Economic Review*, 1973, 63(2), pp.134-139.

物业服务公司与各专业公司签订各种合同,以满足被代理人的需求。此外,业主和业主委员会之间也是一种委托-代理关系,在这种关系模式下,由于信息不对称,委托人难以对代理人的行为决策进行全面和彻底的监督和约束,于是就存在一个代理人的"道德风险"问题。① 物业服务公司赚取利润的行动逻辑极有可能会使其采取各种手段谋取利益。比如,物业服务公司可能利用经济手段俘获业主委员会。如果业主委员会的委员为了少部分人的利益,甚至是个人利益,与物业服务公司形成利益联盟,就会导致其他业主的利益代表出现真空,也就意味着业主委员会的自治权力被物业服务公司俘获。

公共选择理论是20世纪60年代以来在西方经济学界逐渐形成的一个新的研究领域,公共选择理论以个人为基本分析单位,以理性经济人(即所有个人都追求自身利益的极大化)为基本的行为假设来研究集体决策和集体决策规则的选择。曼瑟尔·奥尔森(Mancur Olson)运用方法论上的个人主义,通过对利益集团的内部成员动机的分析,建立了集体行动的逻辑,提出了著名的"搭便车"理论。② 社区物业管理实质是社区居民需要的公共物品,包括物质产品(如花草、路灯、设备、道路等)和一些由社区物业服务公司提供的非物质产品或服务(如治安状况、环境卫生等)。"搭便车"行为不断助长了人们总是希望别人贡献的足够多,以便把社区物业这一公共物品生产出来,然后自己免费享用的心理。然而,各相关利益主体在追求自身利益时必须兼顾他方利益才能实现自身利益最大化。③ 鉴于此,搞好城市社区的物业管理必须重视居民

---

① 李江新:《社区管理三大参与主体分析——基于多元共治的视角》,《学术界》2011年第5期。
② Mancur Olson, *The Logic of Collective Action: Public Goods and the Theory of Groups*, Harvard University Press, 1965, pp.55-57.
③ 王兰芳:《公共选择理论视角下乡村服务型社区治理的现实困境与破解路径》,《南京理工大学学报》(社会科学版)2017年第2期。

的公共选择问题。社区物业管理需要建立业主委员会来行使组织协调、议事决策、管理教育、监督服务等功能,由其代表社区居民选择和购买物业管理服务等公共物品,通过规范的集体选择程序,把业主个人的选择转化为全体业主的集体选择。在公共选择理论看来,各相关利益主体遵循自身利益的最大化原则采取行动。黄安永和钟国贺认为,当前,基于公共选择理论考察城市社区物业管理中的道德规范,应有秩序中的平衡已经被打破。[①] 物业管理中道德秩序的失序性表现为:开发商留给物业服务公司诸多纠纷隐患;物业服务公司服务质量差、乱收费;一些业主滞交、不交物业费;物业服务公司随意处置业主权益;业主频频更换物业服务公司等。在城市社区物业管理服务中,各利益主体应树立强烈的道德观念,从而制约和规范自身的行为,以创建一个和谐有序、舒适方便的社区。

(二)实践方式:城市社区物业管理的多样态运行模式

我国物业管理的产生和发展,顺应了住房市场化和住房管理社会化的改革要求,填补了在单位制解体以后住宅区管理的真空。随后逐步形成了业主委托物业服务企业管理的"一体化"物业管理模式[②],该模式为深圳首创,后来各地争相效仿,成为各地物业管理的基本模式。诚然,在特定的历史阶段,"一体化"管理模式为物业行业的形成和发展起到一定的促进作用。但现在看来,"一体化"物业管理模式具有重大缺陷:"一体化"管理模式混淆了物业服

[①] 黄安永、钟国贺:《基于公共选择视角的物业管理道德规范的经济学研究》,《东南大学学报》(哲学社会科学版)2009年第2期。
[②] "一体化"物业管理模式就是房地产开发企业作为物业的委托方,根据业主的需求,在物业市场中选择专业的物业服务企业,为房地产开发项目提供物业服务,统一管理房地产规划的物业服务区域,同时为业主提供基础性的综合服务,比如安保、环境绿化、基础设施维修、保洁等。

务与公共服务的界限;"一体化"管理模式扭曲了物业管理的核心价值;"一体化"管理模式损害了业主的利益。① 随着经济社会的发展和业主需求的多样化,业主委托物业服务企业管理的"一体化"物业管理模式将难以为继。王筝探讨了物业服务企业从"一体化"物业管理模式向"管理型"物业管理模式转变。② "管理型"物业管理模式有两个突出特点:一是物业服务企业本身并不提供具体的作业活动,只承担管理职能,通过分包的方式把具体的作业项目外包给专业服务公司;二是物业服务企业拥有职业化的物业管理专业人才队伍,能够根据业主的要求提供项目的咨询服务、帮助业主拟订管理计划、接受业主的委托选聘专业公司提供专业服务、对专业公司进行监督评估等。

张沈生等把我国既存的社区物业管理模式划分为常规模式和新型模式两类,并分别研究了各种模式的优劣势。③ 常规物业管理模式包括房管所转化模式、内部福利型管理模式、开发物业管理一体化模式、专业化物业管理模式;新型物业管理模式包括业主自治式物业管理模式、股权配送式物业管理模式④。特别是股权配送式物业管理模式对业主的数量以及文化水平、参与意识等都有较高的要求,在大型社区和中低档楼盘推广起来具有一定

---

① 张农科:《关于我国物业管理模式的反思与再造》,《城市问题》2012 年第 5 期。
② 王筝:《我国物业管理模式转变及其动因分析》,《经济问题探索》2010 年第 12 期。
③ 张沈生、殷振瑶、孙建波:《我国物业管理模式分析》,《沈阳建筑大学学报》(社会科学版)2010 年第 4 期。
④ 北京有一个开发项目"Naga 上院"小区,由北京天恒拓展房地产开发有限公司开发。它创造了股权配送式的新型物业管理模式,该模式是业主自治式的完善与发展。股权配送式物业管理模式的具体运作为:在北京天恒拓展房地产开发有限公司所开发的位于北京东直门内的 Naga 上院项目中,前期由开发商拿出 200 万元牵头成立物业管理公司,在项目出售的同时将物业管理公司以股权的形式配送给小区的 99 户业主,让业主自己做物业管理公司的主人。然后通过聘请专家团,建立系统的物业管理机制,让广大业主自己参与到物业管理中来,也就是"业主全部转变为物业公司的股东,物业公司人员变成为业主打工"。

的困难。① 从追求物业管理效益的角度分析,我国物业管理可分为三种模式:以规模求效益的规模化经营模式②、以质量求效益的标准化模式③、以差异性求效益的封闭式物业管理模式④。

从20世纪80年代初开始,我国沿海城市新建小区相继引入物业管理。城市新建小区物业管理的蓬勃发展影响并冲击着生活在城市旧区的居民,对城市旧区实施物业管理的呼声也越来越高。旧区是相对新建小区而言,是指开发较早的住宅区。1994年3月,国家建设部颁布《城市新建住宅小区管理办法》,自此,城市中达到一定规模、基础设施配套较齐全的新建小区逐步推行了由物业服务公司统一实施的专业化管理模式。故1995年可以作为划定城市新、旧住宅小区的界线。⑤ 城市旧区是指在1995年之前建成的或1995年之后建成但由于种种原因尚未实行物业管理的住宅区。曹琳剑和郭伟认为,城市旧区特指城市中未实行物业管理、由楼房构成的住宅区,并考察了城市旧区物业管理的三种典型模式:物业公司专业化管理模式、管房单位牵头统一管理的准物业管理模式、居委会牵头统一管理的自主管理模式。⑥ 在实际运作过

---

① 董潘:《物业管理模式需要破茧重生——从美丽园事件看物业管理模式的创新问题》,《中南民族大学学报》(人文社会科学版)2008年第3期。

② 例如,深圳中海物业公司将技术资源重新优化配置,在国内同行中是第一家引进专业化经营运作方式的企业,先后组建了楼宇科技、电梯工程、专业清洗三个专业化公司,以科学管理模式取代劳动密集型管理,对内实行专业技术保障服务,对外实行专业化管理经营,走上了专业化发展的道路。深圳中海物业公司凭借科技优势,创出了品牌,带出了规模优势。

③ 例如,深圳中海物业公司率先进行物业服务质量认证,总结提炼出独特的质量体系文件,进行标准化管理。比如电话铃响三声之内有人接听,报修后25分钟内维修人员到场,擦拭壁砖两遍后白纸巾擦过不留污迹等。

④ 所谓封闭式管理模式,是指物业管理单位通过设置围合和路卡的方式对住宅区的人流、物流、车流实施管理的模式。该模式旨在制造一种环境差异,提供有差别的服务,有四个主要特点:知识密集、控制出入、全方位、全天候。

⑤ 曹振良、高晓慧:《中国房地产发展与管理研究》,北京大学出版社2002年版,第3页。

⑥ 曹琳剑、郭伟:《城市旧区物业管理基本模式设计与实施对策》,《河北工业大学学报》2005年第2期。

程中可根据所处旧区的不同情况进行选择。其中,在条件成熟的旧区开展专业化物业管理是今后发展的方向,后两种模式只是初始阶段的一种过渡形式,不能作为长期发展的方向。此外,也可尝试将这些模式进行有机组合,如可以采取"专业化模式+自主模式"组合,也可以采取"管房单位准物业模式+自主模式"组合。

也有许多研究者基于物业管理关联主体的视角分析现有物业管理模式。王方舟以北京市为例,介绍北京市物业管理产业主管部门的物业管理多种模式互为补充的多元发展思路。① 北京市物业管理产业的主管部门通过《北京市物业管理办法》《住宅区业主大会和业主委员会指导规则》《北京市住宅区管理规约》等相关办法,鼓励不同类型的小区采取最适合自身特点的发展模式来进行本小区的物业管理工作。各小区在努力设计并完善"业主大会—业主委员会—物业服务企业"之间以契约关系为主的委托-代理关系的基础上,形成以"业委会+物业服务企业"的发展模式为主体,以"业委会+居委会+物业服务企业""业委会+职业经理人""业主自主管理""业委会+居委会自治"等模式相补充的多元化发展思路。李汕源认为,城市住宅小区物业管理的关联主体主要包括自治性的物业管理委员会、社区性的居民管理委员会和专业性的物业服务公司三方,形成城市小区物业管理"三位一体"的管理模式。② 在该模式中,物业管理委员会③、居民委员会、物业服务公司

---

① 王方舟:《试论北京物业管理产业"智慧化"发展战略》,《北京社会科学》2012年第2期。

② 李汕源:《浅谈城市物业管理小区"三位一体"的管理模式》,《中国房地产》2002年第1期。

③ 物业管理委员会和业主委员会的主要区别如下。首先,概念不同:物业管理委员会由房地产产权人和使用人代表组成,代表和维护产权人、使用人的合法权益;业主委员会由物业管理区域内的业主代表组成,代表业主的利益。其次,选举方式不同:物业管理委员会从业主和使用人中选举产生;业主委员会必须从业主中选举产生。最后,权利和义务不同:物业管理委员会的权利是制定管理委员会章程;业主委员会的职责是召集业主大会会议,报告物业管理的实施情况等。

三方具有平等的民事法律地位,物业服务公司和物业管理委员会之间的关系是合同关系,物业服务公司和居民委员会的关系是协议关系。在"三位一体"的物业管理模式中,三方各自明确了自己的职责:居民委员会主要负责组织协调;物业管理委员会负责监督、支持和督促物业服务公司开展工作,同时协助和配合居民委员会的工作;物业服务公司提供优质的物业服务。叶雪梅等通过对厦门市的一些社区进行实地考察后总结出"四位一体"的小区物业管理模式,即由社区党委牵头引导、业主委员会阳光自治、业主代表监督小组评议监督、物业服务公司专业管理合力形成的物业管理民主治理模式。① 该模式推动了物业管理小区治理难题的有效化解,进一步提升了社区的治理水平。

经济收入及地区间经济的不均衡性、特定管理对象的消费承受能力的差异化导致现今国内居住性物业管理模式多种多样。各种物业管理模式的产生背景、优劣势均不相同,如何以一种最恰当的管理模式介入具体的物业管理中,还要视物业的具体特点而定。如下议题就显得格外紧迫:探索出符合我国国情、民情和房屋建筑管理规律的物业管理模式,进而带动物业管理体制、机制和制度的创新,使我国的物业管理走上可持续发展的道路。

四、城市社区物业管理的现存问题:基于宏观与微观层面的综合考察

我国现代物业管理从1981年发展至今,虽然发展迅速,但物业管理在国内属于新兴产业,尚处于初级发展阶段,面临着诸多现

---

① 叶雪梅、陈建萍:《厦门社区治理与物业管理融合发展的探索与思考》,《厦门理工学院学报》2018年第8期。

实问题和不易解决的矛盾。① 再加上物业管理与一般意义上的商品服务不同,具有公共产品的部分属性,这些属性也使得物业服务在发展过程中遇到了很多难题和矛盾。比如业主对物业管理企业的投诉逐年增加、物业管理企业和业主之间的矛盾和纠纷不断深化、物业管理费收缴困难等。这些问题和矛盾阻碍着物业管理的健康和持续发展。解决好物业管理发展过程中的难题和矛盾,对于推动物业管理行业发展、社区建设与治理、城市精细化管理都具有十分重要的意义。对目前我国物业管理存在的现实问题或矛盾进行全方位的考察和梳理,为优化城市社区物业管理的发展之路提供实践导向,就显得尤为必要。研究者非常重视城市社区物业管理存在的问题、难题、困境和矛盾的探讨,几乎在文章中都会结合现状(特别是结合自己所居住的城市甚至小区),从不同的视角分析社区物业管理存在的问题,以下从宏观和微观两个层面对既有研究进行综合梳理。

(一)宏观视角下制约我国城市社区物业管理发展状况的问题分析

总体来看,我国城市社区的物业管理水平发展不平衡,相应的市场竞争机制还不健全。我国沿海发达城市的物业管理起步较早、发展较快、覆盖面较大,而内地城市的物业管理起步较晚、发展缓慢、覆盖面较小。从全国范围来看,以广州、深圳为代表的我国物业管理的发源地和以北京、上海为代表的大型发达城市,由于物业管理行业起步早,发展快,物业管理服务规范,发展水平较高,多数物业服务公司具有先进的经营理念和主动服务的现代企业意识。反观大多数中小城市的物业管理发展状况,欠发达的中小城

---

① 段淑娟、任晓芳:《城市新建住宅小区物业管理发展现状与原因分析》,《生产力研究》2012 年第 1 期。

市与发达的大城市相比,在物业管理的普及程度和发展水平方面都存在较大差距。同时,地区之间的物业管理水平也存在较大悬殊,有的社区能提供满足业主文化及情感层面的高端物业服务,有的老、旧社区仅停留在传统服务项目上。

物业交付使用后,工程质量等问题造成业主与物管公司之间的信任危机在全国各住宅小区普遍存在。依照北京市住建委物业管理处相关报告,物业纠纷70%与开发商遗留问题有关。[①] 交到业主手中的房屋经常出现如天花板及墙壁的渗漏水、裂缝、掉灰等问题,给业主的装修和生活带来诸多麻烦。当房屋出现质量问题后,业主倾向于直接找物管公司维修,而物管公司在不能及时解决问题的情况下,又经常把责任推卸给房产开发商,从而延误维修,损害业主利益,造成业主与物管公司之间的信任危机。另外,我国物业管理行业起步晚、市场门槛低,导致很大数量的物业管理企业的资质、软硬件水平欠佳,仅能为住宅区业主提供常规的管理与服务,科技在物业服务工作中的应用率就更低,很多住宅区的管理活动仍旧由物业管理人员单纯地采用人工方式,不能很好地应用先进的物业管理方法和物业管理软件去实现智能化、自动化管理,更难以达到规模化、规范化的管理效果。

(二)微观视角下城市社区物业管理存在的具体问题分析

1. 物业管理立法落后于实践,相关法律法规不健全

随着社会发展,物业管理中的很多实际情况缺乏法律依据。虽然国家制定了相关法律法规,但是我国目前并没有一部调整城市物业管理法律规范的专门性法律,有关物业管理的规则多散见

[①] 刘扬:《物业纠纷七成来自开发商遗留问题》,《北京日报》,2007年12月28日,第7版。

于行政法规、部门规章、地方性法规以及地方政府规章,物权法中也略有提及。① 2003年6月8日,国务院颁布《物业管理条例》,标志着我国的物业管理正式进入法制化和规范化发展的新阶段。2007年,《物权法》颁布实施。这两部法规对我国物业管理行业的有序发展起到重要的规范作用,但相对物业管理市场的发展现状而言,我国物业管理的立法工作仍有一些尚待完善的地方。比如《物权法》并未对业主委员会的法律地位加以明确规定,不利于充分发挥业委会的主体功能。② 国家关于物业管理的立法工作虽然在渐次推进,但相对于目前物业管理领域出现的诸多具体问题明显滞后。另外,随着时代的发展,不断出现的实际情况在相关法律法规中没有明确规定,不利于有关纠纷的解决和有关部门的监督、仲裁,从而形成了很多物业管理矛盾,物业管理产生的纠纷和投诉日渐增多。

2. 业主委员会缺位或业主大会召开难

在物业管理小区的社区治理主体中,业主委员会常处于缺位状态。例如,2015年,厦门全市共有住宅小区(项目)1 673个,实行物业管理的共1 178个,占70.41%,其中,已成立业主委员会的住宅小区共848个,只占50.69%,未成立业主委员会的住宅小区共825个,占49.31%。③ 业主委员会的缺位有三种典型表现:一是有的住宅小区根本没有成立业主委员会;二是有的住宅小区业主委员会组织不力,难以召开业主大会;三是已成立的业主委员会并未在物业管理中发挥应有的作用。无论是业主本身还是物业服务公司都表示,要依法成立业主委员会相当困难。影响业主委员

---

① 邓成文:《城市物业管理的问题与完善》,《法制博览》2015年第36期。
② 周昕:《发展新时代"枫桥经验":创新物业管理机制——以武汉市为视域》,《成都行政学院学报》2018年第4期。
③ 《厦门物业管理实施细则逐条明确 市人大代表谈落地实施》(2015年12月21日),厦门网,http://news.xmnn.cn/a/xmxw/201512/t20151221_4777801.html,最后浏览日期:2020年3月20日。

会难成立的众多因素有:业主法律意识不强、业主之间的矛盾难于调和、经费缺乏、小区入住率较低、政府无强制成立业主委员会的权力等。尽管有些小区成立了业主委员会,但在目前的实际运作中,业主委员会的维权、监督和协调作用并没有体现出来。究其原因:其一,业主委员会的维权意识差;其二,业主委员会缺乏监督机制;其三,业主委员会组成复杂,利益难协调;其四,业主委员会的法律地位不明确。

3. 建管不分、开发商遗留问题为物业服务埋下隐患

虽然国家《物业管理条例》明确规定物业管理企业必须通过招投标获得物业管理项目,但是对于一些欠发达城市而言,物业管理相对于发达城市起步较晚,大部分物业公司是由房地产开发公司衍生出来的。开发商在物业建设过程中,为了最大限度地获取利润,在房屋建设质量、公摊面积计算、配套设施建设、房屋维修基金预留等问题上频频违约,埋下了纠纷的祸根。对于欠发达城市而言,物业服务企业的整体规模较小,多数企业无法取得规模效益,整个行业仍处于发展初期,整体抗风险能力差。相关调查发现:有些物业服务公司管理的面积也就是1万多平方米,管理人员既是领导又是员工,加上几个保安和清洁工就组成了一家物业服务公司。这些物业公司规模小、经营状况差,很难保证优质的物业服务质量,在物业管理方面也会存在很多疏漏。①

4. 社区物业服务企业与业主双方均存在行为失范

社区物业管理实行的是市场化管理方式,是社区业主与社区物业服务提供方在平等协商基础上的一种合作关系。但在实际运作管理过程中,社区物业管理方采取一种管制性思维方式对社区居民和社区物业进行管理,管理方式有时简单粗暴,缺乏服务合作

---

① 廖志凤、曲晨竹:《我国欠发达城市物业管理存在问题及对策研究——以河源市为例》,《价值工程》2010年第5期。

意识。① 物业管理方任意更改设立收费项目及收费标准,任意改变社区物业的整体规划,如物业管理方并没有严格按照原有的社区规划对社区进行管理,而把原本属于社区全体居民的绿地、道路等变成收费的停车场,进一步加剧了业主对物业服务企业的不信任和排斥心理。另外,一些小区也会出现业主行为失范、违反社区公约的情况。例如,侵占公用部位、擅自变更房屋用途、违反装修规定、私搭乱建、乱停车等。这些行为既影响邻里关系,又不利于社区和谐,还会阻碍物业管理工作的有序开展。

5. 物业服务费收缴困难,物业服务投诉率高

物业费收缴率低是多年来一直困扰城市社区物业管理的问题。换言之,物业费的缴纳或隐或现地贯穿在物业管理诸多问题之中,拒绝缴纳物业费是物业问题发展演化的必然结果。② 物业费收缴率低并且下降是普遍趋势。几乎没有住宅小区的物业管理费收缴率为100%。由于很多小区的部分业主对物业公司的收费标准不清、收费不公开、不透明或者"高标准收费、低标准服务"极度不满,拖欠、少缴和拒绝缴纳物业费已经成为居民表达对物业服务不满的惯用方式。物业服务企业收不上物业费,就针锋相对,停止对特定对象的服务或撤出小区。物业服务企业坚持认为,只有缴纳物业费,服务质量才能提高;业主坚持认为,只有服务达标,才能缴纳物业费。在双方的僵持中,物业服务质量每况愈下,业主不满与日俱增,循环不已。与缴费率低相随的是投诉率高,主要投诉物业服务与物业收费质价不符等七个方面的问题,具体是:一是物业服务与物业收费质价不符;二是物业费的计算单位由使用面积向建筑面积转换,物业费标准提高;三是物业企业未经报批,擅自制定物业费收费标准;四是超服务等级制定物业服务收费标准;五是物业收费项目、标准不公示;六是物业超标准收取电梯费;七是

---

① 黄闯:《城市社区物业管理良性发展的路径分析》,《长白学刊》2013年第1期。
② 王光荣:《城市社区物业管理模式及其实践困境探析》,《前沿》2013年第13期。

小区地下停车场未经报批擅自收费。①

6. 物业管理的形式主义问题较为突出

物业管理领域存在的形式主义问题主要体现在以下方面：一些物业主管部门、价格监督部门的日常监管不到位，导致物业企业服务质量不达标；职能部门进社区流于形式，监管末梢延伸不够，导致小区内存在私搭乱建等问题；房地产规划审批和设计审查、综合验收部门审查把关不严，导致新建住宅小区存在物业配套建筑及设施设备不符合规定等问题；基层党委和政府的主体作用发挥不充分，导致社区业主大会、业委员会没有成立或者流于形式等物业管理领域的形式主义、官僚主义问题。② 特别是在疫情防控初期，住宅小区物业管理存在的形式主义问题尤为突出。比如，武汉市的一些社区物业假装让志愿者送菜送肉给业主，实际工作不到位，致武汉市民隔空举报小区物业"形式主义"。2020 年 3 月 5 日早上，中央指导组在武汉市青山区翠园社区开元公馆小区考察时，有部分居民从家里的窗户向正在考察的中央指导组喊："假的，假的，平时根本没有那些菜""形式主义"。对于这一事件，有业主反映称，"疫情期间物业不重视消毒，中央领导来了却大做特做，平时送菜不到位，这时候又赶紧摆样子"。多位中建开元公馆的居民表示，自疫情发生以来，该社区存在确诊病例通报不及时、社区封闭管理晚、楼内公共电梯消杀次数少的现象。此外，也有业主反映，物业提供的 10 元爱心蔬菜，仅发放给楼管组建的微信群内业主，部分业主则因为 2019 年车位费涨价维权被楼管踢出微信群，因此不能购买爱心蔬菜。③ 再如，有网友发帖举报滁州万豪名苑

---

① 曾燕南：《城市社区转型与居民区物业管理的困境——以哈尔滨市为例》，《华东理工大学学报》（社会科学版）2014 年第 5 期。
② 《整治物业乱象，德州市纪委监委出手了！》（2020 年 3 月 14 日），搜狐网，https://www.sohu.com/a/379990422_99966880，最后浏览日期：2020 年 4 月 20 日。
③ 《武汉开元公馆现场打假 区政府派人解决困难》（2020 年 3 月 6 日），财新网，http://china.caixin.com/2020-03-06/101524711.html，最后浏览日期：2020 年 4 月 23 日。

小区钱塘物业疫情防控期间弄虚作假、形式主义、收费办理车辆电子通行证。特别是对于电梯、单元门的消毒,物业公司搞形式主义,几天一消毒,然后在消毒告示中连续填写好几天的消毒日期。

7. 物业服务公司缺乏专业人才,服务水平低下

目前,城市住宅区物业管理人员的素质整体不高,学历偏低,专业人才奇缺。表现为:一是转行型房地产管理人才多,专业型物业管理人才少;二是单一型管理人才多,复合型管理人才少;三是初级管理人才多,高级管理人才少。究其原因,当前物业管理行业的报酬率达不到数量本就稀少的高素质从业人员的心理预期,也就是说,从业人员的工资待遇跟不上社会发展的水平,物业服务公司无法吸引高级技术人才和高效管理人才,致使管理效率低下。同时,由于物业管理市场不成熟,准入机制不完备,导致从业企业在资质等级、员工素质、设备设施管理等方面参差不齐,小、散、乱的状况比较突出。①

五、城市社区物业管理良性发展的路径

研究者从不同方面探讨了城市社区物业管理良性发展的路径或举措,可将既有研究的路径大致归纳为理念、制度、关联主体与技术四个方面。

(一)以先进的理念引导城市社区物业管理发展

1. 注重提高物业管理的综合效益

物业管理在我国是一个新兴行业,相对于发达国家,我国现阶

---

① 段淑娟、任晓芳:《城市新建住宅小区物业管理发展现状与原因分析》,《生产力研究》2012年第1期。

段的物业管理发展存在不少问题。物业服务企业要想在激烈的市场竞争中求生存、求发展,必须谋求经济效益、社会效益和环境效益的协调发展,才能保证企业的壮大和可持续发展。若片面追求经济效益而忽视社会效益和环境效益,物业服务企业提供的管理服务就不能满足业主的真正需求,出现公司与业主的矛盾,甚至会失去市场。① 提高物业管理行业的经济效益、社会效益和环境效益,满足不同层次人群的物质和文化需要,也是现代社会发展的期待,整个物业管理行业综合效益的提升有利于带动社区物业管理效率的提升。提高物业管理综合效益的基本途径有:房管部门的企业化改造;引入竞争机制,建立招投标市场;实行规模经营,提高经济效益;建立物业管理行业的管理和监督体制。② 特别重要的是,物业服务企业必须重视借助科学的、客观的综合效益评价指标体系,包括经济效益评价指标、服务质量环境效益评价指标、社会效益评价指标,进行综合效益评价以提高物业管理的综合效益。其中,经济效益评价指标主要包括人均利润、资本金利润率、成本费用利润率、营业收入利税率、资产报酬率、投资效果系数等;服务质量环境效益评价指标主要包括物业完好率、维修及时率、维修合格率、火灾事故率、物业保值增值率、环境绿化率与绿化完好率、卫生保洁程度、物业档案资料完整率、环境综合效益指标、居民满意率等;社会效益评价指标主要包括社会贡献率、社会积累率等。③

2. "红色物业"融入社区治理

"红色物业"首次出现在武汉。所谓"红色物业",是指党组织在物业企业中的全面覆盖,充分发挥党组织对物业企业的政治引

---

① 张霄岗:《浅谈提高物业管理综合效益的途径》,《山西财经大学学报》2006年第S2期。
② 颜莉:《物业管理综合效益分析》,《科技进步与对策》2001年第12期。
③ 参见林沐、戚昌文:《物业管理综合效益评价》,《中外房地产导报》1999年第8期。

领作用,推动物业企业更好地参与社区治理。"红色物业"强化了基层党组织对社区治理市场主体的政治引领作用,重新定位了物业企业在社区治理中的角色,重塑了物业企业与其他治理主体的关系,培育了物业企业融入社区治理的合作共治机制,对于促进社区"善治"具有重要意义。① 为了切实把"红色物业"落到实处,需要实行物业服务企业党建全覆盖,把支部建在物业上,把物业服务企业打造成基层党组织联系服务群众的重要平台,把社区物业岗位拓展成为培养、锤炼基层党政干部的重要渠道。② 中共十九大报告强调,要打造共建共治共享的社会治理格局。有研究者对"党建+社区物业"展开深入探讨。例如,徐成提出以行业党建为载体,加快物业管理融入基层社区治理。③ 再如,浦晓天探讨了党建带动物业管理与社会治理融合的新途径。④

3. 绿色物业管理赋能社区美好生活

众所周知,绿色住宅已成为当今住宅业的发展趋势,但是目前绿色住宅的理念还仅仅局限在对建筑物的规划、设计、施工、运行、维护、拆除和再使用的建造过程中,而对于业主入住后,在对建筑的物业管理过程中通过节约资源、减少能耗等手段实现生态环境效益最大化还未得到足够的重视。首先,绿色物业管理体现了一种人本思想,推行人性化管理、提供尊重人的"零干扰服务";其次,绿色物业管理倡导提供全方位、立体式的特色服务,满足不同层次的需求。绿色物业管理的业务范畴在传统物业管理内容的基础上,按照可持续发展的要求以及营造健康人居环境的需要,增加了

---

① 陈琦、秦泽慧、王中岭:《"红色物业"融入社区治理:理论与实践——以百步亭社区为例》,《江汉大学学报》(社会科学版)2018年第1期。
② 周昕:《发展新时代"枫桥经验":创新物业管理机制——以武汉市为视域》,《成都行政学院学报》2018年第4期。
③ 徐成:《以行业党建为载体,加快物业管理融入基层社区治理》,《住宅与房地产》2019年第10期。
④ 浦晓天:《党建带动物业管理与社会治理融合》,《中国物业管理》2018年第3期。

许多新的管理与服务内容,如对空气质量、水资源、噪声、垃圾废物、能源的控制与管理,宣传健康生活理念,为业主设立健康档案、提供医疗保健服务与24小时求助,搞好社区绿色文化建设,促进业主交流、业主互助等。蒋盛兰等对重庆市绿色物业管理措施与居民归属感关系进行了实证研究,发现社区居民的归属感随着绿色物业管理措施中的节能管理、垃圾处理、环境绿化和污染治理措施的改进呈线性递增。①

(二)以制度的完善和机制的创新推动城市社区物业管理发展

物业管理需要完善法治和契约精神。② 为此,需要通过制定相应的法律法规来加强行业监管,明确界定业主、业主委员会以及小区物业服务企业各方的权利和义务关系,进一步明确开发商、业主、物业服务企业的权责利。明确的法律法规为物业管理纠纷的处理提供了充分的依据,使物业管理纠纷的处理效率大大提高。但是,还应注意到,物业行业涉及的监管部门单位较多,要进一步通过完善监管制度来细化并明确各个单位的职责,以免出现推诿扯皮现象。在物业行业监管方面,需要转变行业监管方式,从传统的事前准入监管转变为事中、事后监管,推行"双随机一公开"建设,加大对违法违规行为的查处力度。同时,要加快物业行业信用体系建设,落实《物业管理条例》的规定,研究制定行业信用评价标准,开展多维度信用评价,研究行业信用红、黑名单管理办法,加强行业诚信管理,推动实施跨部门守信联合激励和失信联合惩戒。

物业管理作为新兴产业,需要建立完善的管理机制,实行规范

---

① 蒋盛兰、宁艳杰:《重庆市绿色物业管理措施与居民归属感关系实证研究》,《中国人口·资源与环境》2015年第S1期。
② 徐培华:《城市健康发展亟须物业管理规范化》,《人民政协报》,2016年8月15日,第6版。

化管理,保障其常态运行。张永政认为,规范完善的物业管理机制包括三大机制:市场化运作机制、现代化运营机制和透明规范的服务机制。① 王光荣认为,物业管理常态运行主要靠四种机制:民主机制、选聘机制、评价监督机制和信息公开机制。这四种机制保证了社区物业有物业服务企业管理,管理有规则可循,管理过程有监督控制,管理效果有评价,从而使物业管理能够运转起来。② 由于城市社区物业纠纷呈现出发生频率高、发生量较大、案件标的小、问题琐碎纠缠、持续时间长、容易引发群体性对抗等特征,研究者也比较关注物业管理纠纷的化解机制创建。具有代表性的是:建立行政调解、人民调解、司法调解、行业调解相互衔接的联动机制;建立由市、县、街道、社区四级物业管理投诉受理制度和物业服务纠纷快速处理调解组织体系组成的多元多层级物业管理纠纷调解机制。③ 在物业管理这个系统中,各参与主体多方面的协调衔接配合程度不高制约着良性协同目标的最终达成。为此,寇晓燕和张居盛提出通过构建社会协同治理的有效衔接运作机制,实现物业管理中各关联主体功能的耦合,建立起多元主体的互联、互补、互动,真正实现1+1>2的合力效应。④ 为解决社区物业管理中的利益冲突,应加强利益相关者的对话,需要为各个利益相关者的利益表达、利益协调和利益整合提供可谈判与协商的空间,并通过构建多方参与的利益相关者对话机制加以保障。

---

① 张永政:《城市物业管理满意度影响因素研究》,《中共济南市委党校学报》2010年第3期。
② 王光荣:《城市社区物业管理模式及其实践困境探析》,《前沿》2013年第13期。
③ 黄安心:《融入社区治理:物业管理服务迈向成熟的希望之路》,《湖北社会科学》2013年第1期。
④ 寇晓燕、张居盛:《社会协同视角下的物业管理困境与化解》,《求索》2013年第1期。

（三）以关联主体准确的角色定位保障城市社区物业管理发展

当前，社区物业管理中的关联主体主要包括政府、居民委员会、业主、业主委员会、物业服务公司等。对于关联主体在物业管理中的角色定位的研究，大部分研究者都倾向于首先探讨政府的角色与功能，认为物业管理作为一种市场行为，特别是物业服务企业作为一种营利组织，需要嵌入政府管制。社区物业管理作为一种准公共产品，一定程度上需要政府介入，实现政府对物业管理的"到位"而不是"缺位"。[①] 首先，政府应完善不动产登记工作，不给开发商或物业公司侵害业主权益提供方便。其次，政府要完善物业管理市场制度建设和规范，完善物业管理行政备案制度，明确备案范围、备案事项、备案节点、备案流程。[②] 再次，政府应将物业管理纳入社区治理范畴，建立物业管理主体的协调沟通机制，加强对社区自治组织的支持和引导，[③]政府还需明确自身在业主委员会成立中的行政责任，提供业主公约、业主委员会章程等文件的范本，并长期关心、指导和支持业委会的日常工作。[④] 对老旧小区，政府应该牵头组建政府、市场、小区三者相结合的物业资金筹集模式，力争实现老旧小区物业全覆盖。

如何调整和处理好物业管理中物业管理企业、居民委员会和业主委员会三者关系是当前物业管理矛盾纠纷的症结所在，因而需要对社区居民委员会、业主委员会和物业服务公司的角色进行

---

① 伍延基：《探寻城市住宅小区物业管理之路》，《兰州学刊》2004 年第 3 期。
② 周昕：《发展新时代"枫桥经验"：创新物业管理机制——以武汉市为视域》，《成都行政学院学报》2018 年第 4 期。
③ 刘媛：《政府介入社区物业管理的路径选择——以和谐社区治理中政府职能"正位"为视角》，《江西社会科学》2013 年第 11 期。
④ 潘鸿雁：《物业管理中的关系冲突及矛盾化解路径思考——基于上海市的调查》，《甘肃社会科学》2010 年第 4 期。

重组与定位。① 在物业管理纠纷的防范与化解中,居委会应充分利用其特殊权威,及时发现物业矛盾苗头,并主动介入纠纷调解,居中斡旋,控制事态发展,将矛盾化解于萌芽状态。② 物业服务公司应树立"业主第一,服务至上"的意识,严格遵照双方真实意思表示达成一致的合同,提供高效优质的服务,并积极主动地与业主沟通,③物业公司与业主签订合同的制式、内容、程序均要规范,权责约定也要清晰明确,最大限度地减少服务纠纷。业主委员会伴随现代城市物业管理体制的产生而产生,是住宅小区内的自治组织,其具体职责主要是组织业主大会的召开、代表业主选聘物业服务公司、签订物业管理合同等。但在实践中,受利益诱惑和驱动,业主委员会因缺乏监督而与物业服务公司合谋,从而发生权力行使异化的现象并不少见。因此,通过建立业主监督委员会或业主代表监督小组作为业主大会决策监督的有效补充,可以强化对业主委员会日常运作的监督指导,促进业主委员会的阳光运作。

(四) 以技术接入优化城市社区物业管理发展

大数据、云计算、物联网等新兴技术的应用为物业管理产业的智能化发展提供了契机,当前国内物业管理产业已经开始借助新型信息网络技术,向智慧化方向发展。物业管理智慧化发展,是指在管理中使用网络信息技术,将物业管理工作的各个方面整合起来,加以系统化,使之互相协调运作,其目的在于加强物业管理效果,提高业主生活质量。物业管理智慧化的核心,是通过利用新型信息技术来改变物业管理企业、业委会和业主相互交往的方式,对

---

① 陈淑云:《城市居住区物业管理与社区管理的有效整合机制》,《华中师范大学学报》(人文社会科学版)2009 年第 5 期。
② 寇晓燕、吕琳:《物业管理纠纷的防范与化解机制——基于社会协同理论的探讨》,《江汉大学学报》(社会科学版)2014 年第 2 期。
③ 张霄岗:《浅谈提高物业管理综合效益的途径》,《山西财经大学学报》2006 年第 S2 期。

小区的环保、公共安全、停车和业主活动等需求做出快速、智能的反应,提高小区物业运行效率,为业主创造美好舒适的生活。① 智慧社区物业管理平台的开发,通过新型的物业缴费方法——支付宝物业缴费,业主可以随时随地缴费,大大地提升了住户缴费的便利性,此种缴费方式还可以实时为业主提供费用明细。② 为了提升小区物业管理的信息透明度,需建设小区物业管理市场公共信息平台,③对小区物业的公共信息如规划、产权、物业公司、业主委员会、物业维修资金等信息予以公开。

六、研究述评与研究展望

(一)研究述评

研究者对于城市社区物业管理的分析,大多始于对我国物业管理行业发展现状的深刻认识,一致认为:我国的物业管理行业起步晚,市场门槛低,很多物业管理企业的资质、软硬件水平都欠佳,仅能为住宅小区业主提供常规的管理与服务。物业管理企业的工作人员业务素质参差不齐,也缺少积极性、灵活性和创造性,很多住宅区的物业管理活动不能很好地应用先进的物业管理方法和物业管理软件去实现智能化、自动化管理,更难以达到规模化、规范化的管理效果,大大降低了住宅区民主管理和自治管理的效率。

大多数学者认为,我国物业管理理论研究明显滞后于物业管理实践的发展,需聚焦住宅物业管理过程中所产生的各种关系冲

---

① 王方舟:《试论北京物业管理产业"智慧化"发展战略》,《北京社会科学》2012年第2期。
② 宋宇婷、冉丹:《智慧社区物业管理平台的设计与实现》,《计算机技术与发展》2019年第12期。
③ 刘媛:《政府介入社区物业管理的路径选择——以和谐社区治理中政府职能"正位"为视角》,《江西社会科学》2013年第11期。

突及利益平衡问题,进一步对物业管理各利益主体之间的关系模式进行探讨和解释。虽然既有研究对物业管理模式的演变进行了宏观和微观考察,将业主组织自治能力水平的变化与物业管理模式的选择结合起来进行研究,也更清楚地反映了物业管理相关主体权责关系的变化趋势。但总体来看,针对物业管理模式的研究还有一定欠缺,比如缺少物业管理不同模式的影响因素研究,也缺少对不同物业管理模式的管理绩效进行比较的实证分析。

对于社区物业管理的矛盾或纠纷原因的考察,研究者达成的基本共识是:物业服务市场失灵、社区物业管理主体错位、社区物业服务与政府应提供的公共服务边界不清、围绕经济权利产生的利益冲突。从某种程度上说,当前城市社区物业管理的矛盾和问题很难在短期内解决,不单是一个行业的问题,仅仅从物业管理行业"内循环"式地去思考解决方式,不可能有一个完美的答案,需要在更高的层面进行统筹规划。

物业管理是管理、服务、经营"三位一体"的活动,涉及多方利益,客观上要求物业服务公司必须按照国家规定的相关法规和程序设立和运营,这不仅是市场经济的必然要求,也是物业管理走向现代化、科学化的必然选择。物业管理与一般意义上的商品服务不同,具有公共产品的部分属性,这些属性也使得物业服务在发展过程中遇到了不少难题和矛盾。因此,为了促进物业服务的健康、持续发展,应从物业管理的公共产品属性出发,建立政府、物业服务企业、社区居委会、业主委员会、业主等物业管理关联主体之间的沟通对话机制,强调各主体在物业服务过程中的责任和义务,共同推动物业服务的长久发展。

(二)未来展望

在社会主要矛盾发生重大调整、社会分层趋势日益明显、社会利益冲突不断累积的社会转型期与全面深化改革的攻坚期,物业管理已经成为当代社区治理格局中不同阶层、不同群体之间利益博弈的现实问题，必然会经历从利益表达、利益碰撞、利益冲突，发展到协商民主、达成共识，再到多元共治的公共选择过程，最终实现从"管理"到"治理"再到"善治"的目标。基于既有的研究现状，可以从以下方面进一步拓展城市社区物业管理的相关研究。

城市社区的物业管理是事关城市居民安居乐业和社会安定的大问题。面对这个重大的社会问题，还有许多问题值得深入探讨：城市居住区的物业管理需不需要与行政管理有机结合起来？一旦与地方行政管理相结合，行政管理可能出现的低效率会不会阻碍物业管理的市场化进程并进而形成新的部门垄断？由于物业管理是城市社区建设与管理的重要组成内容，居住区也是城市的重要组成部分，在社区的供水、排水、供气、供暖、供电、通讯、绿化、安保等方面，政府该不该承担一些责任或者责任的边界有多大？

物业管理的主体是指物业管理活动的参与者，主要包括政府有关部门、房地产开发商、物业服务企业、业主、业主大会及业主委员会等。在物业管理过程中，由于上述利益主体拥有不同的社会资源、具有不同的利益要求、扮演不同的角色，因此，能否协调好各主体间的利益关系、缓和并解决各种潜在或已出现的矛盾，就成为物业管理活动能否顺利有序开展的重要前提。社区物业管理活动中需要对不同物业管理关联主体之间的冲突根源进行深入思考，例如：物业服务企业之于业主委员会是"雇工"还是"管家"？物业服务的现实效果与业主期望之间的差距有多大？对房产质量等历史遗留问题引发的物业纠纷，物业服务企业和房地产开发商、政府相关部门谁来"买单"？业主委员会能否真正代表全体业主的利益？

以街道、居委会、政府主管部门为代表的国家治理力量、以开发商、物业公司为代表的市场力量和以业主、业委会为代表的社会治理力量逐渐形成了多元化的社区治理关系，这些治理主体拥有各自的利益要求,在谋求主体自身利益的过程中因利益差异而产生利益冲突。随着时间的推移,这些利益冲突存在怎样的演变规律?它们对后续的利益冲突治理工作能够提供哪些启示?以上问题都是社区物业管理利益冲突治理研究不可回避的基本问题。可以尝试"五位一体"多元管理体制的城区物业管理新模式,即建立以城建局为主管,环卫处为统管,社区居委会为协管,各小区业委会为配管,物业企业为服务主体的"五位一体"的多元管理体制的城区物业管理新模式。

作为物业管理未来发展的主要方向,研究如何提高绿色物业管理的服务质量有重要的意义,但要形成科学合理的绿色物业管理条例还需要进一步探索。随着人们环境保护意识的增强以及大量绿色建筑、生态社区的出现,绿色物业管理将会变得越来越重要,绿色物业管理的内容不是固定不变的,它将会随着时代条件、社会需求以及居民素质的变化而变化,它的推进和完善是一个不断变革的过程,在这个变革的过程中,需要研究者不断地转变传统观念、推陈出新。因此,如何使绿色物业管理的理念更加深入人心,如何推进人类居住区的绿色管理和可持续发展,仍是一个有待进一步研究的重要课题。

从目前我国物业管理行业的发展形势和创新基层社会治理体系的客观趋势来看,业主自主管理模式的存在是相当有必要的。首先,站在业主的角度上考虑,业主自主管理模式下物业的管理需要业主全体参与,这样对业主管理的积极性有很大的提高。并且,与物业服务企业比较,该模式产生的物业服务费要低得多,这样不仅会减轻业主的经济压力,也防止产生一些不必要的利益纠纷。因而,对于城市社区物业管理业主自管模式的探讨就显得尤为重要,特别需要弄清楚业主自管模式有哪些具体的类型划分,比如业主直接承担管理事务、业主委员会直接聘任物业服务人员设置物业服务中心、"公司制"业主自管模式都属于物业管理的业主自管模式。此外,还需深入探讨不同类型究竟孰优孰劣、哪种类型的综合效益更高等问题。笔者认为,住宅小区物业综合管理工作者协会的成立很有必要,该协会由街道、房管办、居民区党组织、居委会、业委会、物业公司等主体参与,其主要功能是开展物业知识培训,推动业委会、物业公司自律,指导业委会换届改选等。该协会有利于整合辖区内物业综合管理的党政、市场、社会等各方力量,成为推动居民区物业管理和业委会自治的助推器。

大型异质性社区业主自管何以可能

——以广州市 Q 社区为例

张紧跟*　李梦宸**

[内容摘要]　随着城市住房由单位分配向市场分配转型,很多学者开始以社区物业治理为视角来观察中国的城市社区治理。在城市社区这个国家、市场与社会交汇的场域,如何实现多元主体的协同共治,是一个值得认真研究的重大课题。从广州市 Q 社区这个案来看,在经历了业主维权、驱逐原物业公司、新聘又解聘物业公司后,最终形成了独具特色的业主自管模式。业主自管后,Q 社区物业费一直保持 10 年前的水平,逐渐从一个因管理混乱而冲突不断的社区演变为城市物业自治的样本。Q 社区的治理实践表明:在有利的外部制度环境、完善的治理机制和遵守规则的治理主体互动之下,大型异质性社区业主自管的交易费用得以降低,因此能够成功地实现自主治理。Q 社区业主自管的成功运行意味着:在社区治理过程中,国家不必直接卷入社区内部治理过程,而是将重点放在致力于打造有利的制度环境上,既引导社会又规制市场;业主在以财产权为基础的网络中,以有效的新制度供给实现可信承诺和相互监督,走向自主治理;业主自发探索的市场化治理工具则在规避市场风险的基础上发挥了有效配置资源的作用。尽管业主自管并不意味着能解决物业管理中的所有问题,有些实行业主自管

---

* 张紧跟,中山大学中国公共管理研究中心、政治与公共事务管理学院教授。
** 李梦宸,北京微梦创科网络技术有限公司政务运营主编。

的社区也面临业委会与业主间的激烈冲突困境,但提炼Q社区业主自管的基本逻辑,无疑为打造共建共治共享的社区治理格局提供了有益的思路。

[关键词]　大型异质性社区;业主自管;自主治理;交易费用

一、问题的提出

随着城市住房由单位分配向市场分配转型,商品房社区中开始出现街(居)组织、物业公司与业主委员会分别按照行政、自治和市场逻辑运作的"三驾马车"。① 《中华人民共和国物业管理条例》规定:业主委员会(简称"业委会")是业主大会的执行机构,具有代表业主与业主大会选聘物业管理企业、签订物业服务合同等职能;业主通过选聘物业管理企业,由业主和物业管理企业按照物业服务合同约定,对房屋及配套设施设备和相关场地进行维修、养护、管理,维护相关区域内的环境卫生和秩序。鉴于中国新建商品房小区体量超级巨大以及物业管理的风险防范和赔偿能力不足、效率低下,业主通过聘请物业公司进行一体化物业服务和管理是比较理性的选择。但是,由于混淆了物业服务与公共服务之间的界限,扭曲了物业服务的核心价值,物业公司往往在客观上可能成为损害业主利益的"帮凶"。② 于是,业主与物业公司之间的协议服务关系往往因为物业公司侵占业主合法权益、高昂物业管理费与低劣服务之间的巨大落差等触发城市社区此起彼伏的业主维权运

---

① 李友梅:《基层社区组织的实际生活方式——对上海康健社区实地调查的初步认识》,《社会学研究》2002 年第 4 期。
② 张农科:《关于我国物业管理模式的反思与再造》,《城市问题》2012 年第 5 期。

动。除了那些建筑总面积在 8 万平方米以下、物业公司因利润空间小而拒绝入场的微型社区采取"业主自管"①外,大多数社区在解聘原物业公司后依然会聘用新物业公司。

  大型异质性社区业主人数受制于自组织能力和管理风险抗击能力等,因此,物业公司受托进行小区一体化物业管理是主流。Q社区作为广州市一个异质性大型社区,在经历了业主维权、驱逐原物业公司、新聘又解聘物业公司后,最终形成了独具特色的业主自管模式。目前,Q社区不是由物业公司进入而是由业主组织自主提供物业服务。实现业主自管后,Q社区物业费一直保持着 10 年前的水平,逐渐从一个因管理混乱而冲突不断的社区演变为城市物业自治的样本。② 作为由业主自行选择的一种物业管理模式,业主自管是指业主在物业管理上拥有完全的决定权、财产权、收益权。显然,自管模式与业主委托物业公司入场的管理模式不同:在自管模式下,业主与物业公司之间属于孪生关系,物业机构遵循公益逻辑;在委托模式下,业主与物业公司之间是一种契约关系,物业公司遵循市场逻辑。③

  本文采用案例研究方法,尝试在自主治理与交易费用理论框架下,力图通过回溯 Q 社区物业管理的演进过程来思考:Q 社区是如何实现业主自管的?Q 社区为何能实现业主自管?Q 社区业主自管意味着什么?其中,一手资料主要来源于研究者于 2017 年 10 月—2018 年 5 月在 Q 社区的参与式观察与对相关人士的访谈以及对 Q 社区微信公众号的持续关注;二手资料主要来源于相关学术研究文献与媒体报道等。

---

 ① 胡业维、周恬宁:《广州六个"业主自管"小区的实践与比较》(下),《住宅与房地产》2015 年第 26 期。
 ② 贺林平:《一个小区业主自管物业的案例》,《人民日报》,2017 年 5 月 19 日。
 ③ 陈鹏:《城市社区治理:基本模式及其治理绩效——以四个商品房社区为例》,《社会学研究》2016 年第 3 期。

二、文献综述与理论基础

伴随着房地产市场化、住房商品化改革,基于公平、公开基础上的市场化物业服务应运而生。而作为社区治理助推器的物业服务状况,显然是社区治理研究必须关注的关键要素。

一方面,研究者聚焦于社区治理中的市场化的一体化物业服务问题。首先,研究者注意到市场化物业服务在社区治理中的重要意义。随着城市商品房交易市场的建立和发展,市场主导的社区治理模式因其资源配置能力强、发展潜力较大而获得认可。[1] 于是,在城市商品房社区,雇佣商业机构来解决社区中的物权问题成为业主维护自身房产权益的重要手段。[2] 其基本逻辑在于:市场机制既丰富了社区服务项目并有效提高了社区服务的供给效率,又为社区居民提供了多层次、多样化的服务选择。其次,研究者也注意到市场强权制造了社区治理中的内部冲突。过分诉求商业利益和经营利润的市场机制势必会损害社区利益和环境利益[3],市场强权垄断统治下的社区实质上沦为物业公司的"殖民属地",势必触发业主的维权抗争[4]。最后,研究者聚焦于剖析社区物业纠纷和思考如何实现有效的社区物业治理。既有研究认为,社区治理结构碎片化和不平衡是引发物业纠纷的关键。住房商品化改革后的城市社区虽然形成了"三驾马车"的多元治理结构,但

---

[1] 葛天任:《建国以来社区治理的三种逻辑及理论综合》,《社会政策研究》2019年第1期。

[2] 胡洁人等:《社会如何拥抱市场?——商业机构介入城市社区治理的实证研究》,《社会科学》2020年第3期。

[3] 杨宏山:《城市社区治理的发展逻辑》,《传承》2011年第2期。

[4] 陈鹏:《当代中国城市业主的法权抗争——关于业主维权活动的一个分析框架》,《社会学研究》2010年第1期。

由于居委会、业委会、物业公司的权威来源和关系体系迥异,使社区治理结构被多重组织割据,资源耗散①,因而无法避免因利益分化、精英参与、多元治理主体互动博弈导致的物业管理危机②。在"三驾马车"中,作为国家权力在社区之代理人的居委会,虽然深陷自治属性与行政属性张力的图囵之中③,但政治地位依然牢固;业主委员会可望成为解决商品房小区利益纠纷的固定"制度设置"④,但成立难⑤、走向寡头政治和准派系政治的惯性导致其难以有效运作⑥;尽管席卷全国的业主维权运动彰显出物业公司在社区治理中的缺陷⑦,但在房地产大发展情势下以及社会自治力量不足往往使得市场力量凌驾于社会之上⑧。在此基础上,研究者强调要建立健全社区多元主体之间的协商合作机制⑨,以实现各个治理主体相互交换资源,共享知识和协作⑩,使"三驾马车"之间力量均衡而最终走向合作治理⑪。

另一方面,研究者也在探寻一体化物业服务之外的可能。研

---

① 李友梅:《城市基层社会的深层权力秩序》,《江苏社会科学》2003 年第 6 期。
② 刘成良:《城市社区物业管理类型与基层治理困境——基于社区类型分化的视角》,《云南行政学院学报》2017 年第 2 期。
③ 侯利文:《去行政化的悖论:被困的居委会及其解困的路径》,《社会主义研究》2018 年第 2 期。
④ Kevin Lo, "Approaching Neighborhood Democracy from a Longitudinal Perspective", *Urban Studies Research*, 2013(1), pp.1-10.
⑤ 张磊:《业主维权运动:产生原因及动员机制——对北京市几个小区个案的考查》,《社会学研究》2005 年第 6 期。
⑥ 石发勇:《业主委员会、准派系政治与基层治理——以一个上海街区为例》,《社会学研究》2010 年第 3 期。
⑦ 吴晓林:《中国城市社区的业主维权冲突及其治理:基于全国 9 大城市的调查研究》,《中国行政管理》2016 年第 10 期。
⑧ 黄晓星:《国家基层策略行为与社区过程 基于南苑业主自治的社区故事》,《社会》2013 年第 4 期。
⑨ 陈家喜:《反思中国城市社区治理结构——基于合作治理的理论视角》,《武汉大学学报》(哲学社会科学版)2015 年第 1 期。
⑩ 赵守飞、谢正富:《合作治理:中国城市社区治理的发展方向》,《河北学刊》2013 年第 3 期。
⑪ 陈鹏:《国家-市场-社会三维视野下的业委会研究——以 B 市商品房社区为例》,《公共管理学报》2013 年第 3 期。

究者将业主自管视为对委托管理失效后一种比较优势明显的替代性物业服务模式。① 但是,业主自管面临法律困境②,业委会既是"社区管理的抓手"又是"麻烦的制造者"③,且存在成立难以及"形同虚设不作为"等问题④,组织动力不足和组织成本太高的双重影响⑤使业主群体陷入一盘散沙无组织、一无所有无经费、一门心思搭便车、一无所知易受骗的自组织困境⑥。面对业主自治中的集体行动能力的结构性缺陷,研究者认为微观行动中的共同需求、动员结构、制度规范可以构成新型城市社区公共事务集体治理的逻辑⑦,而共同利益、行动精英、社会资本与制度规则在一定程度上解决了"搭便车"的困境⑧。

显然,城市社区治理有效运行的基础性要件在于社区业主要有自主治理能力。但无论是围绕"三驾马车"的应然式多元主体协作治理研究还是对业主自管的关注,不仅缺乏对这一基础性要件的关注,而且基本上否定了业主实现自主治理的可能。埃莉诺·奥斯特罗姆(Elinor Ostrom)从理论上探讨了市场和政府之外自主治理公共资源的可能性,找到了破解集体行动困境的第三条道路,对于实现有效的社区治理具有很强的指导意义。⑨ 而业主

---

① 朱光喜、朱燕:《物业管理多样化及其纠纷解决》,《城市问题》2008年第8期。
② 朱艳萍:《业主委员会自管物业的法律困境与消解》,《人民司法》2017年第7期。
③ 陈鹏:《国家-市场-社会三维视野下的业委会研究——以B市商品房社区为例》,《公共管理学报》2013年第3期。
④ 何平立:《冲突、困境、反思:社区治理基本主体与公民社会构建》,《上海大学学报》(社会科学版)2009年第4期。
⑤ 夏巾帼、郭忠华:《城市商品房小区自治困境的根源——基于小区公共事务性质的分析》,《浙江学刊》2019年第5期。
⑥ 吴晓林:《中国城市社区业主维权研究综论》,《城市问题》2013年第6期。
⑦ 陈天祥、叶彩永:《新型城市社区公共事务集体治理的逻辑——基于需求—动员—制度三维框架的分析》,《中山大学学报》(社会科学版)2013年第3期。
⑧ 周如南、陈敏仪:《城市社区业主自治的集体行动逻辑:以广州Q小区为例》,《广西民族大学学报》(哲学社会科学版)2017年第4期。
⑨ [美]埃莉诺·奥斯特罗姆:《公共事物的治理之道:集体行动制度的演进》,余逊达、陈旭译,上海译文出版社2012年版,第35页。

自治虽有可能达成,但当业主规模较大时,无论采用何种方式都会面临高额的交易费用。① 20 世纪 90 年代以来,奥利弗·E.威廉姆森(Oliver E. Williamson)的交易费用经济学分析框架强调"交易费用经济学主要关注合约关系治理,然而治理并不是孤立进行的,各种备择治理机制的比较绩效,一方面随着制度环境变化,另一方面也随着经济行动者的特性而变化"②。简而言之,要有效降低交易费用,应该关注制度环境、治理机制与行为主体间的互动关系。③ 因此,应该将业主何以自管置于自主治理理论与交易费用经济学的综合分析框架之下。

三、Q 社区的治理变奏曲

(一)一体化物业管理引发维权

广州市 Q 社区成立于 2000 年,由 26 栋、1 400 多户业主组成,是一个常住人口 6 000 余人的大规模异质性社区。

2013 年年底以前,Q 社区聘用开发商子公司 QR 提供一体化物业管理服务。但治安事件频发、环境脏乱差、设施损坏严重等逐渐引发业主对这种市场化物业服务的质疑,业主不满之声开始此起彼伏。2012 年 9 月,QR 的一纸上调物业费通知引爆了积蓄已久的矛盾。在这份"半夜鸡叫"的通知中,QR 称 7 月时得到 1 029 户业主的同意"上调物管费"。到了 10 月 30 日,有业主发现银行账户被多扣了钱,于是投诉到街道办事处,在房管和物价部门协调

---

① 张金娟:《住区业主集体行动的困境及其解决方案——关于业主集体行动的文献综述》,《城市问题》2017 年第 4 期。
② [美]奥利弗·E.威廉姆森:《治理机制》,王建等译,中国社会科学出版社 2001 年版,第 272 页。
③ 同上书,第 414—416 页。

下,QR退还了涨价金额。但QR并未就此善罢甘休。12月28日,QR再度张贴公告,称在《Q小区管理处关于提升物业管理费的调查问卷》中征得737户业主的同意,涨价获得"双过半"(即占建筑物总面积过半数的业主且占总人数过半数的业主)支持,楼梯楼从0.7元/月·平方米上涨至0.85元/月·平方米,电梯楼从1元/月·平方米上涨至1.38元/月·平方米。2013年1月,4名业主经过上门走访,发现QR提供的737份业主签名中多份签名笔迹相似、涉嫌伪造。于是,低劣的物业服务(环卫差、治安乱、设施损坏等)再加上擅自提高物业费乃至伪造业主签名等让业主们异常愤怒。随后,4名业主以个人名义提起诉讼,诉讼维权使各自为政的业主们开始意识到成立业委会的必要性。

经历了艰难的筹备行动后,2013年6月,Q社区终于成立了包括律师、大学教授等社会精英在内的业委会。业委会甫一成立就展开了组织化维权。经调查,业委会发现QR存在大量伪造小区业主签名的情况,有190多户业主签名是冒签。业委会对QR提起诉讼,法院判决物管费涨价无效,一审胜诉。与此同时,QR伪造业主签名这种做法让业主难以释怀,且糟糕的服务管理已经烂到让业主们觉得必须更换物业公司的地步。2013年8月,第二次业主大会表决通过更换物管公司的决议并启动新物管公司招标程序。于是,一审判决生效后,业委会就开始与QR谈判让其退出并启动了新物管招标工作。11月,最终经全体业主表决,选定了"新管家"。2014年1月23日,QR在《告Q小区全体业主书》中表示,将于2月28日结束对Q社区的物业管理服务。

就在业主们为初步维权成功而欣喜时,不甘就范的QR引爆了一场更大的冲突。2014年2月28日,数百名业主聚在Q社区门口等待见证作为初步维权成功的新旧物管交接。但是,当数十位业主跟随新旧物管代表人员一同前往物业办公室、园内各片区办理交接手续并准备迎接"新管家"进驻时,QR拒交小区全部管理权,坚持要"占用"小区大门及停车场、商铺的管理权,甚至破坏小区公共设施和设备并向业主索赔。QR 此举激怒了业主,数百名业主聚集起来,围堵社区大门,抗议 QR 非法占据小区公共财产,一场群体性冲突由此爆发。随后,业委会积极行动,出面安抚业主情绪,同时向街道办及相关部门报告冲突情况。在街道办事处和国土房管部门的协调下,业委会经过与 QR 多次艰难谈判最终达成协议:QR 于 3 月 3 日落实门口交接,并移交大门、停车场等管理权。

(二) 试行半委托管理

被"驱逐"的 QR 使业主们对一体化物业服务缺乏信心,于是 Q 社区开始了为期一年的半委托管理,即所有收支全部由业委会管理,然后采用酬金制方式聘请新物业公司。在业主大会上,经过半业主表决同意,明确业委会作为执行者,对 Q 社区物业管理费用、公共资金和共有物等进行管理;考虑到业委会成员都是兼职而且都担心没有能力做好物业公司的事,所以还是将物业服务部分委托给物业公司。这种半委托管理体现在:一方面,初步实现了小区车位、广告费、摊位费等收益归所有业主,业委会设立了公共账户管理物业管理资金,物业管理费依然是每月电梯楼 1 元/平方米、楼梯楼 0.7 元/平方米;另一方面,专业性物业服务(主要是安保、环卫和电梯等)委托给外聘的物业公司,物业公司派遣一个小型物业管理团队进 Q 社区。在整个过程中,所有收支全部由业委会管理,采取酬金制方式按照岗位支付新物业公司派驻团队的人员工资,并将社区总收益的 10% 作为物业公司利润。

但是,这种新模式很快就暴露出一些问题。

首先,新物业服务依然难令业主满意。业委会只将固定总收益的 10% 作为物业公司利润,物业公司难以从经营和管理社区资产中获益,不仅缺乏提升改进物业服务的积极性,而且还可能尽量压缩物业管理成本。

> 像安保问题,不少业主就希望能增加保安数量,但物业公司不会理会我们的要求,因为我们付给的钱是不变的,如果多请了保安,成本就提高了。①

其次,出现了"吃空饷"问题。

> 在新物管提供给业委会的保安名单中,一共有25人,然而清点后却发现只有18人;说好有15个保洁员,但是事实上只有7个保洁员过来工作。②

显然,物业公司提供的人员表有问题,出现了"吃空饷"的情况。

最后,存在信息不对称和监督难问题。社区将物业管理服务委托给物业公司,但物业公司派了一个管理团队进社区,出现了双层"委托-代理"关系,导致信息不对称且监督难。

> 由物业公司聘人,我们就算整合了大家意见传达给物业公司,还是没解决"这些人听谁的"这个问题。③

(三)转向业主自管

2015年4月,在Q社区第六次业主大会上,业主决定与新物业公司解除合作,自行组建直接隶属于业委会的物业中心,通过

---

① 资料来源:对Q社区业委会的访谈,2017年9月20日。
② 同上。
③ 同上。

直接与保安、工程、维修等方面的人员签订合同的方式来管理小区,将所有物业管理全部转为业委会直管。自此,Q社区开始实行全面自管,由业主和业委会共同在社区内提供物业管理服务。

目前,Q社区的物业管理费、车位和车辆管理费、其他收益(如广告收益、场地租赁收益)等所有收入均由业委会管理。在业委会下设物业中心进行日常性物业管理,物业中心类似于由业委会直接管理的"企业",全部员工(包括物业主管)都由业委会直接聘用,对业委会与全体业主负责。所有员工都同业委会签订劳动合同并由业委会向其发放工资、缴纳"五险一金",并设立绩效考核机制,物业中心的工作质量直接由业委会评估。物业中心的财务支出需要向业委会申请,获得批准后方可拨款。与一般社区物业管理不同,物业中心与业委会之间不再是市场交易型"委托-代理"关系,而是直接对业委会与业主负责。

> 我们需要对业委会负责,每一笔收入和支出都得通过业委会才能实现,等于我们其实是一个经理的角色。①

实行业主自管后,不仅物业管理纠纷被消弭,而且社区治理绩效也不断提升。一方面,作为监测商品房小区治理状况"晴雨表"和"风向标"②的物业费不增反降(见表1),低于周边社区,业主缴费率大大提高。除了维持较低的物业费用外,还有结余。同时,小区每月收入和开支均会公告并且在网上公示,物业的财务透明度不断提高。另一方面,物业服务质量不断提高。"目前物业中心50多名员工包吃包住,节假日按照国家规定有两倍或三倍工资,

---

① 资料来源:对Q社区物业中心的访谈,2017年9月20日。
② 陈鹏:《城市社区治理:基本模式及其治理绩效——以四个商品房社区为例》,《社会学研究》2016年第3期。

月薪三年内上涨了800元,所获薪酬均高于周边大型小区,员工忠诚度很高,小区治安和环境都大为好转。"①

表1　Q社区各年物业管理费用表

年份	楼梯楼物业管理费	电梯楼物业管理费	停车月保费
2012年12月	0.85(元/月·平方米)	1.38(元/月·平方米)	1 000元
2014年3月	0.7(元/月·平方米)	1.00(元/月·平方米)	—
2015年至今	0.7(元/月·平方米)	1.00(元/月·平方米)	500—600元

资料来源:Q社区物业中心。

于是,在Q社区,物业费价格水平、物业透明度和物业服务质量方面都达到了令人满意的水准,业主自管后的小区物业费缴纳率达到100%,成为广州市破解小区物业纠纷、实现业主全面自治的模范样本。

四、Q社区为何能实现业主自管?

(一)相对有利的制度环境

所谓制度环境,是指一系列用来建立生产、交换与分配基础的政治、社会和法律基础规则。②"改革开放后的中国随着'自由流动资源'和'自由活动空间'的出现,居民自组织的日常生活逐渐获得了较大空间。"③但国家从来没有放弃控制权与主导权,不再是一种直接强制性干预,而是以一种更加复杂的柔性策略来介入社

---

① 资料来源:对Q社区物业中心的访谈,2017年9月20日。
② [美]L.E.戴维斯、[美]D.C.诺斯:《制度变迁的理论:概念与原因》,[美]R.科斯、[美]A.阿尔钦、[美]D.诺斯等:《财产权利与制度变迁——产权学派与新制度学派译文集》,刘守英等译,上海三联书店1994年版,第270页。
③ 郭于华、沈原、陈鹏:《居住的政治》,广西师范大学出版社2014年版,第16页。

区治理。① 作为社区治理的主导性力量,国家如何引导和规范基层社会构建良好的治理机制,在很大程度上影响着社区治理。因而,宏观层面的国家与社会关系这一关键性制度环境是社区治理无法回避的因素。

　　与主流经验不同,Q社区业主直接将物业公司"驱逐"出去而自主提供社区物业管理服务,实现了低价物业费基础上的相对高质量物业服务,无疑是业主权利的胜利。在业主被边缘化而房地产商利益集团垄断小区秩序结构的格局②中,"驱逐"原物业公司出社区无疑是动了开发商及其所属物业公司的既得"奶酪",其运作之难可见一斑。但是,Q社区的业主自管相对比较幸运。一方面,进入21世纪以来,国家制定了一系列规范商品房住宅小区的法规,明确了小区业主的自治地位和权利范围等,构成了业主自管的基本法律制度环境。《物权法》第81条为业主自行管理住宅小区提供了法律依据:"业主可以自行管理建筑物及其附属设施,也可以委托物业服务企业或者其他管理人管理。"2016年颁布的《广州市物业管理暂行办法》第2条指出,业主通过选聘其他管理人按照合同约定或者业主通过自行管理等方式,对物业管理区域内的房屋及配套的设施设备和相关场地进行维修、养护、管理,维护相关区域内的环境卫生和秩序的活动,同样受此办法约束。因此,尽管业主自管作为一种新业态不同程度地存在业委会同时身兼监督者与执行者、在业主自治中法律地位不明、不具备民事主体地位、法律对于业主自管没有详尽规范等法律风险,但业主自管的合法性毋庸置疑。

　　另一方面,业主自管得到了国家认可。纵然业主自治能长袖

---

① 郭伟和:《街道公共体制改革和国家意志的柔性控制——对黄宗智"国家和社会的第三领域"理论的扩展》,《开放时代》2010年第2期。
② 王恩见、刘威:《从维权行动到秩序建构:后业主维权时期小区秩序的恢复与重建》,《学习与实践》2015年第1期。

善舞,但具体舞台的搭建还有赖于政府的态度和参与程度。① 在Q社区,当初因解聘QR引爆冲突时,基层政府并未不假思索地站在物业公司一边,成立业委会也得到了街道和房管部门的支持,这无疑都为后续走向业主自管创造了有利条件。"如果没有街道和房管部门的支持,与QR的谈判不知道会是什么结果。"②在后续实行业主自管过程中,Q社区也得到了街道和政府部门多方面的帮助,"很多时候需要与政府职能部门和街道接触,寻求一些协助,比如安保就需要与派出所进行沟通联系"③。不仅如此,Q社区因探索业主自管成为"广州市破解物业纠纷的典范"后,逐渐赢得官方的舆论支持。梳理Q社区业主自管的报道竞相在各大媒体亮相,甚至登上了《人民日报》。④ 在广东省华南和谐社区发展中心主办的高峰论坛上,来自全国多个城市30多个小区的自管案例被发布,横向创新性扩散已然形成。⑤ 显然,基层国家力量不仅没有卷入Q社区治理,而且伸出了"扶助之手",为Q社区的业主自管创造了有利的制度环境。

(二) 不断完善的治理机制

所谓治理机制,是指确定合作或竞争方式的经济实体之间的合约关系或治理结构。⑥ 现代交易费用经济学的一个基本逻辑就是所谓的"区别性组合",即将特征不同的交易与成本和能力不同的治理结构以一种能将交易费用最小化的方式区别地组合起

---

① 王汉生、吴莹:《基层社会中"看得见"与"看不见"的国家——发生在一个商品房小区中的几个"故事"》,《社会学研究》2011年第1期。
② 资料来源:对Q社区业委会的访谈,2017年10月20日。
③ 同上。
④ 参见贺林平:《一个小区业主自管物业的案例》,《人民日报》,2017年5月19日。
⑤ 周云:《"业主自管小区"模式是时候进行总结了》,《信息时报》,2017年7月4日。
⑥ [美]奥利弗·E.威廉姆森:《治理机制》,王建等译,中国社会科学出版社2001年版,第272页。

来。① 在 Q 社区,业主们不是聘请物业公司而是自行组建了直接隶属于业委会的物业中心,形成了迥异于众多大型异质性社区的"业委会—物业中心—职能部门"物业服务三级架构式治理机制。在这一基本框架下,Q 社区在业主自管过程中不断完善治理机制,基本上满足了埃利诺·奥斯特罗姆关于治理机制必须解决好新制度供给、可信承诺和相互监督的基本要求②。

　　一方面,依照相应法律法规,Q 社区建立了新的业主自管框架(见图1),也就是提供了新的制度框架。其中,业主大会是最高权力机构,由业主大会选举产生的业主委员会既是业主大会决定的执行者,又是小区物业服务的重要监督机构。业主大会制度是社区自治的核心,Q 社区每年定期召开业主大会,全体业主都能在业主大会中提出问题或提案,内容包括但不限于修订社区管理规约、议事规则、社区物业管理服务事项、社区内公共区域管理等。业委会执行业主大会的决定,根据业主大会的授权决定小区的公共管理事项,监督物业管理中心的工作与服务情况。此外,Q 社区突破了社区内"线性"关系,设立了同样由业主大会选举产生并横向监督业委会工作的业主监事会,形成"复合式"治理结构③。下设 6 个职能部门的物业管理中心(简称"物业中心")直属业委会,物业中心所有工作人员均由业委会自聘并签约,工资也由业委会支付。设立的物业中心,一方面是考虑到业委会成员都是兼职而且缺乏物业管理专业知识,另一方面也规避了业委会作为管理者和监督者的双重身份叠加风险。在 Q 社区,业委会是非营利性公益组织,所有收入结余全部用于小区的公共设施建设。在此治理框架

---

① Oliver E. Williamson, "The Institution of Governance", *American Economics Review*, 1998(2), pp.75-79.
② [美]埃莉诺·奥斯特罗姆:《公共事物的治理之道:集体行动制度的演进》,余逊达、陈旭译,上海译文出版社 2012 年版,第 50 页。
③ 陈建国:《业主选择与城市社区自主治理》,社会科学文献出版社 2014 年版,第 20 页。

下,业委会真正成为业主大会决议的执行者,其行动则由监事会和全体业主进行监督,既规避了市场力量主导社区物业管理的风险,又能发挥市场配置社区资源的作用,不仅使社区治理绩效日益改善,而且极大地提升了业主对社区公共事务的参与程度。

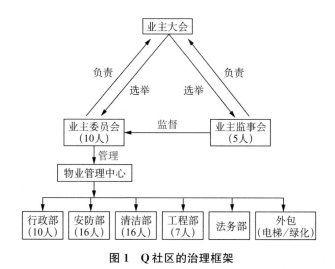

图1　Q社区的治理框架

另一方面,建立健全内部治理规则促进了可信承诺和相互监督。为确保业主自管的有序运行,Q社区建立了四大内部治理规则:内部例会、公开监督、公示和主任轮换。内部例会制度要求业委会根据业主大会的议事规则,每周或每半个月定期召开业委会会议(参会人员包括业委会下设物业管理中心的各部门主管、业委会委员及业主代表),定期审查各部门主管的工作和管理情况(议题以社区内公共服务提供为核心)并提出意见,供各主管部门改进工作。内部例会邀请业主代表参与,使与社区相关的公共事务决策并不是业委会的"单中心治理"。公开监督要求业委会的任何议题均报备监事会并接受监事会随时监督检查,同时通过QQ群及公告栏向Q社区全体业主公布业委会的决定,接受全体业主监督。公示制度要求内部例会议题讨论结果在Q社区公示,公示期间业主能够随时提出异议,若无异议则按讨论的解决方案执行。此外,业委会及下属物业中心各项涉及小区的所有工作事项均会按照业主大会规定的流程,通过多种途径在Q社区公示。主任轮换制度要求业委会主任一职轮流担任且任期一年,一年之后由业委会中的过半委员重新选举。这一制度体现了责任共同承担,能够有效避免在社区公共事务决策过程中发生"一言堂"现象。Q社区一系列小区内公共事务的治理规则都是业主自主选择的结果,业主在治理过程中拥有充分的参与权与选择权。

显然,在Q社区,在相对有利的制度环境下,业主通过自主选择,重构了社区治理框架,完善了新制度供给,既提高了业主参与和监督的积极性,又降低了监督成本。不断完善的内部治理规则让Q社区业主能够以业主代表的身份,参与定期的内部例会、审查物业服务及管理情况、参与物业管理制度设计,还能和监事会一起监督业委会,再加上治理绩效的不断提高,无疑大大增强了业主对这套治理机制的认可。如今,Q社区保安守门尽责,环境卫生越来越好,相关设施得到有效维护。有业主感慨:"一元钱物业费,电梯里面还带空调,就是那些高档小区也未必能做到!"①基于埃莉诺·奥斯特罗姆关于自主治理中可信承诺与相互监督之间的相互关联,②Q社区的可信承诺与相互监督形成了良性互动和相互强化。

(三)有序参与且遵守规则的治理主体

在新制度经济学话语中,行为主体被假设为有限理性和机会主义的经济人。③ 不过,Q社区业主自管之所以运转良好,业主和

---

① 资料来源:对Q社区A业主的访谈,2018年3月20日。
② [美]埃莉诺·奥斯特罗姆:《公共事物的治理之道:集体行动制度的演进》,余逊达、陈旭东译,上海译文出版社2012年版,第54页。
③ [美]埃里克·弗鲁博顿、[德]鲁道夫·芮切特:《新制度经济学——一个交易费用分析范式》,姜建强、罗长远译,上海三联书店2006年版,第3—6页。

业委等主要的行动者在好的制度环境和完善的治理机制下日益被形塑为有序参与且遵守规则的治理主体。

在 Q 社区,物业维权无疑是凝心聚力的初始篇章,但此后的故事版本却迥异于众多社区上演的"分裂、内斗等集体运动困局",规避了如有些学者提出的"维权抗争取得阶段性胜利之后个体间利益冲突迅速浮现"①的风险,业主们在新治理框架下积极参与以及日渐频繁的互动所积累的社会资本巩固了合作与信任,业主自管之路越走越好。

首先,在 QR 肆意损害 Q 社区业主的权益时,集体维权意识与行动已经形成。由于 QR 提供的物业服务中"治安问题不断、环境脏乱不堪、设施损坏严重,2006 年以后开始有业主在论坛中公开抱怨并提议成立业委会来维权"②。在 2013 年诉讼维权时,业主们很快就发现个体维权如蚍蜉撼大树,"为何屡次被耍弄?因为你面对的是一个大公司,不在一个平等层面上对话,必须联合起来"③。

其次,社区精英发挥了粘连作用。有研究显示:社区精英承担起带头人或主持人责任,能够有效地影响社区内其他成员的态度和行为④,一些"明星小区"从业主维权成功进入社区自治的实践背后存在重要的强人逻辑⑤。Q 社区从维权走向自管的历程中,业委会成员成为集体行动的发起者和粘连者。在 Q 社区这样的大型异质性"陌生人社会"中,成立业委会并非易事。在 2013 年 6 月业委会成立之前,曾有两次尝试成立业委会的失败经历。"好在

---

① 郭于华、沈原、陈鹏:《居住的政治》,广西师范大学出版社 2014 年版,第 100 页。
② 资料来源:对 Q 社区 B 业主的访谈,2018 年 3 月 20 日。
③ 资料来源:对 Q 社区 C 业主的访谈,2018 年 3 月 20 日。
④ 罗家德、孙瑜、楚燕:《云村重建纪事——一次社区自组织实验的田野记录》,社会科学文献出版社 2014 年版,第 180 页。
⑤ 郭圣莉、吴海红、刘永亮:《业主集体行动视角下的社区强人治理——基于业主委员会的多案例研究》,《上海行政学院学报》2017 年第 6 期。

人心齐泰山移,从成立筹备组到提交资料再到开业主大会,几个人磨破嘴皮、踏破脚板,那段'扫楼'时光苦不堪言。"①在个体维权遭遇困难时,部分业主精英积极行动,他们不仅挨家挨户地劝说业主参加业主大会共同抵抗 QR 的侵权行为,还积极组织业主论坛,为成立业委会奠定了坚实基础。其中,现任业委会主任具有长期的企业管理经验,使得业委会管理物业中心能驾轻就熟。同时,有业委会成员为专职律师,在发起成立业委会、"驱逐"QR、解聘半委托物业公司、与不合作业主进行诉讼的过程中,同样发挥了巨大作用。在后续的社区运营中,具备行动知识、资源与经验的业委会成员不仅在设计新治理框架、维护社区利益方面继续发挥领导与催化作用,而且奉行不领取任何薪金和补贴的"义工精神",事实上成为社区集体行动的催化剂。

最后,有序且有效的业主自管不断累积社会资本。埃莉诺·奥斯特罗姆的自主治理理论特别强调实现个人理性和集体理性协调所需要的社会资本。一方面,丰富多彩的社区集体活动增进了居民之间的互动,使邻里之间逐渐熟络,居民对 Q 社区的归属感不断增强,以声誉、信任和互惠为核心的集体行动要素日益丰富。另一方面,有效的治理机制不仅激活了业主参与 Q 社区事务的热情,而且业主自管后全体业主"共建共享的福利"使业主们逐渐塑造了共同的"规则精神"。业主们不仅自觉按时交物业费,自觉进行垃圾分类,还积极参与社区治理。

依法依规且有效运作的业委会是 Q 社区"驱逐物业"直至实现自管的制胜之招。业委会成员不仅具备法律、社区管理、建设等专业知识以及运营社区的经验,用靓丽的服务赢得了住户认可,而且以突出的公共精神感染了业主。"自管后小区所有监控视频、消防设施等全部更新,严格进行封闭式管理;后来业委会开始用结余

---

① 资料来源:对 Q 社区业委会的访谈,2017 年 9 月 20 日。

款项对小区环境进行改造,解决了业主小区内停车难等问题。"[1]"10位委员都是兼职,所有收入盈余都用于社区翻新建设,虽然业主大会同意业委会每年有2万元活动经费,但这些钱一直都挂在账上。"[2]这无疑提高了业委会的美誉度和公信力。更重要的是,业委会高度重视依法依规治理。在自主设计的治理机制中,业委会对业主大会负责并受业主监事会和全体业主监督,日常会议对所有业主敞开大门,每月开支收入详细到为开会购买水果的费用等都予以公示,每半年进行财务核算,年终还会委托有公信力的审计公司会同监事会进行审计并向业主公开,在决策中重视业主的意见并尽可能实现利益平衡。无论是在维权、设计业主自管新治理机制以及日常运行中,业委会均在所公布文件中附上相应的法律条文,并依法依规进行管理。"有个别业主拖欠物业费,但业委会既没有左哄右劝,更不用威逼利诱,依照《业主公约》直接起诉,最后法院判决如数补交物业费外加1 000多元滞纳金,让这个业主懊悔不迭,之后就没人敢再当'老赖'了。"[3]于是,在大型的异质性Q社区,业主自管由于建立了比较完善的民主治理机制,既规避了"业主话事"异化为"业委会话事"的风险,又形塑了一个遵循规则且治理能力强的业委会。

五、结论与讨论

Q社区的业主自管实践,在一定程度上回答了"一群相互依赖的委托人如何才能把自己组织起来进行自主治理,从而能够在所

---

[1] 资料来源:对Q社区业委会的访谈,2017年9月20日。
[2] 同上。
[3] 同上。

有人都面对搭便车、规避责任或其他机会主义行为诱惑的情况下，取得持久的共同收益"①的埃莉诺·奥斯特罗姆之问。

本文研究发现，在 Q 社区这样的大型异质性社区，除了微观层面的共同利益、行动精英、社会资本与制度规则形塑的成功集体行动之外，②宏观层面的制度环境因素和中观层面的治理机制也不可或缺。在宏观层面，相对有利的制度环境保障了 Q 社区业主自管有效运作的行动空间。事实上，一方面，《物权法》《广东省物业管理条例》《广州市物业管理暂行办法》都赋予业主自管以合法性，为业主自管提供了权力规则和程序规则。③ 另一方面，处于外部在场状态的街道办事处、房管部门等基层国家力量在业委会组建、维权、探索过程中伸出了"扶助之手"。这无疑是 Q 社区获得合法行动空间、开展有序业主自管的基础性前提。在中观层面，有效的治理机制设计也非常重要。由于无法像小型单体楼社区一样通过业委会直接提供物业服务，因此，Q 社区建立了复合式的治理框架，同时形成了完善的决策、执行、监督机制，既实现了新制度供给，又保障了可信承诺和相互监督。在微观层面，合作共治共赢理念得以培育，累积了社会资本并塑造了遵守规则的治理主体，可持续的有效合作治理机制初步形成。因此，在自主治理理论和交易费用经济学话语下，制度环境、治理机制与治理主体的三元互动才是求解 Q 社区业主自管成功运营的密码。

那么，这一发现意味着什么？

伴随着住房商品化改革，城市社区治理已经成为一个官、学、

---

① ［美］埃莉诺·奥斯特罗姆：《公共事物的治理之道：集体行动制度的演进》，余逊达、陈旭译，上海译文出版社 2012 年版，第 35 页。

② 周如南、陈敏仪：《城市社区业主自治的集体行动逻辑：以广州 Q 小区为例》，《广西民族大学学报》(哲学社会科学版)2017 年第 4 期。

③ 张雪霖：《城市住宅小区物业管理面临的困境及其生成机制》，《北京工业大学学报》(社会科学版)2018 年第 3 期。

民关注的"热点问题",①相应呈现出国家统合、市场治理和社区自治三套治理叙事。在国家统合话语中,基于市场失灵和社会失灵,国家必须通过组织和资源下沉以保护和维护社区居民的公共利益和秩序②,在城市社区重建政治权威合法性以强化国家的基础性权力③。在市场逻辑中,市场机制改善了社区服务状况,呈现出社区服务市场化的蓬勃活力。④ 在社区自治话语下,社区自组织建设和营造社区认同⑤、业主自治⑥是关键。但是,实践中既存在国家主导的社区治理行政化色彩浓厚⑦与社区自治能力不足⑧的现象,又面临市场机制过分扩张给社区治理带来的严重后果。显然,在城市社区这样一个国家、市场与社会交汇的场域,单向度的国家统合、市场治理与社区自治并非可行的实践选项。尤其是在国家权力从收缩回归、扩张下沉转向嵌入渗透,社会从组织赋权、要素成长到主体能力的全面成长⑨,市场在社区资源配置中开始发挥日益重要的作用⑩时,国家、社会与市场的多元共治以实现有效的基层简约治理显然是城市社区治理的必然选择,但既有的城市社

---

① 肖林:《"社区"研究与"社区研究"——近年来我国城市社区研究述评》,《社会学研究》2011年第4期。
② 葛天任:《建国以来社区治理的三种逻辑及理论综合》,《社会政策研究》2019年第1期。
③ 李友梅:《社区治理:公民社会的微观基础》,《社会》2007年第2期。
④ Fulong Wu, "China's Changing Urban Governance in the Transition: Towards a More Market-oriented Economy", *Urban Studies*, 2002(7), pp.1071-1093.
⑤ 徐勇:《论城市基层社区建设中的社区居民自治》,《华中师范大学学报》(人文社会科学版)2001年第4期。
⑥ 陈尧:《自治还是治理——城市小区治理的认识逻辑》,《江海学刊》2018年第6期。
⑦ 王星:《利益分化与居民参与——转型期中国城市基层社会管理的困境及其理论转向》,《社会学研究》2012年第2期。
⑧ 汪仲启、陈奇星:《我国城市社区自治困境的成因和破解之道——以一个居民小区的物业纠纷演化过程为例》,《上海行政学院学报》2019年第2期。
⑨ 袁方成:《国家治理与社会成长:城市社区治理的中国情景》,《南京社会科学》2019年第8期。
⑩ 葛天任:《建国以来社区治理的三种逻辑及理论综合》,《社会政策研究》2019年第1期。

区多元共治研究更像是一种理论想象而缺乏实证基础。因此,探寻Q社区业主自管的逻辑,提供了一个如何实现国家、市场与社会协同共治的社区简约治理样本。"三年自管,小区共收入约1 200万元,除去支付物业管理人员工资等费用外,还结余五六百万元。"①在这一过程中:国家不必直接卷入社区内部治理过程,而是致力于打造有利的制度环境,既引导社会,又规制市场;业主在以财产权为基础的网络中,以有效的新制度供给实现可信承诺和相互监督,形成了有效的自主治理机制;日益熟络的邻里关系使业主们自发探索的市场化治理工具能在规避市场风险的基础上发挥有效配置资源的作用。尽管业主自管并不意味着能解决物业管理中的所有问题,有些实行业主自管的社区也面临着业委会与业主间的激烈冲突,但梳理Q社区业主自管的基本逻辑,无疑为打造共建共治共享的社区治理格局提供了有益的思路。

---

① 资料来源:对Q社区业委会的访谈,2017年9月20日。

保卫家园:业主维权的行动逻辑
——以一个城市社区的移门占地事件为例

钱志远* 张 洁**

[内容摘要] 业主维权在一些地方愈演愈烈,已经成为社区治理亟待解决的问题。"保卫家园"在业主维权行动中具有重要的伦理意义。社区权力结构失衡导致业主利益受损,是业主保卫家园行动产生的结构诱因。业主围绕"家园"的意义建构,产生了集体认同,促进了业主保卫家园行动的资源动员。同时,基层政府的社会控制机制滞后,进一步促使业主保卫家园的行动从现实性冲突转向非现实性冲突。业主的怨恨凝聚与情绪失控最终导致群体性事件的发生。城市社区治理不仅要完善利益表达机制和制度性的救济渠道,使得多元主体能够在基本权利平等的基础上协商,而且要推进社区文化建设,重视"人"及其文化情感的维度,建立情感疏导机制,将社区铸造成人们栖息的美好家园。

[关键词] 城市社区;业主维权;社区治理;行动逻辑

一、问题提出与文献综述

改革开放四十多年来,中国的城市社会经历了深刻的变迁。

---

* 钱志远,杭州电子科技大学法学院社会学系讲师。
** 张洁,河海大学公共管理学院社会学系博士研究生。

城市化进程加速、"单位制"逐渐解体及住房商品化改革深入,商品房社区已经逐渐成为中国城市社区的主要类型。当前,城市商品房社区汇聚了多种复杂的社会矛盾和利益纠纷。其中,物业矛盾及其引发的业主维权行动愈演愈烈,已经在各个城市中蔓延开来,成为全国性的普遍现象。研究城市社区中的业主维权问题,不仅事关业主的安居乐业和美好生活,而且对于化解社会矛盾、加强和创新社会治理,均具有重要的现实意义。

在城市社区的业主维权过程中,业主精英或积极分子对业主的组织与动员带有集体行动的色彩。因此,一些学者借用西方集体行动与社会运动理论来研究中国城市社区的业主维权行动。政治过程理论与资源动员理论是当前业主维权研究的主要范式。

一部分学者从政治过程理论出发,认为政治机会结构是决定业主维权发生或发展的重要条件。陈映芳分析了中产阶层业主维权运动遭遇的结构与制度困境,指出政治、法律是限制业主组织化表达行动和社会空间发育的主要原因。① 本杰明·L.芮德(Benjamin L. Read)指出,中国的政治、法律等制度条件虽然限制业主组织的发育,但也为业主组织维权行动提供了机会空间。② 管兵从城市政府结构的视角出发,指出多级政府结构环境为业主组织的发展和维权提供了可能。③ 另一部分学者从资源动员理论出发来解释业主维权行动,关注组织、法律、网络等因素对业主行动的影响。张磊认为业主成功维权需要五个要素,分别是业委会的成立、维权精英和积极分子的带领、业主的丰富资源、有效的动

---

① 陈映芳:《行动力与制度限制:都市运动中的中产阶层》,《社会学研究》2006 年第 4 期。
② Benjamin L. Read, "Assessing Variation in Civil Society Organizations: China's Homeowner Associations in Comparative Perspective", *Comparative Political Studies*, 2008 (9), pp.1240-1265.
③ 管兵:《城市政府结构与社会组织发育》,《社会学研究》2013 年第 4 期。

员和适当的策略。① 陈鹏认为业主维权的行动策略主要以法律为武器,并提出了法权抗争的分析概念。② 石发勇和蔡永顺通过分析业主如何利用横向或垂直的关系网络来展开集体行动,指出关系网络在业主维权行动中发挥了重要作用。③

上述政治过程理论和资源动员理论视角下的业主维权研究取得了一定的成果,但是存在着明显的不足。这两种理论都是从行动者工具理性的角度关注业主维权可利用的结构条件和策略手段,强调组织动员、关系网络和媒体资源等因素在维权过程中的作用,忽视了情感、道德和文化等价值伦理对于业主维权行动的影响。这些理论忽略了社区运动的社区性,将城市社区的业主维权当成普通的社会运动来对待。④

因此,学者开始从情感文化视角研究业主维权行动。一些学者关注到"家园"在业主维权行动中的价值和伦理意义。陈映芳对都市运动案例进行了考察,发现保卫家园成为都市运动的象征性口号。她指出相对于具有法律、政治意蕴的公民权概念,在中国文化中"家园"概念具有超越经济、政治之上的道义性,行动者通过发掘"保卫家园"的价值与道德资源以解构国家权力及其政策的合法性。⑤ 朱健刚发现业主维权行动不仅仅遵循"依法抗争"的理性选择逻辑,还有更为复杂的"以理抗争"的文化逻辑,"基于家园认同

---

① 张磊:《业主维权运动:产生原因及动员机制——对北京市几个小区个案的考查》,《社会学研究》2005 年第 6 期。
② 陈鹏:《国家-市场-社会三维视野下的业委会研究——以 B 市商品房社区为例》,《公共管理学报》2013 年第 3 期。
③ Fayong Shi and Yongshun Cai, "Disaggregating the State: Networks and Collective Resistance in Shanghai", *The China Quarterly*, 2006, pp.314-332.
④ 黄晓星:《社区运动的"社区性"——对现行社区运动理论的回应与补充》,《社会学研究》2011 年第 1 期。
⑤ 陈映芳:《行动者的道德资源动员与中国社会兴起的逻辑》,《社会学研究》2010 年第 4 期。

的日常道德平衡感"对于业主维权行动起着重要作用。① 陈映芳和朱健刚的研究契合中国人的日常生活价值,对于解释我国城市社区的业主维权行动有启示意义。但是,他们没有深入地分析业主保卫家园的行动逻辑。沿着这样的研究路线,本文以一个城市社区的移门占地事件为例,分析业主保卫家园的行动逻辑,进而探讨如何化解城市社区的物业矛盾以及业主维权问题,以期为加强城市社区治理提供理论指导。

二、理论基础与分析框架

西方集体行动与社会运动理论有较长的发展历史。早期的集体行动理论从社会心理学视角出发,关注结构变迁下的集体行动与微观心理之间的关系。如古斯塔夫·勒庞(Gustave Le Bon)的群氓动力学、赫伯特·布鲁默(Herbert Blumer)的循环反应理论、拉尔夫·特纳(Ralph Turner)的突生规范理论、尼尔·斯梅尔塞(Neil Smelser)的加值理论以及泰德·格尔(Ted Gurr)的相对剥夺理论。20 世纪 60 年代,美国出现了民权运动、女权运动、反越战运动等蓬勃发展的社会运动。早期坚持非理性假设的集体行动理论在解释这些新的社会运动时出现困境,学者在吸收理性选择理论的基础上逐渐发展出资源动员理论、政治过程理论和框架建构理论。资源动员理论关注社会运动与资源动员之间的关系,强调组织、媒体和关系网络等因素在社会运动中发挥的作用。政治过程理论关注社会运动与政治环境之间的关系。框架建构理论关注社会运动与观念塑造之间的关系。这三种理论过分强调"理性人"

---

① 朱健刚:《以理抗争:都市集体行动的策略——以广州南园的业主维权为例》,《社会》2011 年第 3 期。

假设,忽略了影响人们行动的价值观、认知与情感等因素。因此,20世纪90年代以来,西方社会运动研究发生"文化主义转向",即强调"文化"在社会运动发生和发展过程中的作用。在"文化"的旗帜下,此前被理性选择理论彻底抛弃的情感等因素又被重新拾了回来。① 文化主义取向的社会运动研究认为,行动者是社会性的存在,是嵌入集体认同感之中的,是扎根于国别、种族-民族、阶级和性别基础之上的社会网络之中的。②

在城市社区的物业矛盾中,我们可以发现"保卫家园"往往成为业主维权行动的象征性口号。从情感文化视角出发,"家园"概念蕴含着丰富的理论意涵,对于解释我国城市社区的业主维权行动有启示意义。家园是一个"主位"的概念,是个体的人对自己的生活世界主位的表达,也是中国人世界观体系的本土化表达。③ 笔者尝试将社会运动理论不同范式进行整合,认为结构变迁、社会控制、资源动员和意义建构是影响业主集体行动产生和发展的主要因素,从而建构了"业主保卫家园的行动逻辑"分析框架(如图1)。

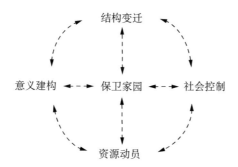

图1 业主保卫家园的行动逻辑

---

① 冯仕政:《西方社会运动理论研究》,中国人民大学出版社2013年版,第6页。
② [美]艾尔东·莫里斯、[美]卡洛尔·缪勒:《社会运动理论的前沿领域》,刘能译,北京大学出版社2002年版,第8页。
③ 李晓非、朱晓阳:《作为社会学/人类学概念的"家园"》,《兰州学刊》2015年第1期。

第一个因素是结构变迁。变迁指的是由于现代化、战争、自然灾害、政治变革、国家转型等原因造成的社会变化。结构指的是独立于行动主体并对集体行动有制约的外部整体条件。国家性质、政治机会、国家与社会关系等都是结构的组成部分。赵鼎新认为，结构包括国家结构及其行为方式和社会结构以及社会行动者的结构性行为。① 由于社会变迁等宏观社会进程的影响，业主保卫家园行动产生和发展的外部结构是不断变动的。第二个因素是社会控制。社会控制指的是基层政府化解业主集体行动的能力与机制。业主保卫家园行动的产生与基层政府的社会控制能力密切相关。第三个因素是资源动员。资源动员指的是组织者寻求集体行动所需要的资源以进行控制与支配的策略性行为。第四个因素是意义建构。意义建构指的是行动者对于现实世界的认知与解读会塑造其对特定集体行动的反应。业主保卫家园的意义建构受到文化观念的影响。图中的箭头都是双向的，这是因为结构变迁、社会控制、资源动员和意义建构四个因素在业主保卫家园行动中会相互影响并不断变化。业主保卫家园行动的产生与发展是结构变迁、社会控制、资源动员和意义构成四个因素共同作用的结果。业主保卫家园行动的发生与发展同时也会影响作为外部因素的结构变迁和社会控制，以及作为内部因素的资源动员和意义构成。下面笔者以一个城市社区的移门占地事件为例来分析业主保卫家园的行动逻辑。

三、案例引入：翠苑移门占地事件的发生与演进脉络

2015—2019 年，笔者在翠苑社区②进行了多年的跟踪调查，

---

① 赵鼎新：《社会与政治运动讲义》（第二版），社会科学文献出版社 2012 年版，第 23 页。
② 依照学术规范，本文中地名、人名经过匿名化处理。

厘清了 2005 年 9 月—2006 年 9 月翠苑移门抗争事件的发展脉络。该事件的资料一方面来自翠苑业主论坛、QQ 群等网络平台和媒体的相关报道,另一方面来自笔者对当时参与该事件的业主进行的深度访谈。翠苑于 2002 年建成,首期交付于 2004 年。自 2004 年交付到 2005 年,翠苑已入住 1 000 多户,约 4 000 人。翠苑的开发商 YHCZ 开发公司和 CX 物业公司是"父子物业"。自入住以来,翠苑业主对开发商和物业公司擅自占用架空层、私自出售产权尚有争议的车位等侵权事件愤愤不平。但真正引发冲突的是开发商的"移门占地"行为,这导致业主发起大规模的保卫家园行动。

表 1 展现了翠苑移门占地事件不同阶段的简要脉络,从中我们可以看到业主、开发商和政府部门三者之间的一系列互动过程。

表 1　翠苑移门占地事件不同阶段的简要脉络

阶段	开发商	业主	政府部门
开端 2005 年 9 月	在没有征得业主同意的情况下,张贴了"小区南大门移门方案"	以"保卫家园"为口号抗议,开发商答应移门方案暂停	
发展 2006 年 7 月	擅自移门,以迅雷不及掩耳之势拆除小区南大门并将岗亭向小区内部推移四五十米	找开发商讨说法,要求南门停止施工,发起成立业委会	
	声称南门原本是临时设施,设计布局不合理,容易发生撞车事故,存在安全隐患	到规划局查阅小区规划图纸,否定开发商的说法,希望通过协商解决问题	规划局配合业主
发酵 2006 年 8 月	开发商与物业互相推诿	要求开发商将南门恢复原貌,将新立的岗亭推倒,与开发商发生了小规模冲突	派出所民警协调

(续表)

阶段	开发商	业主	政府部门
发酵 2006年8月	在民警的协调下,开发商何经理承诺与业主正式交涉沟通,并保证在此期间南门维持原状	向区政府投诉	区政府未做明确回应
高潮 2006年9月3日上午	出尔反尔,再次施工,将推倒的岗亭再次竖起,雇用黑社会分子恐吓业主,为施工保驾护航	在小区内举着横幅游行,号召了近千名业主聚集南门区域阻止施工,要求谈判	
持续 2006年9月3日下午	有关负责人出来与业主交涉,由于态度蛮横,业主的情绪被进一步激化,与开发商负责人发生冲突,黑社会分子殴打业主	一些业主情急之下,将新设立的南大门设备全部推倒,与黑社会分子发生群殴	派出所民警赶到现场,阻止冲突,黑社会分子落荒而逃
结果 2006年9月4日	答应施工全面停止,物业将保安岗亭设回原处	要求追究黑社会打人者的责任,但不了了之	区政府召开协调会,业主代表和开发商达成最终协议

2005年9月,开发商YHCZ开发公司在没有征得业主同意的情况下,张贴了"小区南大门移门方案"。翠苑业主积极分子以"保卫家园"为口号,组织业主向开发商抗议,开发商答应南大门移门方案暂停,希望广泛听取翠苑业主的意见,征得翠苑业主同意后再进行。第一次移门事件过去将近一年之后,事情并没有就此平息,开发商从来没有放弃过移门的企图。2006年7月,开发商YHCZ开发公司在无任何公示、业主毫不知情的情况下,与CX物业公司合谋,擅自移门,拆除翠苑南大门并将保安岗亭向小区内部推移四

五十米。开发商的"移门占地"行为引起了业主极大的不满,业主代表找开发商讨说法,要求南门停止施工。开发商声称南门原本是临时设施,设计布局不合理,容易发生撞车事故,存在安全隐患。业主到规划局查阅小区规划图纸进行求证,否定了开发商的说法。2006 年 8 月,业主代表要求开发商将南门恢复原貌,但是开发商与物业互相推诿。部分业主将新立的岗亭推倒,与开发商发生了小规模冲突。在民警的协调下,开发商何经理承诺与业主正式交涉沟通,并保证在此期间维持南门原状。业主代表向区政府投诉,希望通过协商解决问题。但是,区政府未做明确回应。2006 年 9 月 3 日,开发商出尔反尔,再次施工,将推倒的岗亭再次竖起,雇用黑社会分子威胁和恐吓业主,为施工保驾护航。业主代表忍无可忍,在小区内举着横幅游行,号召了近千名业主聚集南门区域阻止施工,要求谈判。由于开发商有关负责人在与业主交涉的过程中言辞恶劣,业主们的不满情绪被进一步激化。这时,业主与开发商负责人发生冲突,黑社会分子开始殴打业主。一些业主情急之下,将新设立的南大门设备全部推倒,与黑社会分子发生群殴,爆发了群体性事件。派出所民警赶到现场,阻止了冲突的进一步扩大,黑社会分子落荒而逃。2006 年 9 月 4 日,在维稳的压力下,区政府召开协调会,业主代表和开发商达成最终协议:开发商答应施工全面停止,物业将保安岗亭设回原处。

四、业主保卫家园行动产生与发展的逻辑

(一)权力失衡:业主保卫家园行动的结构诱因

任何集体行动都受到结构及其变迁的直接或间接的影响。社区权力结构失衡导致业主利益受损是业主保卫家园行动的结构诱因。在计划经济时期,我国形成了总体性社会,权力配置高度集

中,政治权力集中于执政党,经济权力集中于中央政府部门,地方和企业缺乏自主权。改革开放以来,国家开始渐进性改革,改变权力结构,放权让利。国家主导的从上至下的改革,赋予了地方政府自主权,激发了地方政府实践创新的活力。随着市场经济改革的深入,市场领域开始了大刀阔斧的改革。政府向市场分权,相关法律在权力分配中向市场倾斜,市场在国家经济生活中的重要性不断提高,获取权力的能力迅速增强。各类市场组织可以独立控制经营自主权和收益权,业务领域和业务范围的限制也越来越少。与政府、市场相比,社会占据的权力无疑是最弱的。一方面,政府向社会分权,转移了政府的一些社会治理职能,发展了具有专业性、公益性的社会组织。另一方面,政府通过单位制等改革,将社会从国家中分离出来并推向市场,使之成为市场领域中独立的决策单元,通过市场交易来实现自己的诉求。在这个过程中,社会的权力虽然得到了一定的发展,但是在社会自治、政治参与和利益博弈等方面,仍然存在严重的权力失衡。

这一市场化改革在很大程度上改变了计划经济时期高度集中的权力格局,形成了多元权力结构。新型的权力结构不仅保证了国家的权威,而且释放了人们的活力和创造力,促使中国经济增长和社会发展。但是,这种新型的权力结构依旧是严重失衡和不对称的权力分布结构。国家与社会、市场与社会之间的权力失衡尤为突出,社会不仅权力短缺,甚至面临权益保障危机,是三者关系紧张、信任与合作水平低的主要根源。[1] 我国的城市社区同样出现了权力结构失衡的状态。在房地产开发和物业管理领域,一个具有分利性质的房地产商利益集团已经形成。[2] 开发商等市场力

---

[1] 徐琴:《转型社会的权力再分配——对城市业主维权困境的解读》,《学海》2007年第2期。
[2] 张磊:《业主维权运动:产生原因及动员机制——对北京市几个小区个案的考查》,《社会学研究》2005年第6期。

量受其经济理性驱动,其本质不过是如何有效利用资源,以满足资本不断增长和扩大再生产的需求。在社区权力结构失衡和市场经济尚缺乏合理秩序的情况下,开发商在利益驱动下,便有可能以不合理的谋利手段实现利益动机,把业主家园当作逐利的空间。在翠苑社区,开发商的强势地位使其敢于移门占地,侵害广大业主的合法权益。总之,由于结构变迁的影响,城市社区权力结构失衡,导致业主的权利和利益不断地遭到开发商等市场力量的侵害,这是业主保卫家园行动的结构诱因。

(二) 集体认同:业主保卫家园行动的意义建构

外部的结构诱因需要经过主体的意义建构才会转变为行动。对于家园的集体认同是业主集体行动中的意义建构。社会结构变迁往往会出现社会成员分化的状态,即使在共同利益受到侵害的情况下,社区中的业主也很难有效地组织起来进行维权行动。因此,业主维权行动的形成,在情感文化层面需要拥有共享的、可供对抗市场组织的意义与认同。开发商"移门占地"的非法谋取利益的行为引起了业主保卫家园的情感共鸣。

> 翠苑,一个为美丽而生的家园,我们都曾为她心情盛开,但这个夏天却不寻常。开发商 YHCZ 开发公司在未公示以及未和业主协商并征得同意的情况下,擅自动工,企图借移门之机把小区部分公共用地变成休闲会所的停车场,这种严重损害业主利益的行为,我们坚决不答应。翠苑原本是一个幸福美好的乐园,是一个邻里和谐的家园。时至今日,翠苑满目疮痍,让人无比痛心和惋惜。保卫家园,需要你我积极参与,来吧,我们业主一起站出来!为了翠苑的未来,为了让我们的孩子们依然能享受翠苑的美好生活,为了翠苑海棠依旧、樱花娇艳,让我们站出

来阻止不良开发商破坏我们的家园!①

业主将小区视为共同的"家园",表明了以"家园"为依归的共同体情感。业主围绕这一"家园"符号产生了集体的认同,并引发了一场从维护产权到维护家园的集体行动。认同是人们意义与经验的来源。②业主首先意识到在维权中相互间的一致性,通过对家园的情感认同建构起社区共同体,形成了独特的共同体情感而组织起来。家园不仅是物质空间,而且是情感铸造的意义空间。家园感是一种精神的依托,一种安身立命的文化根基。③"保卫家园"成为维权的口号是业主与生俱来的情感诉求,翠苑社区业主实际上将开发商移门占地的侵权行为定义为"破坏家园"的不义之举。"家园"成为业主的情感领域与社区物质层面相融贯的载体,成为业主捍卫日常生活价值的信念。

(三)法理抗争:业主保卫家园行动的资源动员

集体认同的意义建构促进了业主群体的凝聚和业主保卫家园的资源动员。翠苑业主通过发起成立业委会、走访规划局取证、求助法律工作者和向政府部门投诉等行动策略据理力争。这一保卫家园的资源动员过程,反映了业主的规则意识和以法律法规为核心的"法理抗争"行动逻辑。

1. 发起成立业委会,建构行动的组织性

开发商的"移门占地"行为让业主们意识到成立业主委员会刻不容缓。为了阻止开发商的侵权,业主代表期望依照法律法规成立业主委员会来维护自己的权益。业委会是业主维权的重要平

---

① 资料来源:翠苑社区业主论坛,编号 20060825ZYT。
② [西]曼纽尔·卡斯特:《认同的力量》,曹荣湘译,社会科学文献出版社 2006 年版,第 5 页。
③ 高秉江:《家园与人性》,《华中科技大学学报》(社会科学版)2008 年第 5 期。

台,不仅可以组织和动员业主参与维权,而且可以通过业委会与开发商和物业公司进行谈判与协商。在业主代表的号召下,翠苑业委会筹备小组成立,但是在成立业委会过程中遇到了一些困难。一是物业公司的拖延与阻挠。物业公司以保护小区业主的隐私为由拒绝向业委会筹备小组提供小区已入住业主的个人信息。二是客观条件限制。翠苑作为新建住宅小区,总体入住率低,成立业委会在制度上有一定的限制。根据《物业管理条例》第12条的规定,召开业主大会应当有物业管理区域内专有部分占建筑物总面积过半数的业主且占总人数过半数的业主参加。

2. 走访规划局取证,建构行动的合理性

开发商关于南门是临时设施、设计布局不合理等说辞受到业主的质疑。"物业称驶出车辆的视线被岗亭遮挡易发生事故,这的确是设计上的不合理,但完全可以通过改变大门设计来解决,不一定要移动大门。同理,驶入车辆转角太小,使得智能刷卡系统无法安装,也完全可通过修改大门设计来解决,不必要把大门向小区内推进四五十米。"①

业主代表陈先生联系规划局,希望查阅规划图纸进行求证。在规划局的配合下,陈先生等人查阅了翠苑规划图纸后发现,图纸上门卫就在移门前的南大门口,并没有建在小区红线之外。此外,业主从规划局了解到,开发商从未申请对南门进行任何规划改造。翠苑业主走访规划局取证,否定了开发商关于南门是临时设施、设计布局不合理等说辞,揭露了其侵占业主公共用地的企图。业主通过向政府部门取证,建构了行动的合理性。

3. 求助法律工作者,建构行动的合法性

在走访规划局取证后,业主代表向专业的法律工作者求助。律师认为:"开发商这样的说法是不准确的,因为规划图里面标出

---

① 资料来源:翠苑社区论坛记录,编号20060829XNS。

来是门卫的位置,这就代表是大门。这是第一。第二,这个大门已经建好,就在规划图门卫这个位置。那按照人们普通的理解,有门卫没有大门,这种情况几乎不存在。所以,可以推断出规划图上门卫的位置就是设置大门的位置。现在任意把它移动,业主如果同意,那可以。如果业主不同意,就不能改变它。"①

《物业管理条例》第50条规定,业主、物业服务企业不得擅自占用、挖掘物业管理区域内的道路、场地,损害业主的共同利益。物业服务企业确需临时占用、挖掘道路、场地的,应当征得业主委员会的同意。因此,如果开发商在没有经过业主同意的情况下就移动门的位置,翠苑社区业主可以通过合法渠道保护自己的权利。业主通过求助法律工作者,建构了行动的合法性。

4. 向政府部门投诉,依靠制度主体维权

翠苑社区业主联名向区政府相关部门投诉,希望依靠制度主体维权。在投诉信中,翠苑业主首先讲述了开发商如何不顾广大业主的呼声,擅自更改规划,对业主的利益造成重大损害的侵权行为。接着,业主摆事实、讲道理,有理有据地阐述开发商侵权行为存在的后果。最后,业主向政府诉苦,希望能够得到政府有关部门的重视,要求政府"出面主持公道,还广大翠苑业主一个公正合理的结果"。这些话语反映了业主的行动不仅仅是维护经济利益的抗争,还是一种日常生活道德理性的要求。这种"理"包含了比"法"更深层的文化动力,它不仅指要合乎国家法律法规,还具有道德含义,即为人处世的道德原则,从而体现人格尊严。②

(四)机制滞后:基层政府的社会控制

业主保卫家园的资源动员并没有阻止开发商的侵权行为,向

---

① 资料来源:记者采访的报道视频,编号20060829WLS。
② 朱健刚:《以理抗争:都市集体行动的策略——以广州南园的业主维权为例》,《社会》2011年第3期。

基层政府的投诉也并未得到有效回应。业主保卫家园行动的发展与基层政府的社会控制能力密切相关。利益表达与情感疏导机制的滞后将进一步促进业主保卫家园行动的发展。在社会转型和变迁的过程中,社会结构往往会出现利益失衡。这是个普遍现象。关键问题在于能否建立足够有效的利益表达与情感疏导机制来消解社会矛盾。利益表达与情感疏导机制具有安全阀的功能,能够为权益受损的业主提供制度化的渠道解决问题。当弱势群体的利益表达难以通过常规途径来实现,他们的怨恨情绪难以得到疏导时,他们的行为就可能变得激进,转而采取非常规、非理性和非制度化的手段来释放。基层政府的不同回应形式对业主维权的发展具有重要影响:如果基层政府采取积极的正面回应方式,业主维权的原生矛盾就可以在一定程度上得到缓和或化解;如果基层政府消极怠慢地回应或政府工作人员在情感疏导方面处理不当,会导致原生矛盾的激化,甚至有可能转化为次生矛盾,此时,业主的怨恨情绪和相对剥夺感将会得到不断累积和强化。

刘易斯·科塞(Lewis Coser)指出,现实性冲突是指那种产生于特定关系中的受挫、产生于对参与者所获成果的估计,或是产生于追求受挫的目标的社会冲突。非现实性冲突不是针对对抗者的最后结局,只是因一方或双方发泄紧张的需要而发生。[①] 在现实性冲突中,冲突只是行动者达成自己目标的手段,行动主体可以策略性地控制冲突的方式。但在非现实性冲突中,行动者就是要借冲突来释放被压抑的怨恨情绪。这时冲突已经成了目的本身,冲突是情绪性的、难以把控的。在基层政府社会控制机制滞后的情况下,业主保卫家园行动容易从现实性冲突转向非现实性冲突。

[①] [美]L.科塞:《社会冲突的功能》,孙立平等译,华夏出版社1989年版,第139页。

(五) 情感驱动:业主保卫家园行动的群体性事件

业主保卫家园行动的意义构成受到怨恨情绪的驱动,最终导致群体性事件的发生。

1. 怨恨凝聚

开发商"移门占地"的真实目的在于方便租用小区南门门面房的休闲会所,这一消息不断地被业主在翠苑社区业主论坛转发,帖子的转载量高达 500 多次。社区网络成为业主获取信息和表达情绪的公共空间。长期以来,开发商的侵权行为引起了业主的极度不满,业主的相对剥夺感增加,怨恨慢慢积聚。此次"移门占地"的侵权行为更是引发了业主的抗议,网络空间成为业主释放怨恨情绪的渠道。业主基于"房权"的权利意识不断觉醒,但开发商等利益集团还停留在视特权为理所当然的状态。怨恨是业主不断增强的权利观念与失衡的社区权力结构之间的不均衡或紧张在心理层面的产物,也是业主对感受到应然的权利诉求和实然的权利侵犯之间落差的反应。业主的这种共同的怨恨在与开发商不断的斗争中积聚和扩散。业主为了发泄不满,怨恨相互激荡形成了共同的怨恨,为以非理性的方式释放情绪埋下了伏笔。

2. 情绪失控

有业主在接受访谈时表示:"我们业主代表在南门阻止施工的时候来了几十个'活闹鬼'(黑社会、小混混),威胁、恐吓、殴打我们业主。本来业主之间都不太熟悉,不认识,因为这些黑恶势力的威胁,业主们团结起来了。我们向区政府反映情况,区政府视而不见。YHCZ 开发公司涉黑,那我就要站出来,我看不惯这种事情。竟然公然敢用黑社会,这也太嚣张了。人是有底线的,YHCZ 开发公司触犯了我们绝大多数业主的底线,我们咽不下这口气。"[1]

---

[1] 资料来源:对翠苑社区业主的访谈,访谈记录编号为 20181216ZHJ。

应星指出,"气"主要是指中国人在蒙受冤抑、遭遇不公、陷入纠纷时进行反击的驱动力,是中国人不惜一切代价来抗拒蔑视和羞辱、赢得承认和尊严的一种人格价值展现方式。① 开发商对业主的非法侵权引发了业主的"常识性的正义平衡感觉"②,使业主维权行动转变成为保护自己人格和尊严的殊死抵抗。开发商雇用黑社会威胁和恐吓业主,这样有恃无恐的侵权行为,激起了业主们的愤慨,业主群体产生了前所未有的凝聚力。在业主与开发商谈判的紧要关头,黑社会殴打业主使得业主情绪失控,导致群体性事件的发生。

五、讨论与结论

当前,社区治理和集体行动研究相对忽视了行动主体的"情感""价值"等维度。无论是政治过程理论,还是资源动员理论,都是基于西方社会发展经验而非我国的基本国情。虽然这些理论能够给我们带来启发,但对于理解我国业主维权行动有着很大的局限性。理论视角的运用应该符合生活世界的运行逻辑和生活主体的价值逻辑,而不应该先入为主地以西方社会运动理论或者公民社会理论来看中国城市社区业主维权行动逻辑的日常生活价值。"家园"作为中国人世界观体系的本土化表达,不仅在业主维权行动中具有重要的价值和伦理意义,而且蕴含着丰富的理论意涵,对于理解我国城市社区的业主维权行动具有启示意义。

---

① 应星:《"气"与中国乡村集体行动的再生产》,《开放时代》2007 年第 6 期。
② [日]滋贺秀三:《清代诉讼制度之民事法源的概括性考察——情、理、法》,王亚新、梁治平等编译:《明清时期的民事审判与民间契约》,法律出版社 1998 年版,第 19—53 页。

沿着这样的理论视角,本文以一个城市社区的移门占地事件为例,分析业主保卫家园的行动逻辑。任何集体行动都受到结构及其变迁的直接或间接的影响。由于结构变迁的影响,城市社区权力结构失衡,导致业主的权利和利益不断地遭到开发商等市场力量的侵害,这是业主保卫家园行动的结构诱因。外部的结构诱因需要经过主体的意义建构才会转变为行动。业主围绕"家园"符号产生了集体认同,并引发了保卫家园的集体行动。集体认同的意义建构促进了业主群体的凝聚和业主保卫家园的资源动员。业主通过发起成立业委会、走访规划局取证、求助法律工作者和向政府部门投诉等行动策略据理力争。这一资源动员过程,反映了业主的规则意识和以法律法规为核心的"法理抗争"行动逻辑。同时,业主保卫家园行动的发展与基层政府的社会控制能力密切相关。利益表达与情感疏导机制的滞后进一步激发了业主集体行动的发展,业主保卫家园行动从现实性冲突转向了非现实性冲突。最后,在基层政府的社会控制机制滞后的情况下,业主群体保卫家园的行动越来越激进,业主的怨恨凝聚与情绪失控最终导致了群体性事件的发生。

在社会转型的过程中,城市社区往往产生物权纠纷与业主维权等利益冲突问题,关键在于如何将业主维权行动制度化,将业主维权行动纳入合法的渠道,防止利益冲突演变为情感对抗。在制度规范层面,社区治理要将业主自治吸纳到社区治理体系中来,引导业主自治在制度规范下良性发展,使其从"麻烦的制造者"转变为"社区管理抓手"。[①] 完善利益表达机制和制度性的救济渠道,规范市场行为,保障社会权利,使得多元主体能够在基本权利平等的基础上就利益冲突进行沟通和协商,建立起"横纵联合的社区治

[①] 陈鹏:《国家-市场-社会三维视野下的业委会研究——以 B 市商品房社区为例》,《公共管理学报》2013 年第 3 期。

理体系"。① 在文化情感层面,社区治理应重视"人"及其文化情感的维度,建立情感疏导机制,促进多元主体的关系协调。将社区铸造成人们栖息的美好家园,借助人们对家园的情感认同,推进社区文化建设。文化情感联结能够发挥黏合剂的作用,增加社区治理的韧性,促进社区的整合。

[本文系中央高校基本科研业务费专项资金资助项目(项目编号:2019B62614)的阶段性成果。]

---

① 钱志远、孙其昂:《横纵联合:"互构型"社区治理体系研究》,《学习与实践》2018年第5期。

党建引领的物业管理体系:实践、实效与反思

郑 扬*

[内容摘要] 构建以党建引领的社区治理体系和物业管理体系,是当下城市基层社会治理的新动向。党建引领如何与物业管理的具体实践相结合,也成为值得关注的话题。本研究发现,对城市住宅小区的居住空间进行"红色改造",在物业服务市场的甲乙双方当中扩建党的组织,以及实施以政府兜底和党员动员为基本特征的"红色物业"是党建引领的具体做法。在城市社区中开展党建引领,可以部分解决当下居住区域内的物业管理问题,增强基层政权的社会治理能力,并能有效应对特殊时期和特殊情况下的治理挑战。但与此同时,党建引领的物业管理也面临着功利化逻辑制约党建效用、行政系统扩权引发与居民自治的冲突、财政补贴冲击物业服务市场机制等问题。

[关键词] 党建引领;物业管理;"红色物业";社区治理

一、背景与问题

中共十九大以来,中共中央多次强调要加强基层党建工作,提出党组织要主动适应城市社会群体结构和社会组织结构的变化,不断推进基层党建创新。近些年来,伴随"红色物业"的兴起,"党

---

* 郑扬,香港城市大学公共政策系博士候选人。

建引领"成为住宅小区物业管理的一个重要发展方向。2020年3月实施的《深圳经济特区物业管理条例》第5条明确指出:"业主大会、业主委员会、物业服务企业等在中国共产党社区委员会(以下简称"社区党委")的领导下依法依规开展物业管理活动。"2020年5月生效的《北京市物业管理条例》第3条规定:"推动在物业服务企业、业主委员会、物业管理委员会中建立党组织,发挥党建引领作用。"这意味着物业管理与党建正式在法律规范层面建立连接。

从概念上来说,既有的政策文本并没有直接提出"党建引领的物业管理",而是将物业管理纳入"党建引领的社区治理体系"之下。但是,考虑到物业管理在城市住宅小区当中的重要作用,本文将研究的对象直接锁定为物业管理中的党建实践。根据国务院发布的《物业管理条例》,物业管理是一个建筑区划内的业主群体通过自行管理或者共同决定委托物业服务人的形式,对物业管理区域内的建筑物、构筑物及其配套的设施设备和相关场地进行维修、养护、管理,维护环境卫生和相关秩序的活动。这在根本上是一种甲乙双方基于特定契约的市场行为,党建则是执政党加强自身能力建设的政治性行为。因此,将物业管理与党建相结合引发的问题在于:在中国城市的居住空间内,党建何以成为解决物业管理的重要手段?这种政策如何演化而来?在居住小区的治理实践当中,党建引领的物业管理如何展开?党建的引入对物业矛盾的解决和小区的稳定发挥了什么样的作用?如何评价当下党建引领的成效与问题?

围绕上述问题,本文首先梳理住房体制改革之后中国在物业管理上的立法演变,以此透视党建引领物业管理的政策渊源。随后,本文从空间改造、组织建设、红色动员三个方面梳理党建引领物业管理的具体实践,并在此基础上评价党建引领的效果。最后,本文从党建的功能、执行和市场机制等层面思考党建引领物业管理的限度。

二、从业主自治到党建引领:中国物业管理立法的演变

发端于20世纪80年代末的住房体制改革彻底改变了"单位"时代的住房供给和维护体系以及整个城市社区的治理结构。在借鉴香港经验的基础上,大规模的商品房建设与"建筑物区分所有权"这种房屋管理体制的引入,使得物业管理取代计划经济时期的房屋管理,成为住房体制改革之后中国住宅小区的重要任务,国家围绕"区分所有权住宅管理"的立法也随之展开。自1988年建设部、财政部联合下发《住宅共用部位共用设施设备维修基金管理办法》之后,围绕物业管理,中央和地方均展开了一系列立法实践。通过分析这些政策文本,可以看出国家权力在物业管理领域的角色变化和党建引领这一举措的历史渊源。

作为一种全球流行的住宅体系,区分所有权住宅内在地包含"业主专有、业主共有和业主组织"三个基本要素[1]。基于消费者权益的业主参与和集体决策成为住宅小区日常管理的重要组成部分。同时,房屋产权的私人所有和房屋在家庭财富中所占据的较高比例也迫使业主更加关注自己的房产权益。在这种情况下,业主自治成为我国早期物业管理立法所承认的基本原则。比如,1994年《深圳经济特区住宅区物业管理条例》第4条明确规定:"住宅区物业管理实行业主自治与专业服务相结合,属地管理与行业管理相结合的管理模式。"1997年《上海市居住物业管理条例》第4条规定:"物业管理实行业主自治管理与委托物业管理企业专

---

[1] Lippert Randy K., "Governing Condominiums and Renters with legal knowledge Flows and External Institutions", *Law and Pdicy*, 2013, 34(3), pp.263-289.

业管理服务相结合的原则。"该条例的第二章甚至以"业主自治管理"为标题,详细规定了业主自治的基本原则、程序和职权范围。

但是,在居住区域内,受制于集体行动的困境,业主很难能够有效、持久、强有力地参与小区治理,其行动能力更被业主委员会(以下简称"业委会")内部的分裂、腐败等问题所弱化。① 这种情况导致的直接后果是,在物业管理中本应占据甲方地位的业主群体始终处于缺席的状态,使物业公司敢于不受制约地侵犯业主权益,进而催生了大量的物业矛盾。② 为了缓解由业主抗争所引发的对城市社会稳定的冲击,国家权力便逐步渗入居住空间以重新建构一个稳定的治理秩序。从1995年的《北京市居住小区物业管理办法》开始,"业主自治"的条款在地方法规和全国性法规中被相继删除,2004年修订的《上海市住宅物业管理规定》也不再涉及"自治"。与之相对比,街道和居委会的角色则被逐步强化。1995年的《北京市居住小区物业管理办法》第8条明确规定:"物业管理委员会由居住小区内房地产产权人和使用人的代表及居民委员会的代表组成。"2003年的《物业管理条例》第20条规定:"业主大会、业主委员会应当积极配合相关居民委员会依法履行自治管理职责,支持居民委员会开展工作,并接受其指导和监督。"2009年住房与城乡建设委员会颁布的《业主大会和业主委员会指导规则》增加街道办为业主大会和业委会的监督机构,这一规定最终在2018年修订的《物业管理条例》第10条中得到确认。

通过上述梳理可以看出,把党建引入物业管理体系和城市社区治理体系并不是凭空而来,而是有着深刻的历史渊源和现实背景。这种措施的推出反映了国家在物业管理和小区治理方面的持

---

① 石发勇:《业主委员会、准派系政治与基层治理——以一个上海街区为例》,《社会学研究》2010年第3期。

② Ngai Ming Yip, "Housing Activism in Urban China: The Quest for Autonomy in Neighborhood Governance", *Housing Studies*, 2019, 34(10), pp.1635-1653.

续发力,在实质上是党政权力在城市基层居住空间中的又一次延伸。

三、物业管理中党建引领的具体落实

从既有的法律文本来看,在物业管理问题上的党建引领依然是一种理念性、指引性的政策指南,党建引领的具体落实依赖于全国范围内各个地方的具体举措。结合田野调查,本文从居住空间改造、党组织建设和红色物业几个角度来分析党建在物业管理中的具体实践。

(一)空间改造:在居住区域内渗入红色元素

对建筑区划内的居住空间实施改造是党建引领的物业管理在物理形态上最直接的表现形式。通过建设红色广场、粘贴红色标语的方式,党建引领的物业管理力图将党的口号、政策与施政方针传递到居民的日常生活当中。

空间改造之所以重要,是因为空间本身绝不仅仅是一种具体的、可触摸的物理性的容器,更是各种社会关系的集合体,是客观环境、历史遗产、象征意义和日常生活方式的连接。① 由于空间当中的各个活动主体之间的关系往往并不是一种平等的存在,空间便天然地具有政治性功能。处于强势地位的社会团体对空间的利用既代表权力的运行向度,又可以实现支配和影响其他群体行为的政治性目标。

空间的意义在住房体制改革之后的城市小区当中尤为明显,房屋的私有化使城市居住区域成为私人领地。当国家放弃提供房屋和其他公共物品的职责时,其在小区当中的影响力也大幅下降。

---

① Henri Lefebvre, *The Production of Space*, Oxford: Blackwell, 1991, p.136.

尽管在过去几十年中，行政系统从未停止对原单位小区以及新建商品房小区施加影响，其所能达到的控制和渗透程度也远远赶不上计划经济时代。在这种背景下，把党建引入物业管理体系，可以认为是党政力量在行政系统的努力之后继续扩展自己的运作空间。在城市住宅区域内，红色空间的打造在改善特定小区的居住环境的同时，还可以达到宣传党的理念、保持居民红色记忆、维系党群关系的目的。

（二）组织建设：在物业市场甲乙双方中强化党员力量

组织建设是党的建设的根本保障，"支部建到连上"是中国共产党在民主革命时期和国家治理实践中所积累的重要经验。中华人民共和国成立以来，加强党的建设的一个重要任务是保证从中央到基层的每一个党支部都能发挥战斗堡垒作用。这种做法同样被用到物业管理的实践当中，以基层党组织为切入点，强化物业管理市场当中甲乙双方的党员角色和党员存在，成为党建引领物业管理的重要内容。

首先，鼓励在物业管理企业当中成立党支部是党建引领物业管理组织建设的第一项举措。将党的组织下沉到物业企业，加强对物业服务企业的党政引领，其目的在于在政策和实践层面引导物业公司树立合法经营和长期经营的理念。在江苏淮安，当地物业公司表示：

> 在全面加强党的领导、强调党的建设的政治背景下，一个物业企业里面有没有党支部，是否开展了主题党日活动，成为基层政府评判物业公司的一个考量标准。[①]

---

① 资料来源：笔者于淮安市对物业公司的访谈，2020年4月16日。

其次，越来越多的地方政府开始鼓励小区中的党员积极参选业委会。不少地方的组织部门开始提倡、建议业委会成员中的党员比例不低于50%。以杭州市为例，2018年，市委组织部、市住房保障和房产管理局和市民政局联合下发《关于进一步做好业主委员会党建工作的通知》，要求以"坚持党的领导，强化政治引领"为基本原则，在业主委员会中设立党的基层组织，开展党的活动，加强对业主委员会及广大业主的政治引领。在江苏省淮安市，地方政府在"街道吹哨、部门报到"的基础上，进一步推行"组织吹哨、党员报到"，推动广大党员全面主动参与到小区治理工作中，要求小区业委会委员、业主代表中的党员必须参加与小区治理相关的各类志愿服务。淮安市清江浦区委组织部更是设立50万元"红色基金"，对工作开展好的"红色业委会"和服务评价良好的党员给予奖励和补助。

（三）"红色物业"：党员动员和财政兜底的物业服务模式

如果说打造红色空间、强化党员在物业服务实践中的作用是党建引领的物业管理在空间和组织层面的做法，以党员动员和财政兜底为特征的"红色物业"则是党建引领的物业管理在操作层面上的具体实践。从操作上来说，这种物业管理模式是党的政治动员与物业服务的直接融合。

"红色物业"以武汉市为代表，中共十八大以来，在"全面加强党的领导"这一政治风向之下，武汉市启动了"红色物业"工程。首先，住建部门对全市的住宅小区进行分类，对没有物业服务公司经营的老旧小区实施财政兜底，由政府出资进行设备设施改造，以此改善居民的生活环境和居住条件。其次，武汉市委、市政府积极动员党员尤其是大学生党员深入街区，使其在街道、物业和业主之间扮演联络人和沟通人的角色。这些大学生党员积极走访社区居民,了解居民的生活诉求并反馈给相关职能部门,以此来推动居住区域内物业管理问题的解决。

有必要指出,在"红色物业"的实施过程中,武汉市直接授权组织部门而不是住建部门来负责该项目的实施。据江汉区组织部门的干部介绍:

> 组织部是负责干部考核的部门,是一个核心权力机构。这个部门原本不是负责搞物业的,所以,用组织部来推动"红色物业",事实上是把党的组织工作和党的建设从党组织内部、党员之间扩展到其他社会领域和社会群体。这样做有利于调动各个行政系统,顺利解决物业管理中的问题。①

四、党建引领物业管理的效用评价

在中国的情境中,党建所能触及的城市社区从来不是一个简单的居住空间,而是一个包含了国家权力、市民社会和市场组织的复杂治理场域。这就决定了党建引领的物业管理将不仅仅影响物业服务本身,更会对城市基层社会的治理结构和治理秩序产生直接或间接的影响。结合田野调查资料和实证数据,本文从物业服务、社区治理、衍生功能三个角度来评价党建引领的具体效用。

(一)物业服务:提升质量与化解矛盾

解决物业问题、提升物业服务质量、化解物业纠纷是党建引领的物业管理所产生的最直接效用。

---

① 资料来源:笔者对武汉市江汉区委组织部的访谈,2018年12月15日。

首先,"红色空间"的打造往往伴随着治理资源向城市居住空间的进一步下沉。客观上,基层政府投入财政和人力资源在居民的日常生活场域嵌入红色元素的过程可以为居民提供更多的活动场所。而"红色物业"的开展,更是用政府注资的方式来解决居住区设备更新、房屋大修的问题,据武汉市提供的数据,江汉区在"红色物业"实施的一年时间里就投入了1.5亿元人民币,由此可以看出政府对老旧小区的改造力度。

其次,党建引领的组织建设促进了物业服务质量的提升。一方面,在物业公司当中开展党员队伍建设,其目的在于发挥党员的先锋模范作用,促使"红色物业"管理者更加积极地关注居民的物业问题,尤其是要解决长期困扰居民日常生活的矛盾。以杭州市的"红色物管"为例,通过党组织的引领,物业服务从业人员被要求遵从为民服务的宗旨,结合自身优势,为居民提供高效、贴心、及时的物业服务①。另一方面,强化党组织对业委会的领导作用,增加业委会当中的党员比例,可以以党员为抓手,带动其他业主参与小区的公共事务并促使业主明确自己的权利和义务,改变小区当中"大多数沉默"、小区居民参与不足的现状,以此激发小区在物权自治方面的内在驱动力。

最后,有必要强调,党建引领也可以在客观上起到减少物业纠纷和物业矛盾的作用。这是由于物业服务市场在本质上是一个不均衡的市场,作为乙方的物业公司在信息和专业能力上的优势使其能够轻易地侵犯甲方权益。在物业公司当中开展党建的做法,可以起到规制物业公司的作用,进而减少物业侵权和业主抗争的发生。在"红色物业"的实施中,武汉市江汉区委组织部的负责人坦陈:

---

① 《红色物管,下城老小区的管家人》,《杭州日报》,2020年5月5日。

在武汉有很多物业公司是开发商的子公司,他们会随着开发商接管一个新小区,赚够就撤,留下一个烂摊子。因此,为了让物业在小区内部长期经营,我们试图用党支部的力量来制约他们,你把一个小区经营得好,党支部会有评估报告,政府对你更认可,下次政府招投标你就更加容易中标。①

(二)社区治理:整合资源与提升效能

从治理结构上来说,党建引领是将原有的"三驾马车"的小区治理模式改变成"四方协作"的共治模式,也即党组织、业委会、居委会、物业公司相互协作。在这一过程中,党组织的角色得到进一步凸显。处于领导地位的执政党及其组织对特定领域的介入,也将同时调动与这一领域相关的行政系统,而党政合力的形成对整合治理资源、提升特定问题的解决效率有着不容忽视的作用。

在党建引领物业管理的具体实践中,党建的一个突出作用是推动基层执法力量进小区。中国住房体制改革之后,国家是把建筑区划内所有配套设施的建设和维护一并打包给开发商和物业公司,这就使中国的物业服务不仅仅只局限于房屋的管理和保养,还带有提供公共物品的职能。在这种情况下,居住空间物业问题的解决往往要协调统筹包括消防、公安、绿化、园林等各个政府部门。当下物业管理体制面临的一个突出问题是公共服务和公共职能被长期关在小区的大门之外,本该由公权力部门承担的职能和职责也同时转嫁给了物业公司。② 而作为物业服务从业单位的物业企业又往往无力承担小区内部的公共职能。在这种背景下,通过党

---

① 资料来源:笔者对武汉市江汉区委组织部的访谈,2018 年 12 月 15 日。
② 张农科:《中国特色物业管理模式再造的构想》,《住宅与房地产》2013 年第 12 期。

建引领,可以用政治纪律的手段促进各个行政部门之间的协同,整合行政力量,进而督促、动员公安、消防、质检等公共行政部门介入小区,快速解决小区内部的物业问题。以淮安市为例,通过党支部建在原有的社会治理网格上,社区党委有效地调动了社区片警、网格管理员、职能部门以及小区内部的普通党员等多种力量共同参与到小区的治理当中,改变了各个行政机关之间相互推诿的局面。

(三)衍生效用:政治动员和社会稳定

党建引领的物业管理虽然以居民小区的物业管理为出发点,但是其发挥的作用却并不只局限于物业服务质量的改善和物业服务效能的提升。在中国特定的政治背景下,党建的引入还能够产生超越物业管理和物业服务的衍生性功能。

首先,将物业管理纳入党建引领的社区治理体系明显强化了城市基层社会的政治动员色彩。通过有效整合党政资源,党建引领的物业管理能够提高非常态社会问题的应对能力。以2020年年初的抗击新冠肺炎疫情为例,为践行"一个党员一面旗",业委会和物业公司当中的党员被要求冲在疫情防控的第一线,积极投入站岗、巡逻、排查等各项任务中。通过政党组织的动员,"红色业委会"和"红色物业公司"在居住小区内"外防输入、内防聚集",在抗疫中发挥了不可替代的作用。

其次,在业委会当中强化党员的作用,可以为国家进一步渗入基层自治空间、平息业主抗争、维护社会稳定提供便利。鉴于物业矛盾频发的现状,如何引导业委会依法行动,防止物业冲突激化是基层政府面临的重要任务。鼓励党员参与业委会甚至当选业委会主任,便可以通过党的组织纪律要求业委会当中的党员坚持党性、顾全大局。很显然,这种做法对防止物业冲突危害社会稳定十分有效。

五、党建引领"红色物业"的限度

在物业管理领域,党建引领固然可以发挥其他方式发挥不了的功能和作用。但是,党建引领社区治理体系下的物业管理在功能、执行和市场层面存在以下短板和不足。

(一)功能层面:功利化动因制约党建效用的发挥

在城市基层社区,党建的基本目标是将党组织力量和影响引入国家的基层治理体系,从而加强党对社区事务的领导。但是在具体操作过程中,党建发挥的功能却呈现出功利化和反转化的特征。所谓功利化,是指在具体的操作中,党建功能的发挥被功利化动因制约。党建在宣传党的政策、守护意识形态阵地方面的功能被束之高阁。以湖南省长沙市望府路街道下面的一个小区为例,其业委会主任坦承:"参与党建的目标只是利用党建的项目经费从社区争取经费改造小区的居住环境,至于党建的形式和效果则不是他们主要考虑的内容。"①功利化逻辑同样存在于物业服务公司之间,在杭州,物业公司参与党建的直接动因是迎合基层政府的政绩需要,拉近与政府的关系,从而获得在物业竞标市场上的优势。考虑到包括街道办在内的基层政府对小区物业管理和业委会决策的影响,物业公司的这一做法明显有利于增加其市场份额,成为其"抢盘子"的砝码。

除此之外,对于城市社区中的居民来说,其参与"红色物业"或主题党建活动也往往由特定的物质利益驱动。这突出表现在社区居民利用党建话语不断拓展自己的利益边界。在基层党建的过程

---

① 资料来源:笔者对湖南省长沙市 A 小区业委会主任的访谈,2018 年 12 月 26 日。

中,"不忘初心""全心全意为人民服务""人民的幸福生活就是我们奋斗的目标"等党建话语可以成为社会公众用来对抗街道办、基层法院和住建部门的工具。类似于"依法抗争"的逻辑,在物质利益上遭受损失的群体往往以这些话语对官员进行政治威胁和道德威胁,迫使政府对其利益诉求作出让步。在这一过程中,党建引领的社区治理体系和物业管理体系非但没有实现预期的目标,反而让开展党建活动的党政部门陷入被动。

(二)执行层面:行政系统的扩权引发与居民自治的冲突

构建以党建引领社区治理的物业管理体系面临的第二个困境来自执行层面,即行政系统的扩权和自治领域的冲突。有必要明确的是,召开业主大会、成立业主委员会是《物权法》和《物业管理条例》赋予业主的法定权利。但是,在操作层面,业委会的具体工作要受街道办和居委会的指导和监督。基于政治考核产生的维护社会稳定的压力,街道办本能地对业委会的成立和运作设置严格规范以规避可能产生的风险。这样一来,业委会和政府部门之间往往会因为业委会成员的资格问题、选举程序问题、筹备组问题而引发各种冲突,以致苛求稳定的行政系统和主张物权自主的社会系统之间产生难以消解的张力。鉴于物业管理方面的法律法规依然不能清楚地界定街道办的职能,如"监督"和"指导"这两个词的内涵和外延上都存在较大的弹性,在既有法律的基础上扩充自己的权力便成了街道办的惯常化操作。比如,江苏省南京市某区住建局发布的"提倡业委会当中的党员比例达到50%"的规定在街道办便会加码到"业委会当中党员比例必须达到50%及以上"。南京市江宁区某小区业委会因其9名成员当中只有2名党员在备案时遭到了街道办的拒绝,愤怒的业主以"行政乱作为"为由将街道办告上法庭。此案最终以街道办作出让步并同意备案而告终。①

由此可见,在党建引领社区治理的物业管理当中,党建并不是一个加强党的组织建设和人员建设的简单项目,而是一个可能涉及司法、行政等多个系统的复杂工程。借助司法系统来化解行政机构和社会自治团体之间的矛盾,进一步证明了党建在实施过程中可能遭遇的困境。

(三)市场层面:扭曲原有的物业服务经营机制

从政策设计的初衷来说,党建引领的物业管理旨在解决物业管理问题,帮助人民群众实现"安居梦"。但在实践中,党建引领的开展往往伴随着大量公共资源的投入。这种以公共财政为依托的物业管理体系,可能会冲击当下物业服务的市场运营机制,对物业管理的长期发展带来不利影响。

以"红色物业"为例,在政府出资改造小区设备、提供免费物业服务的过程中,很容易催生居民尤其是房改之后的业主对国家的依赖。既有研究发现,在售后公房小区里,很多居民依然把房屋和公共设备的维护视为国家的责任而拒交物业费。② 在这种情况下,"一旦政府撤出,新进来的物业开始收费时,不管你收多低,都会引发老百姓的不满,他们马上就会去上访。所以,'红色物业'有可能是政府花了钱,还给自己惹了一身麻烦"③。

除此之外,有些地方政府为了全面强化党建引领的物业管理体系,对辖区内部的"红色物业企业"(符合政府设定标准的物业公司)进行财政补贴和税费减免。这种政策不仅有可能在物业企业评定环节导致政府寻租,更会挤压其他物业企业的市场空间,加剧

---

① 资料来源:笔者在南京市江宁区的田野调查,2019 年 2 月 3 日。
② Fulong Wu, "Housing Privatization and the Return of the State: Changing Governance in China", *Urban Geography*, 2018, 39(8), pp.1177-1194.
③ 资料来源:笔者对武汉市江汉区委组织部负责人的访谈,2018 年 12 月 17 日。

物业市场的不公平竞争。以石家庄市为例,地方政府不仅要在税收、社保方面为"红色物业"企业提供优惠,还要动员街道、社区帮助这类企业催缴物业费。① 很显然,这种举措会使已经获得政府认可的物业企业("红色物业")获得比其他物业公司更大的竞争优势,物业服务的市场运营机制也可能因此遭到扭曲。

六、结论与讨论

将物业管理纳入党建引领的社区治理体系在本质上体现了基层党建工作的创新。一般而言,党建的直接目的是强化一个政党组织的综合能力,包括政党对社会变化的适应能力、对社会问题的解决能力以及对民众诉求的回应能力。② 在新兴的社会空间和社会群体当中渗入党的理念、建立党的组织也是执政党提高自身韧性和适应能力的重要举措。③

具体到中国,党建的作用在于保持执政党自身的先进性和纯洁性,并在此基础上夯实其执政基础。自20世纪80年代民政部门开展社区建设以来,以社区为基础的党建工作便被视为巩固党的执政基础的重要抓手。④ 1996年的《中共中央组织部关于加强街道党的建设工作的意见》和2004年的《中共中央组织部关于进一步加强和改进街道社区党的建设工作的意见》已经基本明确了

---

① 资料来源:笔者在石家庄市的田野调查,2020年6月14日。
② Han Zhang, "Party Building in Urban Business Districts: Organizational Adaptation of the Chinese Communist Party", *Journal of Contemporary China*, 2015, 24(94), pp.644-664.
③ Samuel Phillips Huntington, *Political Order in Changing Societies*, Yale University Press, 2006, pp.420-432.
④ Churong Liu, *The Political Construction of Community Power: A Comparative Case Study of Neighborhood Governance Formations in Shanghai (1996 - 2003)*, Doctoral Dissertation, City University of HongKong, 2005, p.4.

社区党建的重要性、原则、方法和目标。因此,构建以党建引领的物业管理体系和红色物业,可以被视为党建工作在职能范围上的又一次拓展。

诚如本文所述,党建的实施会牵动当下城市社区既有的治理格局。住房私有化和市场化并不意味着国家的退场。相反,国家不断调试其在社区过程中的策略①,并在新兴的城市商品房空间中成功嵌入国家元素②。近些年来,通过强化社区组织建设(党委、街道办、居委会)、重塑以和谐为导向的社区话语叙事、着眼于社区中微观事务的治理、发动积极分子等多种方式,国家在追求社区治理的同时,成功地重建了其在基层社会的"基础性权力"。③ 在这一过程中,行政权力也得以不断生产和再生产。④ 基于此,构建党建引领的物业管理体系是在国家行政权力进入城市居住空间之后,党政系统为寻求基层社区治理方案而进行的又一次探索。这种做法的核心要义是:寄希望于一个处于执政地位的、高度组织化和纪律性的党以其统合性优势来改变城市社区治理的碎片化问题。

[感谢香港中文大学政治和公共行政学系博士生郑潇雨在文章修改过程中提供的补充性田野调查材料及修改意见。]

---

① 黄晓星:《国家基层策略行为与社区过程——基于南苑业主自治的社区故事》,《社会》2013年第3期。
② 谢岳、葛阳:《城市化、基础权力与政治稳定》,《政治学研究》2017年第3期。
③ Thomas Heberer and Christian Gobel, *The Politics of Community Building in Urban China*, Routledge, 2011, p.6; Tomba Luigi, *The Government Next Door: Neighborhood Politics in Urban China*, Cornell University Press, 2014, pp.6-8.
④ 耿敬、姚华:《行政权力的生产与再生产——以上海市J居委会直选过程为个案》,《社会学研究》2011年第3期。

南京市物业管理纠纷现状及其治理研究

张先耆*

[内容摘要] 物业管理行业在提供居住服务、加强城市管理、吸纳社会就业、建设和谐社区等方面发挥了积极作用,但也面临法规建设相对滞后、政策扶持不到位、基层监管力量不足、业主自治推进困难等诸多问题。物业管理纠纷及其治理是一项复杂的系统工程,只有对物业管理纠纷的成因、处置及预防进行系统全面深入的探讨和谋划,才能真正解决好物业管理纠纷频发的现实难题。

[关键词] 物业管理;纠纷现状;治理

一、引言

南京市物业管理工作起步于 1994 年。经历了 20 多年的发展,目前南京市共有物业服务企业 1 357 家,全市 4 000 多个住宅小区中,有 827 个小区已经成立了业主委员会,有 902 个小区已经成立了物业管理委员会。① 目前,物业管理行业存在相关法规建设相对滞后、政策扶持不到位、基层监管力量不足、业主自治推进困难等问题。本文致力于分析南京市物业管理纠纷多发的现状及

---

* 张先耆,南京大学法律硕士,现任南京市中级人民法院研究室副主任、四级高级法官。
① 数据来源:南京市住房保障和房产局相关报告。

原因,针对南京市的数据、政策法规体系以及执法实践和司法实践,兼顾理论的建设性和实践的可行性,提出具有本土化和创新性的制度设计方案。笔者在调研中走访了南京市相关行政职能部门、物业服务企业、业主委员会,听取了社会各界对物业管理纠纷成因及化解途径的意见,确保调研结果贴近南京市物业管理纠纷的真实状况,具有较强的现实意义。

二、物业管理与物业管理纠纷

(一)物业管理

《物权法》中没有明确物业管理的含义,而是在第81条规定"业主可以自行管理建筑物及其附属设施,也可以委托物业服务企业或者其他管理人管理",表明物业管理有业主自行管理和委托管理之分。国务院颁布的《物业管理条例》第2条规定"本条例所称物业管理,是指业主通过选聘物业服务企业,由业主和物业服务企业按照物业服务合同约定,对房屋及配套的设施设备和相关场地进行维修、养护、管理,维护物业管理区域内的环境卫生和相关秩序的活动",概括了物业管理实务中的主要工作。《江苏省物业管理条例》第2条规定:"本条例所称物业管理,是指业主通过选聘物业服务企业或者业主自行对物业管理区域内的建筑物、构筑物及配套的设施设备和相关场地进行维修、养护、管理,维护环境卫生和相关秩序的活动。"《南京市住宅物业管理条例》第2条规定:"本条例所称住宅物业管理(以下简称"物业管理"),是指住宅区内的业主,通过选聘物业服务企业对物业管理区域内的建筑物、构筑物及配套的设施设备和相关场地进行维修、养护、管理,维护环境卫生和相关秩序的活动。"由此可见,不同层级立法对物业管理的界定存在一定的差异。

理论上可以认为,物业管理有广义、中义和狭义之分(如图1)。广义的物业管理既包括对物业所有人和使用人的管理,又包括对物业本身的管理,其中对人的管理在实践中往往体现为业主自治;中义的物业管理包括业主对其所有或使用的物业进行的自行管理和专业的物业管理企业受业主选聘、委托而对物业进行的专业化管理两个方面,《江苏省物业管理条例》就是采纳了中义上的物业管理的概念;狭义的物业管理则是指专业的物业管理企业受业主选聘、委托而对物业进行的专业化管理,又称为物业服务,《物业管理条例》《南京市住宅物业管理条例》就是采纳了狭义上的物业管理的概念。本文中讨论的物业管理采用广义概念。

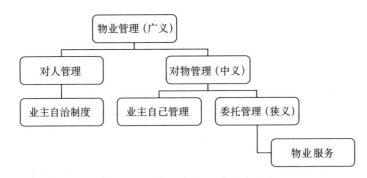

图1 物业管理的广义、中义与狭义

(二)物业管理纠纷

与物业管理的概念相对应,物业管理纠纷也存在广义、中义和狭义之分。本文所称的物业管理纠纷是指在业主自治以及业主自主或委托物业管理企业对房屋及配套设施设备和相关场地进行维修、养护、管理,维护相关区域内的环境卫生和秩序过程中,相关主体因利益冲突而产生的对抗行为。① 因此,本文讨论的物业管理纠

---

① 刘友谊:《物业服务瑕疵及业主救济》,湘潭大学民商法专业硕士学位论文,2011年,第4页。

纷既包括业主自治纠纷,又包括业主自行管理物业产生的纠纷,也包括业主委托物业服务企业管理产生的纠纷,主体范围既涉及业主、业主自治组织、物业企业,也涉及开发商、社会组织等。

三、南京市物业管理纠纷的现状分析

(一)物业管理纠纷现状

1. 南京市12345热线物业类投诉情况

2019年,南京市12345热线共收到市民投诉物业管理问题82 395件。在被投诉的物业管理问题中,有关物业服务和收费问题,小区垃圾、环境、绿化的诉求排名靠前(如表1)。在关于业主委员会的529条投诉中,业主要求成立业主委员会的投诉高达219条,占该类别投诉总数的37%。另有23%的业主要求重新选举业主委员会,19%的业主对业主委员会的委员资格提出了质疑。在对业主委员会履职行为的投诉中,有关选聘物业服务企业的投诉高达44%,认为业主委员会在选聘新物业服务企业的过程中,存在选票未达法定数量、相关委员与物业服务企业勾结、谋取私利等违规现象。32%的业主提出专项维修资金的使用程序复杂导致难以及时维修小区电梯、消防、水管等设施设备;另有24%的业主提出专项维修资金的适用范围不明晰,导致其在实践中难以使用。此外,部分业主还提出专项维修资金在缴纳、监管与保值增值等方面存在问题。

表1 2019年南京市12345热线物业类投诉分类统计表

类别	数量(个)	百分比(%)
物业服务、物业收费问题	33 003	40.6
小区垃圾、环境、绿化问题	19 070	22.5

(续表)

类别	数量（个）	百分比（%）
物业设施使用和维护问题	10 388	12.8
小区停车问题	7 259	8.9
小区出新工程问题	6 798	7.6
小区内路灯、楼道灯维护问题	3 138	3.9
小区内群租房问题	2 210	2.7
业主委员会相关问题	529	0.7
总计	82 395	99.7

2. 物业管理纠纷诉讼情况

近年来,全市法院受理物业管理纠纷案件的数量呈逐年迅速上升趋势。2019年,全市法院共受理各类物业管理纠纷案件12 679件(见表2)。各类物业管理纠纷案件约占全部民事案件总数的17%以上。

表2 2019年南京市各基层法院受理物业管理纠纷案件统计表

单位	2019年(件)	百分比(%)
玄武区	482	3.8
鼓楼区	702	5.53
建邺区	1 840	14.51
秦淮区	752	5.93
栖霞区	1 392	10.98
雨花台区	1 709	13.47
江宁区	2 778	21.91
浦口区	1 272	10.03
六合区	804	6.34
溧水区	750	5.92
高淳区	198	1.56
合计	12 679	99.98

(二) 物业管理纠纷的主要类型

1. 物业服务企业追讨物业费纠纷

目前,物业服务企业为追索物业服务费、公摊水电费、车位管理费与业主或物业使用人发生纠纷的情况呈高发态势,特别体现在诉讼至法院的案件中,该类纠纷案件占案件总数的99%以上。此类纠纷的主要特点为:业主提出物业公司服务存在瑕疵,并以此进行抗辩,拒绝缴纳物业费。常见的抗辩理由包括:(1)物业服务企业在公共设施维修养护、公共卫生方面存在瑕疵;(2)物业服务企业的建筑质量存在问题,物业服务企业未尽维修义务;(3)物业服务企业行使管理责任不到位;(4)物业服务企业未能履行安全保障义务;(5)物业服务企业未公布账目,侵害了业主的知情权;(6)物业服务企业人员滥用、超越其职权,侵犯了业主利益等。

2. 物业移交接管纠纷

实践中,物业服务企业"退出难"问题较为严重。在新的物业服务合同已签订并明确了新的物业服务企业后,部分原物业服务企业因不满小区业主和其解除合同,或以尚有业主欠缴物业费等为由,拒绝撤出小区,具体表现为拒绝撤出物业管理用房、拒绝移交小区物业管理资料、干扰新进驻的物业服务公司提供服务,对业主委员会委员、部分业主进行打击报复等。业主委员会通常多次要求原物业公司撤离,甚至报警处理;有的业委会不得不诉至法院,要求原物业公司撤出小区并履行交接义务。近年来,物业移交环节开始出现引发群体性、暴力性案件的情形,如南京市江宁区托乐嘉小区物业移交事件。[①]

---

① 托乐嘉小区物业移交事件又称"11·5事件",具体情况如下。2016年11月5日,江宁区托乐嘉小区因新老物业移交发生大规模聚集事件。业委会组织了约300人统一服装,携带盾牌、头盔等警用装备冲击苏州爱涛物业办公楼,遭到物业企业几十人的阻止,现场有上千人在小区广场聚集,部分媒体提前进场并进行了实时报道,传播速度极快,境内外媒体纷纷转载,造成极大的社会影响。

3. 业主使用和维护物业纠纷

此类纠纷大致可以分为三类：一是相邻业主之间因建筑物区分使用产生的相邻关系纠纷；二是业主委员会认为业主存在违反法律、法规和管理规约的不当行为，要求纠正由此引起的纠纷；三是物业服务企业认为业主存在妨害物业服务与管理的行为，要求纠正由此引起的纠纷。① 这三类纠纷都是由业主侵害他方合法居住权益的行为导致的，我国《民法总则》《物权法》及相关司法解释分别确认了相关主体的诉权，在侵害事实成立的情况下，此类纠纷的解决依据是比较充分的。

4. 与业主自治管理相关的纠纷

该类纠纷主要由于业主在行使知情权、否决权等与自治管理相关的权益过程中，与业主委员会或物业服务企业发生冲突所致，主要集中在两个方面。一是业主对业主委员会的决议不满，要求行使撤销权的纠纷。业主对业主委员会达成的选聘物业服务企业的决议、选举业主委员会委员的决议、调整物业服务价格的决议、有关小区管理(如停车管理)方案的决议不满时，往往以表决票非业主本人所签、表决事项未按规定提前告知业主、公示时间不符合规定等理由主张决议不合法或认为决议侵害了其合法权益要求撤销。月牙湖花园纠纷为该类纠纷的典型。② 二是业主为行使知情权与物业服务企业、业主委员会产生的纠纷。业主常常要求物业服务企业公示小区共有部分的使用和收益情况、车位车库的处理情况、物业费收支情况，要求业主委员会公布业主委员会账目、业

---

① 刘友谊：《物业服务瑕疵及业主救济》，湘潭大学民商法专业硕士学位论文，2011年，第8页。
② 月牙湖花园纠纷的具体情况为：月牙湖花园业委会于2014年换届，成立了新的业主委员会，并随即选聘了新的物业服务企业，撤换了栖霞物业公司。因选聘程序遭到小区部分业主的异议，栖霞物业公司也不同意按时退出小区，继而引发多起民事诉讼。月牙湖花园业委会起诉要求栖霞物业公司撤出小区，部分业主同时提起了要求撤销月牙湖小区业委会选聘小区物业服务企业的决议，相关物业服务公司、业委会与部分业主矛盾激烈，多次到法院和政府相关部门信访。

主委员会决定及会议记录等。2015年,南京鼓楼区人民法院审理的"孙庆军诉清江花苑小区业主委员会业主知情权纠纷案"①即是该类案件的典型。

5. 业主与物业服务企业有关人身、财产损害的赔偿纠纷

随着业主维权意识的不断增强,业主以物业服务企业未尽相应义务为由,要求物业服务企业对其人身、财产损失承担损害赔偿责任的纠纷逐渐增多,比如小区内车辆遭受损坏、财物失窃、人身伤亡事故等。2014年,南京市江宁区一小区围墙倒塌致业主车辆损坏后,业主将物业服务企业诉至法院,该案件因其责任主体和责任承担的典型性入选最高人民法院公报案例,此案即为这类物业纠纷的典型代表。②

6. 业主委员会与房地产开发企业间有关公共配套设施的权属纠纷

随着业主委员会制度的逐步成熟及业主维权意识的不断增强,业主与开发商之间就建筑区划内会所、幼儿园、停车位、体育设施、人防工程等设施的权属以及相应的占用、使用、收益及处分权利纠纷不断增加。因《物权法》等相关法律对物业小区内的公共配套设施的权属未做出具体明确的规定,很多在《物权法》颁布之前的公共配套设施也没有进行物权登记,由此引发大量纠纷。2016年,南京市江宁区人民法院受理的"南京市江宁区碧水湾西园业主委员会与江苏华宇房地产开发有限公司房屋所有权纠纷案"即为此类案件的代表。③

---

① 具体案情为:业主孙庆军要求清江花苑住宅小区业主委员会公布会议记录和财务账目。南京市鼓楼区人民法院经审查确定了业主知情权的合理范围,对于业主的诉讼予以了部分支持。

② 具体案情为:陈书豪系小区业主,其停放在小区正规车位上的车辆因小区围墙倒塌遭受严重损害。陈书豪认为,虽围墙倒塌是由于围墙外的土堆长期受雨水浸泡挤压所致,但青和物业公司未尽到对车辆的管理责任,应当承担相应责任。故诉至法院要求青和物业公司承担车辆修理费等损失。

③ 主要案情为:碧水湾业委会要求确认小区内会所归全体业主共同所有,南京市江宁区人民法院判决驳回了碧水湾业委会的诉讼请求。

（三）物业管理纠纷的主要特点

1. 物业纠纷面广量大

物业服务业是现代服务业的重要组成部分，有助于提高居住环境和生活质量，涉及千家万户的切身利益。近年来，南京市物业服务行业发展迅速，但在物业管理过程中，矛盾纠纷高发，纠纷牵涉面广，由以前城区多发、高发逐步向郊区扩散，商品房小区尤其是高档小区也逐渐出现大量物业管理纠纷，物业管理纠纷不再仅是低端小区和老破旧小区的特有现象。随着经济社会的发展，人的利益诉求趋于多元，也导致了小区矛盾纠纷的多样化、复杂化。

2. 绝大多数纠纷诉讼标的额小

在法院诉讼的物业管理纠纷案件中，物业服务企业追索物业服务费案件占全部受理案件数量的99%以上。此类案件标的额一般较小，2016年以来，在南京市法院受理的物业管理纠纷案件中，标的额在5 000元以下的约占60%，标的额在5 000—10 000元的约占30%，标的额在10 000元以上的不到10%。目前，各基层人民法院针对案件事实清楚、权利义务关系明确、争议不大、标的额在21 800元以下的物业类案件，主动依职权适用小额诉讼程序实行一审终审，并积极促成调解结案。据统计，南京市法院受理的物业管理纠纷案件调解率达77%，有力地促进了物业管理纠纷的化解。

3. 部分群体性纠纷对抗激烈

绝大多数物业管理纠纷案件虽然标的额较小，但往往涉及多方当事人的利益，尤其是在一些规模较大的小区，物业管理纠纷处理不当极易引发群体性纠纷。以物业公司追索物业费为例，部分小区业主和物业公司之间曾爆发过激烈的矛盾冲突，导致业主欠缴物业费情况严重，物业公司撤场后往往集中向法院起诉请求支付物业费，被诉业主人数常高达数百人。这部分业主因为集中居中的便利条件往往选择联合参加诉讼，造成了较大的群体性纠纷隐患。

4. 个别纠纷存在社会稳定隐患

就近几年物业管理纠纷引发的群体性矛盾来看,部分业主群体为谋取自身利益的最大化甚至为了获取非法利益,煽动不明真相的业主参与集体行动,利用网络社交聚合的便捷性、广泛性、冲动性,使得群体性矛盾事件发酵速度越来越快、关注度越来越高、波及面越来越广,存在一定的社会稳定隐患。比如,部分业主恶意阻挠新旧物业交接,引发封堵小区、围堵马路等事件,抹黑政府监管失职,攻击党和政府;有的业主还恶意炒作涉及物业管理纠纷的司法判决,抹黑执法不力、司法不公。

5. 行政手段缺乏,处理难度大

当前的物业管理纠纷纷繁复杂,往往涉及多方利益,有些纠纷经过长时间的酝酿和激化,使业主和物业服务企业只能借助外界力量来解决纠纷。由于司法途径解决问题的时间久、成本高,业主更倾向于走信访途径向政府部门施压以寻求解决。但由于行政法规的限制,物业管理行政主管部门只能从中进行调解,促成双方谈判协商,无法通过行政强制执行满足弱势方的要求,只能通过开展反复多次的调解和协商,寻求矛盾的解决之道。在物业管理纠纷事件中,业主和物业服务单位之间往往冲突尖锐,很难达成一致意见。特别是当物业管理冲突涉及所在小区全体业主的共通性问题,构成所谓"串案"时,物业公司害怕个案调解中的退让会影响后续其他类似纠纷的解决,损害公司的利益,因此往往不愿作出让步,也给当前的调解工作造成了很大困难。

6. 基层一线是化解纠纷的主力

解决好物业管理纠纷是关系百姓安居乐业和社会稳定的重大问题。物业管理纠纷具有社会性、复杂性、多发性特点,不仅仅是一个简单的行业管理问题。南京市目前已初步形成了多部门合作联动、较为完善的物业管理纠纷多元化解机制,多部门联动,最大限度地将纠纷化解在基层,基层一线人员是化解纠纷的主力军。行政部门在各街道办事处设有物业管理科室,配备专业人员做好辖区内居民小区物业规范管理的组织领导和业主自治活动的指导工作,直接调解辖区内物业疑难纠纷。社区居委会加强对业主大会、业主委员会的指导工作,调解本社区的物业管理纠纷。司法机关、公安机关、人民法院均在最基层设置了调解、处置或审判机构,及时化解物业管理纠纷,力争将纠纷化解在基层一线。

四、南京市物业管理纠纷的成因分析

物业管理纠纷产生的原因可以从不同的角度来进行分析,包括纠纷产生的直接原因、间接原因、表层原因、深层原因、个人原因、社会原因等,这些原因往往错综复杂,基于不同角度的分析,对于物业管理纠纷的处置和预防都具有深刻的意义。本文拟从物业管理纠纷中各参与主体的角度分析纠纷产生的直接原因,并从社会结构、制度机制等角度分析物业管理纠纷产生的深层次原因。

(一)物业管理纠纷各参与主体的关系失调

1. 业主方面的原因

(1)业主的契约意识、付费意识有待提高。目前,部分小区存在的物业费收取困难的问题与业主的契约意识、付费意识有直接的关联。《物业管理条例》明确规定,业主委员会与物业服务企业签订的《物业服务合同》对全体业主具有约束力。但实践中,有部分业主,特别是老旧小区的业主没有"花钱买服务"的意识,认为小区保洁、安保等是政府部门的职责,业主无须缴纳物业费。这种意识的欠缺与我国住房市场化改革密切相关:住房市场化改革之前,物业管理服务主要由房屋所有权单位或者房管部门组建的房管所提供,职工或居民无须付费或只要少量付费;住房市场化改革之后,不少业主在意识上未能及时转变,没有意识到物业管理服务的商业性质,从而导致了大量的欠缴物业费纠纷。此外,部分业主还存在"只要物业公司的服务存在瑕疵,业主就可以拒交物业费"的观念,混淆了物业服务的公共性和业主缴费的个人性之间的关系,没有意识到业主拒交物业费可能导致物业公司不得不减少服务项目,降低服务标准,造成恶性循环。

(2) 业主的自治意识弱、自治活动参与度低。虽然《物权法》《物业管理条例》均赋予了广大业主对小区的自治管理权利,但实践中,不少业主对公共事务不热心,参与自治管理的自觉性和主动性程度较低,突出表现在对《物权法》《物业管理条例》及地方性物业管理条例的了解程度较低,有的业主从未参与过业主大会的投票,不清楚小区是否存在"业主公约""业主大会议事规则"等规范性文本。① 业主自治管理意识不强,深层次的原因有:一是业主从个人利益的角度出发,存在"搭便车"的心理,希望免费获得小区公共治理的成果;二是有的业主闲暇时间较少,关注自治管理的时间有限;三是实践中还有很多业主将房屋出租或空置,几乎不会关心和关注业主自治;四是新开发小区业主之间交流沟通的频度比较低,彼此之间的熟悉、信任程度比较差,业主自治的客观基础较差;五是业主对公权力的依赖性较强,在社会生活中遭遇各种实际困难时都希望政府予以解决,而政府长期以来大包大揽,未能有效地发挥对公民自治的导向作用,导致公民自治精神缺乏、自治能力疲软。

(3) 部分业主公益心缺失,过分追求私利。调查显示,不少住宅小区存在业主侵害他人合法权益的现象。损毁绿地,违法搭建建筑物、构筑物,住改商,改变房屋承重结构,占用房屋共有部分等

---

① 夏永全:《〈物权法〉视角下的业主大会与业主委员会——以法的可诉性为中心》,《北方法学》2007年第5期。

行为时有发生、屡禁不止,成为住宅小区物业管理的一大难点。以停车难问题为例,部分业主将车库改为出租房而额外占用车位,影响其他业主使用公共区域,却反过来指责物业服务企业服务质量差和业主委员会不负责任。究其原因:一是部分业主缺乏相关法律知识,仅从利己的角度思考问题,并未意识到自己的行为侵犯了其他业主的利益;二是部分业主缺乏公益心,在私人利益和公共利益的权衡过程中,放大自身的利益诉求,不惜损害公共利益来实现个人利益,甚至因为相似的利益导向形成不同的利益团体,造成业主大会的决策和实施困难。

2. 物业服务企业方面的原因

(1) 物业服务企业缺乏法律和服务意识。物业服务企业属于第三产业的服务型行业,业主与物业服务企业之间是平等民事主体的委托人和受托人的关系。目前,大多数物业服务企业的工作方法和理念不能适应房地产市场的发展形势,缺乏法律意识和服务理念,没有摆正服务者的心态,突出的表现有如下几个方面。一是合同不完善。如物业服务合同到期后,物业服务企业无视法律赋予业主的解聘物业服务企业的权利,不与房地产开发企业或者业主委员会续签合同,而仍提供物业服务,与业主形成事实的物业服务关系。二是随意改变物业管理标准和物业费收费标准。调查中,小区业主对物业服务企业满意度不高的最主要原因是物业服务"质价不符"。部分物业服务企业随意减少服务人员、降低服务标准,甚至存在违规增设收费项目、提高收费标准、延长收费期限、不按规定价格收费的行为。三是任意侵占属于全体业主所有的公共收益。《物权法》明确规定业主对物业共有部分享有权利,未经业主的合法授权,物业服务企业不得擅自处分业主的共有部分,不得擅自利用业主共有部分开展经营活动并获取收益。[1] 四是阻挠

---

[1] 任超:《区分所有建筑物共有部分的界定》,《河北法学》2016年第5期。

业主大会成立。一些物业服务企业为了防止被撤换,不配合业主大会的成立,如拒绝提供与物业管理有关的资料等,使得业主难以有效地组织起来。

(2) 物业服务企业服务能力和水平有待提升。一是物业服务行业整体发展尚处于初级阶段。物业服务行业属于劳动密集型产业,进入门槛较低,企业数量庞大,但绝大多数企业规模小、专业化程度低,人员素质不高。随着物价及用工成本的不断提高,不少物业服务企业的营利空间被进一步压缩,维持自身运营较为困难,更难以提供优质的物业管理服务。二是物业服务的价格机制还未能有效建立。实践中,物业服务价格调整难度较大。业主委员会要调整价格必须经过业主大会同意,而业主大会的表决程序复杂、协商成本高昂,物业服务费用调节较难。① 近十年来,各类要素价格不断上涨,各地最低工资标准均以每年10%的幅度提高,但绝大多数小区的物业服务收费标准并未上调,严重挤压了物业服务企业的利润空间,甚至出现收费标准低于服务成本的倒挂现象,物业服务企业不得不降低服务质量和增加物业管理费用以外的收入,因此引发了大量物业管理纠纷。三是物业服务企业优胜劣汰的市场竞争机制尚未完全形成。

3. 业主委员会方面的原因

(1) 业主大会组织成本较高,存在决策困局。业主大会因组织成本较高,在实际运行过程中存在着成立难、决策难的问题。业主大会的组织需要耗费较高的时间成本和物质成本,如选择开会地点、印制书面通知单、制作表决票、业主间交往成本、讨价还价等。鉴于我国土地的稀缺性和解决居民住房需求的压力,南京市城市住宅小区多以高密度的多层和高层住宅为主,给业主大会的组织活动带来了巨大的挑战。随着业主数量的增加,集体行动的

---

① 陈华彬:《业主大会法律制度探微》,《法学》2011年第3期。

难度随之增加,协商人数和次数呈几何级增长,"双过半"要求的人数也会增加,必然会增加业主大会的组织成本。建设规划部门在划定物业管理区域的时候,主要考虑土地利用情况、配套设施情况及小区开发建设情况,较少考虑物业自治管理的难度问题,导致小区规模普遍较大,这也为业主有效自治带来了一定的困难。

(2) 部分业主委员会及委员法律意识、程序意识薄弱。部分业主委员会及委员未能清醒地认识到自身权力的本源和边界,超越法律、法规限定的职权范围或者不依法律程序乱作为的情形屡见不鲜。起初,业主委员会及委员可能具有一定的奉献精神,会为了业主的利益行使权力,但是,长期拥有和运用权力使其心理逐渐发生变化,滋生了贪污和挪用小区公共资金的腐败行为,也给物业服务企业向业委会委员寻租提供了机会。同理,由于上述巨大利益的存在,特别是在高效运作的情况下,会使业委会形成集权而排斥其他大众参与进而形成寡头管理,容易引发业主内部的纷争与矛盾。同时,个人欲望较强的业主精英因利益的存在也伺机争夺领导权从而造成派系斗争,引起业委会与业主之间的矛盾,危及业主自治制度,进而妨碍基层治理和社区的民主化进程。

(3) 业委会自治管理能力不足。一方面,从客观物质条件来讲,业委会没有固定的财产和收入,业委会委员多是出于"公益心"兼职办公,缺乏足够的物质和制度激励,业委会运作的成效主要依赖于业委会委员的个人热情,具有极大的不稳定性。业委会委员基于自身原因辞职等造成业委会组成达不到法定人数要求的情况较为普遍。某些业委会处于虚设状态,业委会的运行更多是因事或内部约定才会启动,平时多数处于休眠状态。另一方面,业委会组成人员年龄结构整体偏大,虽然具有维权的热情,但往往欠缺必要的专业知识和能力。业委会的工作包括监督物业公司的管理服务、负责各种经费管理、备案等事务,涉及房屋产权、物业管理、城市规划、环境卫生等相关政策法规以及房屋维修、公用设备保养乃至会计等专业知识,需要较强的专业能力,对参与者的知识储备和管理能力提出了越来越高的要求。

4. 房地产开发企业方面的原因

(1) 房地产开发企业开发建设中存在的问题易引发物业管理纠纷。业主与房地产开发企业之间常见的纠纷类型主要有:1)虚假广告、利用信息不对称的优势签订霸王合同;2)不按时交房、拖延办理产权证;3)交付房屋面积不符,交付的房屋存在质量问题;4)配套设施不完善,擅自变更规划。上述问题虽涉及房地产开发企业与业主之间的关系,但实践中,房地产开发企业常常委托前期物业服务企业办理交接手续及后期维修事宜,故房地产开发中遗留的问题很大一部分演变为物业服务企业负责处理的问题。虽然物业服务企业在服务中也强调其和房地产开发企业是两个不同的主体,其受房地产开发企业委托处理某些开发商遗留问题,但因为业主的法律意识不强,往往将房地产开发企业和物业服务企业混为一谈,将未能解决开发商遗留问题归结为物业服务企业的服务不到位,进而引发物业管理纠纷。

(2) 房地产开发企业利用和物业服务企业的关联关系推卸责任。在物业服务企业中,大多数隶属于房地产开发母公司。大多数前期物业服务企业与开发建设单位存在利益相关关系。这一现象存在两面性。一方面,此类物业服务企业以服务于集团公司的地产业务为中心,为了提升其房地产开发项目的价值和品牌影响力,地产集团公司对其关联的物业服务企业进行了大量的投入,相应的物业服务企业的物业服务质量较高。万科物业、保利物业均属于此类典型代表。另一方面,房地产开发企业和物业服务企业"建管不分",房地产开发企业将其开发导致的遗留问题(如建筑质量问题、配套设施不完备等)推给物业服务企业,人为地造成了业主与物业服务企业之间的矛盾和对立。

(3) 房地产开发企业怠于承担前期物业管理阶段应承担的责

任。结合《物业管理条例》看,房地产开发企业在前期物业管理中应当承担的责任主要有:一是配套物业设施建设责任;二是制定和明示物业临时管理规约责任;三是选聘物业服务企业责任;四是物业保修责任。在前期物业管理阶段,房地产开发企业兼具物业建设者和未出售房屋过渡业主的双重身份,掌握前期物业管理服务的主动权和控制权,理应履行相应的义务和责任。但实践中,房地产开发企业往往怠于承担相关责任,导致后续物业管理纠纷的产生。

(二)社会结构约束和管理制度不健全

1. 南京市的城市发展状况导致"城市病"问题较为严重

南京市作为江苏省的省会和长三角地区的中心城市,经济较为发达,对周边城市的辐射力强,常住人口数量近千万,由此造成土地资源的紧张。开发商开发建设的住宅对土地的利用力度不断加大,新兴住宅小区多为高层建筑,且更加密集。随着业主居住密度的增大,相邻住户间基于采光、噪声、排水、通风等问题产生的矛盾日益复杂,小区内如停车位、电梯使用等公共资源日趋紧张,因此引发的矛盾纠纷增多。对于物业服务企业而言,小区的管理难度增加,而业主对物业服务企业的需求和期望更高,供求处于失衡状态,易引发冲突。同时,外来人口较多导致的群租问题相对突出,某些小区较高的房屋出租比例也导致业主本身对小区自治缺少关心。南京市基于历史原因和政策原因,形成了老旧小区、新兴商品房小区和保障房小区等多种不同的居住业态,不同居住业态的混杂导致南京市物业管理纠纷更加复杂。此外,南京的教育、文化较为发达,高校数量居全国前列,舆论媒体多元,业主的维权意识和社会活动能力超前,业主维权是推动物业管理发展的动力来源,在此进程中,物业管理纠纷的数量势必大量增加。

2. 物业服务行业矛盾累积导致问题易发多发

物业服务具有无形性、服务内容多样性、服务对象众多等特性。物业服务的无形性是指,物业服务具有区别于有形的消费品的特性,服务不能凭肉眼直观其存在。物业服务内容的多样性是指,物业服务非单一性服务,而是综合性服务。既包括对物的管理,如对房屋建筑共用部位、共用设施、设备、共用绿地、场所等的维修、养护、运行和管理;也包括对人的管理,如对人员流动的控制以及对业主行为的约束。同时,物业服务企业在按照约定履行物业服务合同义务之外,还承担协助行政管理部门进行管理的责任。正因为物业服务具有无形性、服务内容多样性、服务对象众多等特性,物业服务质量评判较为困难,且目前物业服务质量缺乏权威的评判标准,相关的纠纷难以有效化解。

3. 前期物业招投标与后续监管制度缺失

《物业管理条例》和《江苏省物业管理条例》规定,住宅物业的建设单位应当通过招投标的方式选聘具有相应资质的物业服务企业。南京市也出台了诸多前期物业管理招投标细则,规范前期物业管理招投标市场,推动物业管理的市场化发展。但因为缺乏前期物业招投标制度和后续监管制度,招投标程序往往流于形式,投标承诺因无相应罚则的制约而如同空文。部分企业为成功竞标,盲目降低价格,忽略质价相符的基本原则,恶意竞争,其投标价格低于合法的经营成本,实际操作中又往往选择缩减住宅小区物业服务人员和服务频次、侵占小区公共收益,引发诸多物业服务纠纷。标后监管制度的缺失体现在两个方面:一方面,在于法律法规的空白,缺乏相应的法律支撑;另一方面,在于物业服务企业的失信,在无强有力的事后监管制度下,物业服务企业缺乏履约动力,难以履行投标承诺,不能守信经营。

（三）物业管理的法规体系尚不完善

物业管理法规体系由法律、行政法规、国务院部门规章、地方性法规和政府规范性文件组成。法律层面主要是2007年的《物权法》对业主的权利与义务、建筑区划内的场所归属、业主委员会和业主大会以及建筑物及其附属设施的维修资金等做出的规定。其余如《特种设备安全法》《城乡规划法》等也对小区规划、违章搭建惩罚措施以及电梯管理等做出了规定。① 行政法规主要包括2003年由国务院颁布的《物业管理条例》，该条例专门对小区物业管理涉及的各个方面，包括业主及业主大会、前期物业管理、物业管理服务、物业的使用和维护、法律责任做出了规定。国务院部门规章主要包括《物业管理企业资质管理办法》《业主大会和业主委员会指导规则》《前期物业管理招标投标管理暂行办法》《物业服务收费管理办法》《物业承接查验办法》《住宅专项维修资金管理办法》《物业服务定价成本监审办法》，上述部门规章从物业服务企业资质管理、招投标管理、收费管理、定价管理以及业主大会和业主委员会运行规则等方面进一步细化了《物业管理条例》的规定。对南京市而言，有关物业管理的地方性法规包括《江苏省物业管理条例》和《南京市住宅物业管理条例》。目前，南京市已经形成以《南京市住宅物业管理条例》为核心的"1+21"物业管理地方法规体系，其中的21个配套文件涉及行业监管、业主自治、资金监管、行业标准等多个领域。近年来，有关物业管理的法律和法规体系日趋成熟，但总体来说，物业管理法律法规体系仍有改善空间，主要表现在如下几个方面。

1. 公共设施的权属问题规定较模糊

我国现行关于建筑物区分所有权制度的法律主要是《中华人

---

① 董茂云、丁浩、宋永华：《行政法在实施〈物权法〉中的功能与定位研究》，上海市行政法制研究所：《2010年政府法制研究》，2010年。

民共和国物权法》及《最高人民法院关于审理建筑物区分所有权纠纷案件具体应用法律若干问题的解释》(简称《司法解释》)。其中,《物权法》第 73 条、第 74 条,《司法解释》第 3 条对建筑区划内的土地、道路、绿地、公用设施和物业服务用房等是否属于建筑物共有部分做了明确界定,但法律法规就会所、幼儿园、停车场等是否属于公共配套设施及其所有权判断标准等相关规定仍显模糊,造成司法实践中此类案件的处理难度较大。① 对于实践中的一些新兴权利类型的规定不够清晰,比如城市地下车位车库、立体停车库的法律属性及权属规则。权利界限不清晰的地方往往容易发生权利冲突,而业主基于对产权的敏感性,对于小区公共设施和场地的权属问题非常关心。近年来,业主委员会和房地产开发企业之间有关公共配套设施的权属纠纷不断涌现,亟待相应法律、法规做出更加明确和翔实的规定。

2. 业主自治组织的法律地位不明确

《物业管理条例》确立的业主自治组织包括业主大会和业主委员会,并首次规定了业主大会及业主委员会的具体运行规则,大大提高了业主组织产生、运行的规范性和可操作性。② 但《物业管理条例》没有明确业主大会的主体身份和业主委员会的民事主体资格,也未进行相关的制度设计。业主大会由于缺乏有效的身份证明(没有登记机关,也没有印章制度)和有效的财务制度(不能直接开具发票),无法与物业公司等外部主体建立对等的法律关系,导致其长期处于实际行为能力欠缺的尴尬境地。基于同样的原因,业主委员会以业主大会的名义提起诉讼,即使有业主联名签名,也往往不被认同。实践中,南京市法院在案件审理中一般认可业主委员会的诉讼主体资格,但同时认为业主委员会提起诉讼必须经

---

① 任超:《区分所有建筑物共有部分的界定》,《河北法学》2016 年第 5 期。
② 陈广华:《论建筑物区分所有权》,《南京工业大学学报》(社会科学版)2004 年第 3 期。

过业主大会的授权。但这仅仅解决了谁可以参加诉讼的问题,仍然没有明确诉讼的法律后果应当由谁来承担的问题,特别是业主委员会是否可以作为诉讼中的被告,法院判决业主委员会承担责任应如何执行的问题。

3. 业主委员会等自治组织缺乏有效激励

根据《物业管理条例》第16条、《业主大会和业主委员会指导规则》第31条的规定,业委会委员应当热心于公益事业、责任心强、公正廉洁。部分地方也明确规定业委会不得领取报酬或要求委员书面承诺保证任期内积极为业主服务,公正廉洁,勤勉尽责,不随意辞职。由此可见,相关法律法规的价值假定是业委会委员都是具有奉献精神且廉洁自律的"利他主义"者,违背了理性人的客观实际。业委会委员既缺乏有效的激励,又没有明确的个人责任规定,其履职行为长期处于失管状态,极易滋生腐败等问题。此外,当前制度下业主对业委会和业委会委员的监督难度也很大。根据《业主大会和业主委员会指导规则》第44条和《物业管理条例》第11条、第12条的规定,需要20%业主提议,并经过"双过半"参与并形成制度决议才能顺利罢免业委会委员或物业服务企业,这在当前小区业主人数众多的背景下成本极高,且难以保证实际效果。[①]

4. 物业服务质量缺乏权威的评判标准

根据《物业管理条例》第35条的规定,物业服务合同应当对物业服务质量进行约定。可见物业服务合同中可以明确物业服务质量标准,如将业主满意度达到一定的比例作为相应物业服务收费标准的依据。但实践中,物业服务合同中对此加以明确的较少,即使有相应条款,也较为笼统,难以起到评估物业服务质量的作用。某些地区以地方性规范或标准的形式制定了物业服务的质量标

---

① 陈华彬:《业主大会法律制度探微》,《法学》2011年第3期。

准。如北京市 2010 年编制了《住宅物业服务标准》，南京市制定了《南京市普通住宅物业服务等级和收费标准》，设立了五级三类服务标准，每一级别和类别的服务对应一个收费标准。但上述地方性法规或标准的层级不高，强制力不够，在国家立法层面尚缺乏权威的服务质量规范或标准。从内容来看，也只是对容易判断标准的部分做出了规定，对于难以定量判断的部分，只是用"合理""适当"等极其抽象的概念加以界定。由此造成法院难以衡量物业服务质量是否达标，当业主以物业服务企业服务存在瑕疵请求法院减少物业费时，法院评判是否可以酌减、酌减的幅度、服务严重瑕疵的标准存在不一致的情况，易使业主和物业服务企业产生困惑。

（四）行政监管措施和力度有待加强

1. 行政监管手段有限

从政府监管角度来讲，现有的对物业服务质量的政府监督机制主要通过资质管理来实现，通过行政规章设置行业门槛以保障物业服务质量，具体内容包括企业资质管理和人员从业资格管理两方面。2007 年 10 月 30 日建设部修订的《物业服务企业资质管理办法》以物业服务企业的规模为标准，将物业服务企业资质等级分为三级，三级企业的注册资本要求逐级递减，人员构成要求也相对宽松。2017 年 1 月 12 日，国务院公布了第三批取消中央指定地方实施的行政许可事项目录，取消了物业服务企业二级及二级以下资质认定。审批取消后将建立怎样的物业服务监管制度尚不得而知。从行业监管的角度来说，虽然各地都相继成立了物业管理协会，但是在实践中，物业管理协会的主要职能更多地集中于行业指导和行业协调，着重解决有关行业发展前景问题和调解行业内部矛盾，行业规约涉及的监督内容十分有限。

2. 行政监管力量不足

当前，大部分区、街道、社区在物业管理工作方面表现出四个不足。一是重视不足。认为物业管理只是简单的行业管理,没有站在加强社区治理、完善基层治理体系的高度来看待这一问题。二是能力不足。部分区、街道、社区工作人员在面对物业管理纠纷时,存在业务不精、情况不熟、措施不力的问题。尤其涉及群体性矛盾时,综合调处手段不足,无法及时有效地将可能影响社会稳定的不利因素化解在萌芽状态。对政府如何发挥监督管理职能,基层行政组织工作上也缺乏明确的指导思想,具体到介入处理实际事务时,对介入多大范围、深浅程度,以及如何把握指导与领导、参与与包办、监管与压制的分寸并不清晰。三是投入不足。不少区、街道站在行业管理的角度开展物业管理工作,各项资源的配置均不到位。四是人员不足。在主城各区区级物业管理部门大部分只配置2名左右专职人员,街道办事处基本为1人,有的还是兼职。除浦口、栖霞等少数区外,大部分区对于物业管理工作基本没有建立系统的奖补保障制度。

3. 事后监管效果不佳

物业服务包含大量政府应提供的公共服务内容,如秩序维护、消防安全、供水供电供暖以及车辆管理等。这一方面部分免除了政府应该提供的公共服务,另一方面也为政府执法制造了障碍。以业主私搭乱建现象为例,如果无法做到"早发现、早制止",极易出现群体效应,进而使得小区秩序失去控制。为解决这个问题,行政执法中普遍采用"联合执法、集中治理"的方式加以整顿,由地方政府组成临时治理小组,组织包括城市管理、国土、建设和规划、公安乃至供电供水等部门在一定期限内对特定领域的私搭乱建行为进行集中整治。这可能会在短时期内取得明显的效果,但无法保持这项工作的长期性,一旦治理活动结束,私搭乱建现象又会重新抬头。就行政调解的效果而言,由于缺乏法律法规的强制性规定作为依托,各种调解机制之间出现断层现象,缺乏联系和互补,加之立案登记制的建立,维权意识的强化,调解专业化、规范化水平不足等综合因素的影响,部分当事人的调解意愿不高,对调解程序的信任度不强,认为调解人员水平不足,调解协议反悔率高、执行率低,因此,重诉讼轻调解问题仍较为普遍,纠纷各方常常选择跳过调解程序,直接诉至法院,导致许多本可提前达成和解的物业管理纠纷集中至法院。

五、物业管理纠纷治理的对策建议

当前我国社会结构的一个重要变化,就是社会生活组织从"单位化"到"社区化"的转变。城乡社区是社会治理的基本单元。城乡社区治理事关党和国家大政方针的贯彻落实,事关居民群众切身利益,事关城乡基层和谐稳定。确保人民安居乐业,需要夯实城乡社区建设这个基础。物业管理作为社区管理的重要一环,直接涉及人民群众的基本利益,直接影响基层社区的和谐和稳定。因此,极有必要对南京市现有的物业管理纠纷的预防措施予以进一步完善。

中共十九大报告提出,要打造共建共治共享的社会治理格局。加强社会治理制度建设,完善党委领导、政府负责、社会协同、公众参与、法治保障的社会治理体制,提高社会治理社会化、法治化、智能化、专业化水平。2017 年 9 月 19 日,习近平总书记在会见全国社会治安综合治理表彰大会代表时强调:"要着力推进社会治理系统化、科学化、智能化、法治化,深化对社会运行规律和治理规律的认识,善于运用先进的理念、科学的态度、专业的方法、精细的标准提升社会治理效能,增强社会治理的整体性和协同性,提高预测预警预防各类风险能力,增强社会治理的预见性、精准性、高效性,同时要树立法治思维、发挥德治作用,更好地引领和规范社会生活,努力实现法安天下、德润人心。"①因此,解决物业管理纠纷问题、构建物业管理纠纷的预防体系,需要以中共十九大精神为指引,站在新起点进行谋划。

(一)健全完善多元化解机制,推进物业管理纠纷的柔性处置

1. 充分发挥调解作用,推动非讼程序前置

充分发挥调解手段有利于当事人关系维系以及法、理、情三者有机融合的优势,不断加大行业调解、行政调解、人民调解、司法调解等调解工作力度。实现四种调解方式相互协调、互为补充,实现调解在化解物业管理纠纷方面作用的最大化、最优化,特别要重视行政调解的作用。

实践证明,政府职能部门及时介入物业管理纠纷的处理,对控制事态的发展和有效解决纠纷具有积极而重要的作用。尤其是在业主自治和行业自治刚刚起步,尚不足以独立承担物业小区的基本治理功能的背景下,行政处理的作用尤为重要。在某些突发性物业管理纠纷发生时,政府需要启动事先制定的预案,采取综合性的处理措施,包括:控制事态;调查原因;接管或监管物业服务工作;组织监督业主组织的活动;督促监督选举业主委员会或业主代表;监督物业公司交接;对违法当事人进行行政处罚;监督各方协商谈判;主持或参与调解;审查调解协议内容;监督各方履行约定;建立相关制度;实行部分行政强制措施。

在面临复杂的物业管理纠纷时,行政处理往往不能仅依靠一个单位,有时需要多个行政主体相互配合,共同解决,如房地产主管部门、派出所、司法所、综治办、街道办事处、居委会等,并与民间

---

① 《习近平会见全国社会治安综合治理表彰大会代表》(2017年9月19日),中国政府网,http://www.gov.cn/xinwen/2017-09/19/content_5226189.htm,最后浏览日期:2021年6月9日。

机制和司法程序相互衔接。建议借鉴公安部门"公调对接"的形式,构建行政调解、人民调解、司法调解等衔接机制。在信息化条件下,物业管理部门还可以借鉴医院网上挂号的形式,抓住网络调解比现实调解更方便、提速、缓冲的特点,不断创新调解模式,探索建立预约调解、专家会诊调解、上门调解及特约调解员、首席调解员等制度。

2. 建立区街调处中心,搭建沟通对话平台

区、街道两级社会矛盾纠纷调处中心是行业调解、行政调解、人民调解和司法调解相互衔接配合的中枢,是大调解职能的具体承担者。要进一步明确调处中心的职权,使其切实承担起矛盾纠纷接待受理、分流指派、协调调度、督办指导以及重大矛盾纠纷直接调处的职能,将调处中心打造成融社情民意分析研判、矛盾纠纷排查调处、大调解工作协调管理于一体的一线实战单位。物业管理行政部门要加大对物业管理活动的行业监管工作力度,排查收集矛盾纠纷动态后要及时向社会矛盾纠纷调处服务中心(以下简称"中心")报送,由中心按照矛盾纠纷多元化解机制的要求,确定较为适合的纠纷解决方式和责任主体,下发后归口处理。责任主体依据相关要求和规定,在一定时限内处理完毕,并将结果及时反馈给中心。要注重沟通对话平台的构建,确保相关利益主体有利益表达和意见反映的通道,便于协调矛盾、处理问题、宣泄消极情绪,变"堵"为"疏",有效应对群体从众行为,把矛盾消解在萌芽状态。建议以互联网为载体,建立一个覆盖各方的网络社区虚拟平台,全面收集业主监督、举报、投诉、建议,对业主反映的问题建立相应的流转处置机制,并及时反馈有关工作和处置结果。

《南京市住宅物业管理条例》第69条规定了联席会议制度。在实践中,可遵循如下具体路径:建立由综治部门牵头,由物业管理行政主管部门、司法行政部门、公安机关、人民法院参加的联席会议制度,定期、分层次地召开由各相关部门、业主委员会代表、物

业服务企业代表参加的联席会议,旨在对本辖区的物业管理纠纷情况进行动态排查,着力解决物业管理与服务过程中发生的重大纠纷,并有针对性地组织开展物业管理纠纷预防和调解工作。

(二) 不断提升物业管理的法治化水平

1. 健全完善政策法规和配套措施

目前,物业管理法律制度尚不能满足社会需求。物业管理纠纷的复杂性特征要求相关部门针对不断变化的情况适时地出台相关规定,具体可以以如下三个方面作为突破口。

(1)《南京市住宅物业管理条例》主要适用于住宅物业管理,而除住宅区外,写字楼、工业区、学校、医院、商场、车站、码头、运动场馆等各类建筑物都存在物业管理实践活动。这些场所的物业管理需要专门性的物业管理法规、规章来进行规范。

(2) 要明确业主大会、业主委员会的主体地位。业主自治组织(业主大会及业主委员会)的法律地位问题涉及其法律后果的归属及法律责任的承担。业主自治组织的法律地位问题是解决业主委员会及其委员法律责任空白的关键。在我国现有的法律框架下,业主大会、业主委员会的主体资格问题在相关法律法规中并未得以明确,使得业主大会、业主委员会在代表业主维护其合法权益时处于不利的地位,严重制约业主大会、业主委员会保护业主权益这一功能的发挥,也使得业主追究相应主体的责任存在法律上的困境。建议法律法规和政策制定部门从实体法和程序法两个层面,明确业主大会及业主委员会的主体性质及诉讼地位,明晰其能够参诉应诉的范围和其所拥有的诉讼权利,以及在行使相应权利过程中的边界和限制问题。①

---

① 陈广华:《业主团体诉讼主体地位研究——兼评〈建筑物区分所有权司法解释〉第 10 条》,《海南大学学报》(人文社会科学版)2010 年第 5 期。

(3) 明确业主委员会及委员的权利义务。建议进一步制定相应的规范,规范业主委员会在物业管理中的活动,进一步完善业主委员会印章管理、财务管理、档案管理等制度,以此有效地制约业主委员会的权利。特别是,对业委会委员及委员违反职责、损害全体业主利益的行为规定惩戒条款,建立权责相符的规范体系。

2. 强化执法力度,规范各方利益主体

提升物业管理的法治化水平,除了完善法律法规之外,还要在依法执行方面取得进展。

(1) 加强配套规范性文件的执行力度。目前,南京市在物业管理纠纷方面已经有21个规范性文件,但这些创设制度还处于起步阶段,需要通过一定的时间才能真正发挥其作用,如第三方评估尚处于市场培育阶段,物业保修金尚处于收缴阶段,没有一例进入使用。因此,加强对配套规范文件的执行力度是下一个阶段的工作重点。

(2) 加强对物业服务企业的监督。[①] 政府要进一步严格物业小区竣工验收程序,加大对开发商选聘前期物业服务企业情况、履行保修义务情况的监督力度,在源头把关,避免因缺少规划、土地、建设、房产登记等手续,导致项目实际建设情况与设计工程规划许可证情况不符,房屋质量问题等种种"历史遗留问题"引发业主与物业企业之间的矛盾与纠纷,要明确政策上的高压红线,加大惩处力度,对管理水平低、收费不规范、业主投诉多的物业服务企业要加强整顿力度,严格贯彻市场出清机制。要切实监督上黑榜的物业服务企业按照规定退出物业服务。要全面推进物业管理活动监督检查工作的常态化、日常化,强化对前期物业服务企

---

① 程宝库、唐香川、孙佳颖:《从物业服务合同的特殊性谈物业服务质量监督管理机制的完善》,《理论与现代化》2011年第2期。

业选聘的监管、前期物业服务合同内容的审查,对后期物业管理活动进行全程监督指导,加大对物业管理违规违法行为,特别是物业服务企业违规撤出、拒不撤出等行为的处罚力度,保证小区物业服务顺利衔接。广泛开展信用征集,督导各区、局根据条例关于失信行为的规定,建立健全物业行业信用征集、评价和公布机制。优化提升物业管理行业红黑榜制度,切实发挥物业协会的行业自律功能。

3. 全面深入地进行法治宣传教育

(1) 继续加强对《南京市住宅物业管理条例》的宣传力度。由于实施时间较短,虽然条例在政府部门、物业管理从业人员以及部分业委会成员中得到了普及,但许多市民对相关制度特别是配套文件还了解不多,需要不断加大法治宣传力度。要增强广大业主和物业服务企业的契约意识、法治意识,引导业主、居民个人理性维权。要鼓励业主珍视法律、行政法规赋予业主的自治管理权利,增强自治意识,以"主人翁"的姿态积极参与业主大会,行使民主权利,积极发挥业主对业主委员会的监督作用。[①]

(2) 优化宣传手段。进一步强化实践中普遍反映较好的审务进社区、审务进小区等普法宣传手段,增加宣传频次,确保宣传效果。进一步利用微信公众号、小区或社区微信群、微博等新媒体增强物业管理相关法律法规的宣传及典型案例的宣传。建立物业管理纠纷案例库,定期发布物业管理纠纷典型案例。

(3) 树立正确的舆论导向。既要宣传报道物业管理纠纷的发生时间和突出矛盾,也要集中力量宣传服务效果好、自治水平高、小区秩序井然等正面典型,推广先进经验。

(4) 拓展宣传主体。街道、社区、公安、法院在各自工作范围

[①] 董茂云、丁浩、宋永华:《行政法在实施〈物权法〉中的功能与定位研究》,上海市行政法制研究所:《2010 年政府法制研究》,2010 年。

内加强对物业管理法律法规的宣传。行业协会通过开展各类宣传、培训活动,提高会员企业的自律意识。

(三)不断提升物业管理的专业化水平

江苏省人民政府办公厅于 2017 年 8 月下发了《省政府办公厅关于提升社区物业服务水平促进现代物业服务业发展的指导意见》(苏政办发〔2017〕117 号,以下简称省"117 号文"),该文再次强调了全面提升物业服务管理的重要意义,提出要通过强化法治建设和行业监管,推动物业服务专业化、标准化、优质化。

一是尽快调整物业服务收费的政府指导价格标准。十几年前制定的物业收费政府指导价标准确实不能适应现实发展的需要。物业收费水平如果不提高,物业服务水平也难以提高。要加强和物价部门的沟通,推动修改和完善物业服务的收费价格。要积极推广住宅物业管理行业标准,推动住宅物业"菜单式服务、等级化收费",并建立企业经营成本与政府指导价格的联动机制,引导企业健全服务体制、创新服务内容、提升服务品质。

二是切实将物业服务纳入现代服务业的发展规划,尽快落实各项优惠政策,减轻企业的经营负担。

三是区别不同情况分类施策。鼓励有条件的开发商自办品牌服务企业带动物业行业发展,老旧小区、保障房小区由政府托底过渡或者采取以奖代补的形式推进基本物业管理全覆盖。

四是强化优胜劣汰的市场调节机制。重点扶持综合实力强、服务质量好、市场信誉高的企业,鼓励物业服务企业开办增值业务,拓展经营渠道,实现服务转型升级。

(四)不断提升物业管理的社会化水平

1. 积极推进小区业主依法自治

真正由广大业主选出的业委会不但能够协调化解业主之间的

矛盾,还能够规范小区内公共收益的征收和使用,合理经营和维护小区内的公共物业,提升小区的物业管理水平。

(1) 积极探索业主自治组织快速产生机制。针对不少小区存在的业主大会、业主委员会难以有效成立的问题,可以利用现代科技,积极探索业主委员会快速产生机制。《南京市住宅物业管理条例》规定,业主大会会议、业主小组议事表决可以采用纸质或者手机信息、电子邮件等方式实名投票。市物业管理行政主管部门进一步建设及维护业主决策电子投票系统,建议引入业主大会微信投票系统,以有效推动各物业管理区域业主大会会议召开和业主委员会选举工作,鼓励和方便业主参与投票表决,及时快速地产生业主委员会。行政主管部门、街道办事处进一步加强对业主大会筹备、业主委员会选举、物业服务企业选聘等业主自治活动的指导和协助,通过规范业主大会、业主委员会的行为促进业主民主协商、自我管理和利益平衡。

(2) 培育业主自治基础。政府规划部门要进一步做好调研分析,合理划分物业管理区域范围,确定物业服务区域规模,限制超大型小区建设,避免物业管理区域过大而增加小区自主管理的难度。① 街道和社区联合物业公司组织多种多样的活动,吸引小区居民参与其中,以此为载体,增加邻里之间的熟识度,增进邻里感情,淡化邻里矛盾,增进理解支持。探索符合条件的社区居民委员会成员通过法定程序兼任业主委员会成员。在一些居民自治意识不强、选举业主委员会条件不成熟的物业小区,可以先实行楼长制度,选出有责任心的业主担任楼长,协助居委会参与小区管理,以这种方式建立居民自治的基础。加强业主委员会成员的专业能力培训。

(3) 严格物业管理委员会的成立条件。按照《南京市住宅物

---

① 陈广华、刘撰:《物业管理区域划分研究》,《华东经济管理》2009 年第 6 期。

业管理条例》的要求,只有在小区不具备成立业主大会的条件以及具备成立业主大会的条件但未成立,经物业所在地的区物业管理行政主管部门或者街道办事处指导后仍不能成立的,才具备成立物业管理委员会的条件。对于可以成立业主委员会的小区,仍应全力推进业主委员会的成立,而非一概以物业管理委员会取代业主委员会。

2. 快速推进第三方评估机制全程参与

《南京市住宅物业管理条例》明确规定了第三方顾问与评估制度。第三方顾问与评估制度的建立,是市场经济条件下政府着力培育和推动市场调节机制的探索和创新,凸显了政府、市场、社会三者权责有效分离的精神。一方面,使得建设单位和物业服务企业的实际服务操作有据可依,并能够在一定程度上敦促其依法、规范、诚信经营,营造良好的行业发展环境,推动物业管理行业的良性发展。另一方面,有利于业主获得更为公开、透明、质价相符的物业服务,并推动业主自治活动的开展,充分保障业主的合法权益。通过第三方机构的介入,保障物业收费、资质管理、服务标准等向社会的公开、透明,将有利于物业管理市场的良性运作,使业主、物业服务企业受益,也使社会和谐稳定。

3. 充分发挥行业组织的自律管理功能

物业服务企业协会作为以物业服务企业为主要会员的行业组织,其在物业管理相关机制中的作用应当得到进一步加强。要促进行业协会不断探索并完善行业自律督查机制,通过立足于现有规章制度体系,不断完善自律调查基本流程、咨询接待流程、行业纠纷调解流程、法律顾问工作流程、法律事务援助流程等基本制度。严重违反行业自律规范或者造成严重社会影响的,依据自律规则直接给予处分,取消其参加优秀会员的评选资格,协会也不推荐其参加各类评选活动。

（五）不断提升物业管理的智能化水平

1. 推进统一互联网管理平台的建设

可由政府牵头，社会机构共同参与，进一步推进互联网管理平台的统一化、规范化、高效化。在综合考虑各小区差异的基础上，可以有针对性地提供各种物业智能管理平台模板，利用该平台提高物业管理效率，降低物业管理成本。物业管理智能应用平台可设置小区事务反馈与互动版块，业主、业主委员会以及物业服务企业中的任何一方皆可将小区存在的问题向相关部门反映，提高信息的透明度，增加各方的互信与沟通，也方便相关的政府执法人员和房产管理机构快速核实处理。可在平台中建立物业服务满意度调查版块，结合平台反馈意见及行政主管部门的动态巡查情况，为政府进一步改进小区物业管理中的决策及行为提供有价值的参考。

2. 积极探索多元化物业费用缴纳方式

积极利用物业管理智能应用平台探索物业费收缴模式的改变，利用电子平台实现物业费的线上缴纳，增加评价功能，结合第三方评价报告，确立物业费的收取标准，确保业主对物业服务质量有客观准确的认识，推进物业费的规范收取。当然，除了线上缴费的探索，也可探索将物业费的缴纳与银监系统联网，通过其他具有公共服务性质的部门如自来水、燃气、电力等收费平台合并征收物业费，或申请企业代相关部门收取小区的水、电、有线电视等费用，将物业管理费同步纳入其中。

3. 努力打造智慧物业项目

进一步推进智慧物业信息平台建设，充分利用好现有的网络平台和数据资源，以业主议事系统为核心，以物业管理基础信息平台、信用管理系统为重点，完善沟通协作渠道，强调各主体协同合作，持续推进实施南京市智慧物业一期项目，提升行业监管的效率和水平，促进相关矛盾纠纷的有效化解。

六、结语

南京市作为长三角地区的省会城市代表,由于众多因素的影响,近年来物业管理纠纷数量的增幅较为明显,基于现阶段南京市物业管理纠纷的复杂特征,为保障社区建设的总体成效,保持城乡基层的和谐稳定,深入剖析纠纷成因,探索预防为本、有效化解的纠纷解决及预防机制具有极为迫切和重要的现实意义。

为更好地解决物业管理纠纷,南京市已在该类纠纷的处置化解及预防方面进行了初步探索,并积累了一定的经验,但仍存在一些制度和操作层面的空白和不足,尚欠缺较为系统、具体的本土化研究。本文立足南京市物业管理纠纷处置及预防的执法实践和司法实践,在总结提炼现有工作经验的基础上,注重对具体操作层面的系统研究,强调纠纷解决的实效性保障和程序性保障的联动,旨在提出更具创新性的制度设计方案及实践操作方案,以切实指导工作实践,全面提升物业管理的法治化、专业化、社会化、智能化水平。

研究论文

通往城市现代化之路：
打造超大城市社会治理共同体

袁方成* 何雪娇** 林洁云***

[内容摘要] 城市尤其是超大城市,是当前中国社会治理的重要场域,在经济社会建设、城乡统筹发展、社会治理创新、国际交流合作方面独具优势,并呈现出异质性、流动性、复杂性、多变性、脆弱性等特征,潜藏现代文明发展的风险。在新型冠状病毒肺炎疫情的大背景下,超大城市在应急响应、社会体系、主体协同、民众参与、管控服务、数据信息等方面暴露出短板与不足。针对基层党建、人口调控、交通治理、公共安全、公众参与、基层治理等重点环节,本文通过分析凝聚共识、聚合利益、完善结构、优化流程和完善体系等方面,探索构建理念、机制和体系现代化的共同体治理格局之路。

[关键词] 超大城市;社会治理;治理共同体;城市治理现代化

一、引言

目前,我国城市化率已经超过60%,打造创新、开放、包容

---

* 袁方成,华中师范大学省域治理研究院院长助理、教授、博士生导师,复旦大学国际关系与公共事务学院大都市治理研究中心特约研究员。
** 何雪娇,华中师范大学省域治理研究院研究助理。
*** 林洁云,华中师范大学省域治理研究院研究助理。

的宜业、宜居城市成为我国发展的主旋律,城市治理是国家治理的核心。① 在"两个一百年"的历史交汇期,十九届五中全会提出,"加快构建以国内大循环为主体、国内国际双循环相互促进的新发展格局,推进国家治理体系和治理能力现代化"②。超大城市作为国际交流的中心,具备较高的资源密集度、经济贡献度、发展辐射度,是引领世界政治、经济、文化发展的大都会,日益成为国际国内双循环的核心节点。但随着社会的高速发展,危机层出不穷,风险日益增多,社会共同体出现分裂与异化,作为人们习以为常应对风险的依靠力量的社会共同体也成为风险的来源之一。风险社会治理下的超大城市社会治理共同体需创新才能实现现代化发展,在个体与社会共同体之间构建起共生性关系使人们获得应对风险、摆脱生存危机的现实出路③,推动社会形成一种人人参与和达成共识的治理机制④。

此次新型冠状病毒肺炎(简称"新冠")疫情很大程度上更新了人们对城市风险以及城市治理的传统观念,为进一步探索超大城市现代化治理新路子提供契机。面对疫情冲击下全球超大城市治理共同体存在的诸多困境,着力吸取经验、补短强弱,是置身风险社会背景中强基固本的基础要求。立足中国特色社会主义实践,从中国"新常态"趋势出发,不断完善超大城市治理共同体建设,是推进我国超大城市治理迈向现代化的高速路径,在我国国家治理体系与治理能力的现代化进程中具有关键性意义。

---

① [英]乔纳森·S.戴维斯、[美]戴维·L.英布罗肖:《城市政治学理论前沿》,何艳玲译,上海人民出版社 2013 年版,第 1 页。
② 《中国共产党第十九届中央委员会第五次全体会议公报》(2020 年 10 月 29 日),共产党员网,http://www.12371.cn/2020/10/29/ARTI1603964233795881.shtml,最后浏览日期:2020 年 11 月 30 日。
③ 赵坤:《风险社会中的共同体重建——兼论中国社会共同体治理的具体矛盾与治理智慧》,《福建师范大学学报》(哲学社会科学版)2020 年第 5 期。
④ 朱健刚:《疫情催生韧性的社会治理共同体》,《探索与争鸣》2020 年第 4 期。

二、构建治理共同体:超大城市社会治理的时代命题

根据我国的现行标准①和国际公认的定义,城区常住人口1 000万以上的城市为超大城市。全球有37座超大城市,中国目前有北京、上海、天津、重庆、广州、深圳、武汉、成都共8座超大城市(如图1)。2019年,8座超大城市的GDP总量占全国GDP的19%(如图2、图3)。超大城市既是区域乃至国家经济发展的发动机,更是一个高密度人类聚居空间、生命有机体和多文化互动熔炉。根据超大城市的发展之势以及超大城市社会治理的特征,打造超大城市社会治理共同体是实现城市现代化的必由之路。

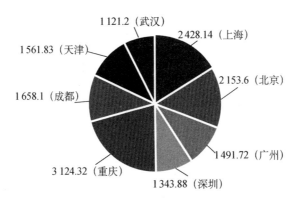

图1　2019年中国超大城市的常住人口数量(单位:万人)
资料来源:笔者根据《中国统计年鉴2019》整理制作本图。

---

① 参见国务院:《国务院关于调整城市规模划分标准的通知》(2014年11月),中国政府网,http://www.gov.cn/zhengce/content/2014-11/20/content_9225.htm,最后浏览日期:2020年12月1日。

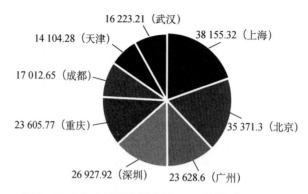

图 2　2019 年中国超大城市的 GDP 总量(单位:亿元)

资料来源:笔者根据《中国统计年鉴 2019》整理制作本图。

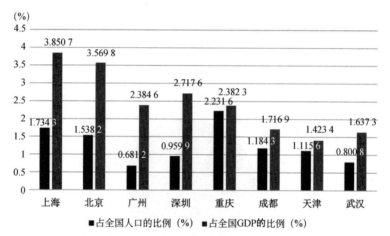

图 3　2019 年中国超大城市的人口和 GDP 占全国总人口和 GDP 的比例

资料来源:笔者根据《中国统计年鉴 2019》整理制作本图。

(一)超大城市的发展之势

超大城市在我国经济社会建设、城乡统筹发展、社会治理创新、国际交流合作中作用非凡,其发展与治理是国家治理现代化极为重要的内容。推进国家治理体系和治理能力现代化,必须抓好城市治理体系和治理能力现代化。

第一,超大城市是经济社会发展的主战场。北京、上海、深圳等超大城市是全国的经济、文化中心,发挥牵引全国发展的龙头和引擎作用。2019年中国百强城市排行榜中,北上广深排前4名,成都、天津、武汉依次排7、8、9名,重庆排11名,是全国经济社会发展的领军力量,辐射带动全国经济社会的发展。在《2020国际文化大都市评价报告》中,北京排名第6、上海排名第8,在公共文化参与、互联网发展、公共文化供给等方面名列前茅。[1] 在《中国城市竞争力报告No.18》中,深圳、上海、北京、广州、武汉的2020年综合经济竞争力排名前十、可持续竞争力排名前十。[2]

第二,超大城市是城乡统筹推进的落脚地。超大城市涵盖城镇和乡村,成为城乡统筹推进的落脚地。中共十九届四中全会特别提到"推进市域社会治理现代化"。市域社会治理具有承上启下的作用,可精准对接城乡融合发展的要求,实现城乡要素更加顺畅地流动,做到城市与乡村的统筹兼顾、互融互促,公共资源得到更加合理的配置,克服了县域和基层社会治理在治理空间和治理对象上的单向度问题,为省域治理奠定基础。

第三,超大城市是社会治理创新的试验场。一流城市的一流社会治理核心在人、重心在社区、关键在体制。2019年社会治理创新典范城市包括北京、上海、深圳、天津、重庆、成都、武汉。[3] 这些城市在治理转型、治理资源、治理架构、治理形态、治理机制、治理队伍、治理空间、治理阵地以及共治等多方面创新社会治理,推

---

[1] 查建国、夏立、陈炼:《上海交通大学联合发布〈2020国际文化大都市评价报告〉》(2021年1月10日),中国社会科学网,http://www.cssn.cn/zx/bwyc/202101/t20210110_5243558.shtml,最后浏览日期:2021年2月1日。

[2] 倪鹏飞:《中国城市竞争力报告No.18——劲草迎疾风:中国的城市与楼市》,中国社会科学出版社2020年版,第6页。

[3] 《第五届加强和创新社会治理成果交流会召开》(2019年12月30日),人民论坛网,http://www.rmlt.com.cn/2019/1230/565354.shtml,最后浏览日期:2021年6月9日。

进了社区居民自治的形式创新、社区社会组织的产生发展、社区工作信息化建设、社区精细化服务增强、社区综合体制改革等治理创新实践。

第四,超大城市是国际交流合作的接轨点。全球超大城市在世界经济体系和创新网络中扮演着全球金融贸易中心、资源配置中心、经济中心、现代服务中心、文化旅游中心和科技创新中心等重要角色。① 超大城市在区域和国家发展中具有举足轻重的作用,我国中央政府多次部署,明确要求把北京、上海等超大城市建成全球城市,以提高我国参与全球化的竞争力,牵引国家现代化发展,并作为国际交流合作的接轨点,助力国家的崛起,确保我国分享全球化"红利"。② 据国际大会及会议协会(International Congress and Convention Association, ICCA)的统计,2018年我国超大城市共举办251场国际会议,占全球举办国际会议总数的56%。③

(二) 社会治理之形

超大城市是人类治理水平最高、人口最多和流动性最大的城市,是城市中最复杂的系统。受异质性、流动性、复杂性、多变性、脆弱性等特征交错影响(见图4),在激发城市发展的活力与动力之时,超大城市又派生许多风险,塞缪尔·亨廷顿(Samuel Huntington)曾提出,"现代性意味着稳定,现代化意味着动荡"④。

1. 异质性

超大城市因人口结构、族群结构、信仰结构、阶层结构、就业结

---

① 陶西东:《全球超大城市社会治理模式与经验》,上海社会科学院出版社2020年版,第7页。
② 王桂新:《超大城市社会治理的几个问题》,《中国领导科学》2020年第3期。
③ 闫伟、张丽娟:《重磅|2018ICCA国际会议统计报告分析》(2019年5月27日),会议产业网,http://www.meetingschina.com/news13536.html,最后浏览日期:2021年6月9日。
④ [美]塞缪尔·亨廷顿:《变化社会中的政治秩序》,王冠华等译,生活·读书·新知三联书店1989年版,第41页。

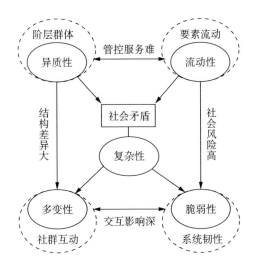

图 4　超大城市社会治理的主要特征

构的多样化、复杂化,容易陷入割裂化、碎片化状态。文化、生活方式及价值观念的多元化,导致治理结构差异大,极易衍生多元利益格局,使社会具有明显的异质性。不同群体的利益诉求和社会阶层的分化趋于复杂化,蕴含多重风险因素,并导致社会治理的多变性增加。与此同时,城市发展的巨大势能吸引了大量外来人口涌入,但可供资源存量并未显著增长,传统资源配置体制机制未及时有效地更新,公共资源无法满足不同群体的基本公共服务需求。成都市万人社区已达 500 多个,武侯区每个社区平均管辖超过 2 万人、17 个小区,社区"两委"成员平均每人服务 3 000 多人,①难以协调不同治理群体的差异。

2. 流动性

超大城市是非常开放的体系,要素流动速度快,诸如资金流、信息流等跨行业、跨部门、跨区域流动的趋势明显,2019 年,北京城轨交通日均客运量达 1 086.9 万人次,深圳城轨交通日均客运量

---

① 吴晓林、谢伊云:《国家主导下的社会创制:城市基层治理转型的"凭借机制"——以成都市武侯区社区治理改革为例》,《中国行政管理》2020 年第 5 期。

达490.8万人次。① 一方面,大量人口的持续流动,致使陌生人社会更加明显。由于流动人口和社区间的联系比较少且倾向于个体化、原子化,导致社会疏离感较强,社会资本薄弱,社区难形成稳定的治理共同体,实有人口、实有单位都难以统计和掌握,一旦实行封闭管理,小区的运行及协调能力必受局限。另一方面,流动性又带来了风险扩散的不确定性,诸多风险跨区域、跨境扩散后往往产生辐射,导致扩散路径和影响范围难以预测,管控服务难度高。

3. 复杂性

超大城市是一个由大量相互关联、相互制约、相互作用的因素组成的复杂的巨型系统。产业、技术、分工、社会结构、公共服务水平以及人们对城市正义和美好城市生活的追求等多重因素决定了城市运行与发展的内在逻辑。因此,当今人口规模庞大、文化多元的超大城市的复杂性特征异常明显,这些特征包括资源配置方式多元、社会组织分化、社会利益分化、社会服务需求多元、市民选择性增加等。例如,外来人口与本市居民在收入水平与居住环境上的显性差异容易引发社会摩擦,进而增加社会的不稳定性。同时,由于超大城市体量大,人口、企业高度集中,增大了城市空间的压力(负荷),产生诸如环境污染、交通拥堵、房价暴涨等"大城市病"。② 此外,事态发展瞬息万变,人际网络纵横交错,产生的社会矛盾纷繁复杂,仅靠行政力量难以化解。

4. 多变性

网络安全这一新兴风险与传统风险叠加,在线上线下互动中,社会问题的纵横关联性、链条性、不确定性增强,在连锁效应之下强化并放大了风险范围。一方面,超大城市使人人皆为公共舆论

---

① 中国城市轨道交通协会:《城市轨道交通2019年度统计和分析报告》,2020年,第11页。
② 陶西东:《全球超大城市社会治理模式与经验》,上海社会科学院出版社2020年版,第13页。

主体,无数舆论主体和正规舆论媒介间存在结构性矛盾,线上情绪发泄易演化为极端民粹主义,进而转换为集体行动影响社会稳定。另一方面,由于社群互动联系紧密,社会资本存量增多,线下矛盾冲突会加剧舆论生态恶化。信息传递快也会导致舆情分层更明显,单一风险的偶然爆发可能会激发潜在风险,引致其他风险接踵而至,舆情交互影响更深。

5. 脆弱性

超大城市系统韧性弱,治理要素倾向于常态配置,应激性差,难以应对突发公共事件。一方面,超大城市人口、经济高度集中,城市基础设施纵横交错,高度依赖,往往牵一发而动全身。一旦发生巨大地震或遭受严重的恐怖袭击等天灾人祸,会造成更大的损失,凸显城市运行的脆弱性。另一方面,城市行政体系难以在极限条件下从常态转入非常态行政,迅速度过混乱的磨合期。此外,信息、人员、资金等要素联系紧密,风险易出现跨地域、跨领域、跨空间传导,使得超大城市的各种风险源相互影响和彼此再生产,如金融风险、流行性疾病等全球风险同步生产和再生产各种现代风险。超大城市在风险前期研判、中期治理以及后期处置等方面的挑战更为严峻。

(三) 治理共同体之需

建设人人有责、人人尽责、人人享有的"社会治理共同体"不仅是一个包含主体、客体等"一核多方"联结形式在内的工具性的共同体,更是一个具有情感、文化和心理认同在内的价值性的共同体。[①] 建设超大城市社会治理共同体,要以人民为中心、以发展为导向、以安全为底线,通过党建引领多元主体共建共治共享,实现增强人民群众幸福感、获得感、安全感的价值与目标(见图5)。

---

① 文军:《迈向市域社会治理共同体的新时代》,《上海城市管理》2020年第1期。

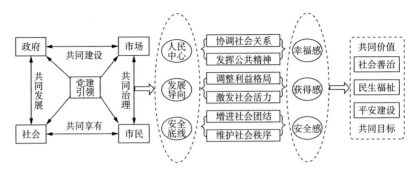

图5 超大城市社会治理共同体的价值

以人民为中心,重塑公共精神,做到发展成果与民共享,提升民生福祉水平。一个城市的宗旨不是谋求经济上的利益,一个城市最重要、最核心的是全体居民的幸福感,以及居民对城市的归属感,这种归属感也会提高居民的责任感。现代城市更是体现了这样的逻辑:民生稳,民心就稳,社会就会稳。人是社会治理的基本元素,是生产力最积极、最活跃的因素。城市发展为了人,更要依靠人。打造超大城市社会治理共同体是一个共建共治共享的过程,需充分激发人民群众的积极性、主动性、创造性,凝聚起人民群众的力量,以人民最关心、最直接、最现实的利益问题推动超大城市社会治理探索实践。

以发展促民生,以民生兴治理,激发城市社会发展活力,共创中国之治。打造超大城市社会治理共同体,形成多元主体共促发展的局面、更为系统整体的布局,从而实现协调发展的目标,确保人民安居乐业、社会安定有序。通过社会体制改革创新、重建社会关系、调适社会结构、调整利益格局、重构社会治理理念和方式等多种路径,加强单位、社区和组织内部的有机联系,最大限度地增强社会活力,形成充满活力的社会,充分释放全社会的创造能力,为居民就业、劳动收入、居住条件、社会保障带来新机遇,促使改革与发展成果更多更公平惠及全体人民。

以安全为底线,在当今风险社会中更要强调安全当头,推动平安建设。一方面,城市安全的复杂性和系统性对当前城市安全发展和风险治理能力提出了更高要求。随着城市规模的扩大和城市功能的拓展,除各种常规、非常规风险叠加带来城市安全风险增大之外,超大城市系统本身也更加复杂,这个系统的精密性和脆弱性相伴而生,食品、卫生、生态环境安全、社会治安、网络社会等领域的问题和矛盾呈现多发、频发的态势,安全风险冲击带来的危害损失加剧,从冲击中恢复的难度加大。另一方面,城市安全发展是城市现代文明的重要标志之一,城市不仅是人们从事生产制造和经济活动的基地,也是实现人们对美好生活追求的物质支撑和文化载体。治安是底线,安稳是保障,安宁是核心,安乐是目标。打造超大城市社会治理共同体需要坚持系统治理的思维,增强有关部门的协同联动,运用信息技术为城市安全赋能增效等,以及把城市安全理念贯穿于治理的全过程。

三、疫情冲击下超大城市社会治理之困

2020年年初,一场突如其来的新冠疫情席卷全球,给各个国家、各大城市带来严峻挑战。2020年2月3日,中共中央政治局常务委员会召开会议,强调新冠疫情是对我国治理体系和治理能力的一次大考,要总结经验,吸取教训。在风险与疫情并至之际,超大城市治理体系与治理能力也面临深度考验。在应对疫情时,超大城市虽能有效发挥群体动员、集中资源的治理优势,遏制疫情蔓延趋势,保障城市基础运转,但超大城市在应急响应、社会体系、主体协同、民众参与、管控服务、数据信息等方面存在不少短板和弱项,容易衍生治理隐患。

（一）风险防控意识薄弱,应急响应效度不佳

城市社会美好生活的图景需构筑于安全的城市环境基础之上。[①] 在突发风险视域中,安全是超大城市社会治理共同体首先要面对的关键问题。在疫情冲击下,全球范围内的部分超大城市因应急风险意识较为薄弱、应急管理制度韧性不足,应急响应整体效度不佳,导致社会风险持续性叠加,社会治理被动下沉复杂化情境,市域内的政治安全、经济安全、社会安全、医疗安全等均面临较大威胁。

风险意识对城市公共安全治理体系和治理能力现代化具有直接影响,[②]也关涉城市在应急准备与行动方向上的路径选择。由于风险意识薄弱,部分超大城市在疫情风险扩散时预防不周。例如:部分城市日常缺乏疫情防控演练或演练成效不佳;处于城市疫情防控第一线的基层社区,因应急机制与实际情况不匹配,在疫情始发阶段出现反应迟钝、防治混乱的局面。欧美多数超大城市在全球疫情多点暴发时警惕意识不足,仅将疫情视为"大型流感",前期防控不力。

在处置重大突发公共事件时,有韧性的应急管理制度至关重要。城市应急管理制度本应打通"测、报、防、抗、救、援"六个环节,连贯发力治理,[③]以有效的"冲击—回应"助力城市抵御突发风险。但此次疫情中,多数超大城市呈现出应急力量不足、各环节孤点治理的现象,如存在报、防工作衔接不畅,救、援环节互助困难等对接偏差,延滞应急响应与城市恢复进度。我国部分超大城市在新冠

[①] 董慧:《空间、风险与超大城市治理现代化》,《中国矿业大学学报》(社会科学版) 2021年第1期。

[②] 曹惠民:《治理现代化视角下的城市公共安全风险治理研究》,《湖北大学学报》(哲学社会科学版)2020年第1期。

[③] 肖文涛、王鹭:《韧性视角下现代城市整体性风险防控问题研究》,《中国行政管理》2020年第2期。

疫情初现端倪之际,能够及时上报情况,但却未同步推进防控环节的工作,缺乏应急预警通知。信息不对称、防控手段薄弱、高频人口流动及聚集活动未受监控等问题加剧了疫情扩散,使后期疫情防控工作难度加大。全球范围内多数超大城市在医疗救助环节均面临应援力量不足、物资短缺等困境。

(二)治理角色定位波动,社会体系稳度受损

城市空间始终是不可避免的社会空间,其由阶层、性别、年龄、教育、宗教等要素区分的主体性和身份性构成。[①] 超大城市空间与人类社会体系间具有高度重叠之处,因而组构为"多元一体"的社会治理共同体。在相对安全的超大城市空间中,多元主体置身较为有序的社会结构关系中,政府、社会、公众力量具备特定的"角色功能",维持城市社会体系相对稳定运转。然而,突发疫情带来的冲击及随之出现的城市隔离现象,易导致社会体系失稳停滞。[②] 多元主体在应急反应中易产生"角色变形"行为,如基层执法队伍的管理者角色越位干预、社会力量的公共事务参与者角色补位迟滞、公众群体的公德维护角色错位推动等,在疫情前期影响了防控的节奏。

政府在行政权高度集中下易生违规行为,在重大事件非常规治理与常规治理之间会产生人治与法治的矛盾与冲突。[③] 为集中力量防控突发疫情,行政执法人员的权力相应升级。比如,一些行政执法行为、防控举措过于简单粗暴、用力过猛,甚至违法违规。在中国,疫情初期部分超大城市社区在密切接触者家门外安装粗

---

① Andreas Huyssen, *Other Cities, Other Worlds: Urban Imaginaries in a Globalizing Age*, Duke University Press Books, 2008, p.3.
② 朱静辉、熊万胜:《治理滞距:新公共卫生事件对现代治理体系的挑战》,《探索与争鸣》2020年第4期。
③ 张爱军:《建立和完善重大突发事件常规治理与非常规治理相结合的机制》,《党政研究》2020年第2期。

铁栏、不允许外出工作人员返回小区;在国外,超大城市存在以暴力执法方式对待不遵守封城规定、违背社交禁令或感染新型冠状病毒肺炎(以下简称"新冠肺炎")的城市居民的情形。疫情之下,执法人员惯性逾越法律边界的行动,涉嫌侵犯公民合法权利,对超大城市居民的生产、生活造成不同程度的损害。

相应地,社会力量却在疫情影响下,因活动受限、资源有限、能力局限等问题,在疫情期间"突然掉线"。比如,上海社会组织超1.7万家,但其中仅十分之一左右能够参与到抗疫活动中。社会组织参与缺位,对于总体疫情防控进程与效能也有所影响。在需要社会合力支持时,企业、社会组织对自身在疫情防控中的定位、参与意识不明晰,且政府未从疫情中抽身对社会力量的行为规范、活动保障等关键问题进行针对性部署,因而社会力量难以充分发挥补位效应。①

此外,受恐慌心理与负面舆论影响,超大城市整体社会信任度降低。部分居民的社会行为倾向以个人中心主义为依循,缺乏同理心和共情能力,因而矛盾冲突聚生,甚至演化出危害社会和谐稳定的现象。比如,在疫情防控阶段,超大城市内出现的如下现象:新冠肺炎患者故意隐瞒病情、扩散病毒、攻击医生;商家制造和贩卖假口罩;民众盲目抢购各类物资、在网络上恶意造谣或发布误导信息、辱骂社区工作者等。② 在共同抗疫的文化氛围中,行动路径有所错位。

(三)共治制度支撑不足,多元主体协同失调

在相对稳定的社会体系下,多元主体协同共治可作为促进超

---

① 肖文涛、王鹭:《韧性视角下现代城市整体性风险防控问题研究》,《中国行政管理》2020年第2期。
② 丁蕾、蔡伟、丁健青:《新型冠状病毒感染疫情下的思考》,《中国科学:生命科学》2020年第3期。

大城市社会治理共同体发展壮大的重要途径。但因社会体系失稳,且疫情形势复杂,部分超大城市在抗击疫情的过程中,政府层级跨部门、跨区域主体合作缺失,政府、市场、社会力量等主体间的协作联动缺乏。

一方面,顶层设计缺乏有效的协作联动机制,政府层级多主体在抗击疫情中位处"有能无效"的境况。疫情突发公共卫生事件的特征之一是跨行政边界和跨功能边界传播。①"行政区行政"心理与部门"理性经济人"思维阻碍超大城市公共组织体系在区域、部门间建立成熟的协同制度。因此,在疫情初期,武汉的行政治理体系存在被动等待重点指示、信息发布迟滞、横向行政部门间沟通不畅等情形;在疫情暴发后,武汉又难以有效、独立地推进与跨域主体间的合作治理,在物资跨域统筹调配、外省滞留人员妥善安置等方面存在不足。国际上部分超大城市拒绝与他国主体合作,采取单打独斗的保守防控策略,成效不足预期。

另一方面,组织体系缺乏共治权责分工规范,社会层面多主体协同出现"有心无力"的情况,集中体现在政府、市场、社会多元联动与协作活动缺乏规范化安排,难以有序开展。例如,我国疫情初期城市防控工作更侧重于单向度管理,在医疗防护资源供求矛盾突出的情况下,一线医疗防护物资告急,大量受赠物资却因社会团体资源管理能力不足搁置库房,调配不周。其症结在于较少动员、吸纳其他非政府组织的专业化力量,未能高效实现政府、市场组织、社会组织等多主体共治情境下的优势互补与协同应对。②

(四)社会心态应激变化,民众参与秩序受扰

良序的民众参与行为有助于带动社会成员主动融入共治空

---

① 王薇:《跨域突发事件府际合作应急联动机制研究》,《中国行政管理》2016年第12期。
② 李维安、张耀伟、孟乾坤:《突发疫情下应急治理的紧迫问题及其对策建议》,《中国科学院院刊》2020年第3期。

间,自觉承担共治责任,强化超大城市的社会认同,推进有效善治。但在疫情冲击下,社会民众因承受来自外部的生存与生活压力,心态起伏大,民众参与秩序不稳定,行为难预期。

部分市民在进行诉求表达或情绪宣泄时,对社会现实、政府行为进行极性批判,既可能在人际关系网络中传递心理焦虑与社会恐慌,也易对政治权威造成持续性冲击。由于社会舆论负面信息量过载,超大城市政府甚至可能因此陷入不论行为效果正负性都将受批判的"塔西佗陷阱"。在我国疫情防控初期,曾出现过多起事件引发的大型舆情风波,医生、官员、科学家、社会工作者、志愿者悉数被卷入舆论场。在国外,"反口罩""反封城"大型游行示威活动频发,部分民众意志的显性表达或对社会思潮产生直接影响。

同时,风险社会中的人际信任危机问题充分凸显,①集中表现为对特定社交环境"草木皆兵"式的消极排斥。在中国,超大城市的流动性、脆弱性在疫情冲击下广为人知。因此,部分市民在疫情初期对湖北人、新冠肺炎康复患者、外来人员等群体的排斥心理较为严重。例如存在"三类歧视":"歧视湖北人",限制湖北员工返岗、裁员先裁湖北人、招工不要湖北籍;"歧视新冠肺炎患者",曝光治愈者的隐私、辞退治愈者、捏造治愈者的谣言;"歧视外来人员",以留学生为主要代表,在国外疫情多点暴发、国内疫情防控常态化阶段,留学生归国被称为"千里送毒",其家庭背景、身体情况及个人隐私遭遇过度关注。立足国际视野,这种排斥又集中表现为国外一些城市的市民对华人及亚裔群体的歧视与不公正对待。

疫情之下,随着超大城市治理结构的异质性利益冲突逐步暴露,"零和博弈"思维也越发凸显,表现为医疗资源争夺、生活物资抢购无序化等。在我国,出现"双黄连抢购风波";而欧美部分超大

---

① 彭善民、张起帆:《疫后社会心态治理:参与、疏导与引领》,《学习与实践》2020年第4期。

城市出现夺取外地医疗物资、市民"为囤货卫生纸拔刀相向"等不和谐、不稳定现象。超大城市意欲构建的全民参与、共抗疫情的安全治理格局受梗阻,公共秩序受威胁。

(五)公共治理靶向失准,管控服务效能不高

精细化水平可作为衡量城市治理质量与治理效能的重要指标①。良序城市社会治理共同体的管理与服务应立足精细化思维,针针入准,锦上添花。疫情之下,部分超大城市疫情管控与"靶向治疗"目标互相脱嵌,服务供给能力与居民多元化的需求间产生矛盾,治理内卷化,效能难以提升。

从治理源头出发,效能不高的根源在于超大城市的公共服务动机出现异化。治理行为因而受影响,偏离靶向。在我国,在政绩"指挥棒"下,数字、亮点、荣誉易成为部分城市基层政府工作者主抓的"形象工作",其他民生工作任务的优先级排序将选择性后置。在部分欧美国家,政府将疫情防控焦点集中于本国治理体系的政治宣传,而疫情防控的措施迟缓使新冠病毒在超大城市中加速扩散,疫情形势恶化。

着眼治理过程,超大城市的公共治理能力更具滞后性与无奈性,集中表现为管控工作人性化缺失、服务供给精细化不足。部分城市基层出现疫情管控手段简单粗暴、损害公民权益的治理情况,如使用封条及铁锁强制进行防疫隔离。此外,疫情冲击下,超大城市面向居民的多样化服务供给能力下降,响应居民生活诉求不及时,出现部分资源分配不均现象,导致干群关系紧张。在其他国家,部分超大城市在物价攀升、失业人口剧增等社会问题上应对吃力。

---

① 王郁、李凌冰、魏程瑞:《超大城市精细化管理的概念内涵与实现路径——以上海为例》,《上海交通大学学报》(哲学社会科学版)2019年第2期。

（六）信息系统共享有碍，数据治理隐患彰显

科技是社会治理体系的重要支撑，在超大城市中，实时、交互、快捷的智慧城市网络设施与强大数据信息相联通，是实现协同治理、有效治理、精细治理的法宝。2020年2月14日，在疫情防控的前沿阻击战中，习近平总书记指出要"鼓励运用大数据、人工智能、云计算等数字技术，在疫情监测分析、病毒溯源、防控救治、资源调配等方面更好发挥支撑作用"①。

但实际上，当前部分技术基础与超大城市运行机制的兼容度不高，疫情防控过程也暴露了在超大体量"智慧城市"内部，数据信息难以关联问题的普遍性。

首先，基础设施建设数量与质量间存在断裂带。多数超大城市是新兴信息技术落地的首发"试验田"。在疫情防控之前，部分超大城市已经多点布设基础设施，探索智慧产品，力图在"智慧城市"中实现信息互通互联。然而，疫情防控暴露出相应的信息化建设的实效与其数量关联并不紧密。同时，也存在监测设备布控规划不科学、社会接纳度参差不齐等问题，超大城市在未来治理中的信息采集、处理、交互和辅助决策等流程极有可能因此受阻。②

其次，数据单位间的信息共享流通存在梗阻带。在公共部门内部，由于治理观念与法律制度的局限，部门数据在开放程度与共享方式上都存在标准不明、对接不畅的问题。③ 常态情况下共享信息需进行"一事一申请"，信息互联过程狭隘化，部门之间存在

---

① 习近平：《全面提高依法防控依法治理能力 健全国家公共卫生应急管理体系》，《求是》2020年第5期。
② 文军：《新型冠状病毒肺炎疫情的爆发及共同体防控——基于风险社会学视角的考察》，《武汉大学学报》（哲学社会科学版）2020年第3期。
③ 熊文景：《重大疫情防控视野下的数据治理：主要价值、现实困境与优化路径》，《山西档案》2020年第3期。

"信息孤岛""数据壁垒",信息共享效率低、未知风险大。部分超大城市在疫情防控前期,缺乏跨部门数据协作,未能及时做好外地滞留人员信息的统计。此外,各部门、各领域不同端点数据库平台未搭建同质信息流通机制,易引发信息重复录入问题。

最后,信息高效统筹与安全处置能力存在薄弱带。就超大城市的数据基建而言,疫情初期"信息爆炸",部分超大城市不具备规模化数据处理后台,防疫捐赠、物资调配等各项工作统筹缺力。因而出现公益组织受助款项物资调配不透明、信息公开难的困局,以及供需双方因信息不对称导致公益组织重复采购、捐赠重叠的情况。就数据安全监控人员的专业性而言,部分城市数据安全监控人员的专业化程度不足,难以科学分析数据,同时存在滥用职权的风险(如进行违规调取,扩散他人数据信息,侵犯他人隐私权等)。

事实证明,不存在任何一种完美的治理制度。在疫情冲击下,国内外超大城市社会治理共同体均面临程度不同的治理困境。但立足于中国特色社会主义实践,吸取国内外抗疫经验教训,中国能够通过打造更为强大、日臻完善的超大城市治理共同体,不断提升治理水平,踏实迈入超大城市社会治理的现代化愿景。

四、打造治理共同体,推进超大城市社会治理现代化

超大城市的特征决定了超大城市社会治理现代化内容的特殊性。摸清超大城市面临的问题、正确把握超大城市社会治理的关键内容,是打造超大城市社会治理共同体的重要前提。除此之外,仍需坚持"人民城市为人民"的治理理念,重点关注人民需求。

打造超大城市的社会治理共同体,必须尊重城市治理规律,把

握宏观层面的顶层设计、中观层面的机制建设、微观层面的基层行动,其要义就在于使城市社会治理的功能、价值和意义回归到城市居民的日常生活之中。① 本文从凝聚风险共识、聚合主体利益、完善治理结构、优化治理流程和完善治理体系五个方面,提出打造社会治理共同体的行动路径,在实践中探索"协作治理""参与式治理""复合治理""网格化管理"等社会治理模式,进而厚植共同体的社会韧性、巩固共同体的行动基础、增强共同体的行动能力、实现共同体的闭环管理、提升共同体的治理效能,构建理念现代化、机制现代化、体系现代化的超大城市社会治理格局,不断提高超大城市社会治理体系和治理能力现代化水平(见图6)。

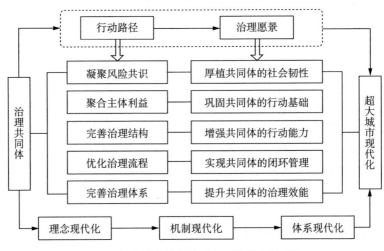

图6 超大城市社会治理共同体的理论框架

(一)凝聚风险共识,厚植共同体的社会韧性

中共十九届五中全会在"国家治理效能得到新提升"的目标中提出:"社会治理特别是基层治理水平明显提高,防范化解重大风

---

① 文军:《迈向市域社会治理共同体的新时代》,《上海城市管理》2020年第1期。

险体制机制不断健全,突发公共事件应急能力显著增强。"①韧性城市在保持基础性机能的同时,又能凝聚风险共识,快速分散风险,调整恢复稳定。② 社会系统的抗逆能力、演进力、复原力是城市社会共同体韧性的重要因素。提升超大城市社会治理共同体的社会韧性,使其能够承受隐蔽的慢性压力,应对突如其来的急性冲击,具体包括如下三个方面。

首先,提高社会系统的抗逆能力,结合大数据、云计算等技术手段,强化社会风险的预测能力、化解能力。采用现代化技术手段,对超大城市进行全方位、系统化的过程治理和智慧治理。回溯深圳抗疫过程,其流行病调查的溯源和防控的预测能力优于其他城市,"硬件+软件"技术与制度的结合构成了较为完善的公共卫生体系,形成三级三个梯队的调查体系,是深圳市疫情防控获得有效支持、得以科学决策的关键影响要素。

其次,聚焦系统的复原力,构建应急处置的人力与资源网络,实现快速重建,正常运转。一方面,多方力量参与保障社会弱势群体,减少社会排斥,化解社会矛盾,建立均衡、协调、公平、正义的社会政策整体架构,增强社会系统对风险的反应、处置和协调能力。另一方面,实现超大城市社会的跨界治理,克服单一主体资源的有限性,多元主体建立合作关系进行资源互补,并通过持续谈判、协商、互动、博弈乃至联合行动解决共同问题。

最后,提高社会系统的演进力,加强社会系统的适应性,不断更新调适、规避风险。通过社会整合,加快社会资本建设,提升社会面对不确定性风险的调节修复能力,创造各种条件促进各主体

---

① 《中国共产党第十九届中央委员会第五次全体会议公报》(2020 年 10 月 29 日),共产党员网,http://www.12371.cn/2020/10/29/ARTI1603964233795881.shtml,最后浏览日期:2020 年 11 月 30 日。
② 文军:《新型冠状病毒肺炎疫情的爆发及共同体防控——基于风险社会学视角的考察》,《武汉大学学报》(哲学社会科学版)2020 年第 3 期。

在社会交往互动中形成守望相助的情感联结,建设"与邻为善、以邻为伴"的社会关系。在基层社区层面,广泛动员社区居民和驻区单位打造共享公共空间,加强居民资源共享,促进居民交往交融,构建邻里互助网络,形成强烈的社区认同和社区意识。①

(二)聚合主体利益,巩固共同体的行动基础

超大城市是异质、流动、复杂的城市,要打造城市治理共同体,一定要把各个主体的积极性调动起来。如果不撬动社会参与,光靠政府和居委会可能不堪重负,要重视培育社会组织,带动社会组织参与。通过搭建共建共治共享的社会人员沟通渠道、合作渠道,理顺主体利益关系,鼓励个人、企业、媒体等主体参与,进而以规则和激励鼓励民众参与,以程序完善和利益协商构建利益共同体,筑牢共同体的行动基础。

调动不同主体的积极性,需在个体多元诉求中寻求利益共同点,理顺主体利益关系,形成共同利益观的思路。按照基层党组织主导的政治逻辑,政府部门的职责清晰;按照居民依法自治的自我管理逻辑,自主治理具有充分的社会空间;按照社会专业力量参与的共治逻辑,以民主协商的方式,在公共资源分配、公共空间管理、公共责任分担等重点问题上达成共识,平衡社会利益结构,保障社会共同利益。

构建以共同利益实现优先为原则的社会治理共同体,共同行动实现共同利益。此次抗疫实践证明,危急时刻有这种以共同利益实现优先为原则的共同体,社会行为规范、公共意识、志愿精神才有载体,能够有效地激励人、鼓舞人、团结人、凝聚人。例如,抗疫期间,武汉市的快递小哥组建了为武汉金银潭医院医护人员服

---

① 朱勤皓:《全面提升超大城市基层社会治理水平》,《中国社会报》,2020年7月2日,第1版。

务的志愿者车队,解决了医护人员的出行和就餐等急迫问题,维护共同利益的社会参与具有巨大潜力。

实现多元主体的有效参与,关键要有制度化的渠道、平台和空间,加强利益协商以凝聚力量,培育社会组织能力。城市是城市居民的城市,没有市民的参与很难治理好。超大城市汇聚了各类人才资源,可提供公共参与的应用场景,吸纳企业、社会组织、法律顾问、公共管理专家以适当的方式成为社会治理结构化成员。同时,完善公共参与程序,探索共商共治的治理模式,使市民有发言权,实现议有序、行有矩、邻有助、亲有度,做到社会认同和民心凝聚。

(三)完善治理结构,增强共同体的行动能力

以党建为引领,通过调动公众参与、强化社会增权赋能、创新市场机制、加强技术革新来完善"一核多元"的治理结构,党、政府、市场、公众与社会多方协作包容、良性互动,实现高度耦合和关联,避免系统嵌顿、条块纠缠、层级互扰,增强共同体的行动能力(见图7)。

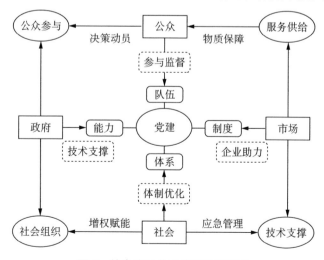

图7 社会治理共同体的治理结构

党建引领,组织嵌入,提升基层社会的协同治理能力。党的组织建设是建设共同体的核心力量,是协调社会矛盾的主要力量,需把党的建设贯穿基层治理的全过程、各方面,健全党对超大城市工作的领导体制机制,构建总揽全局、协调各方的组织体系,发挥基层党组织的凝聚服务群众职责,探索出"区域统筹、资源整合、服务联动、共建共享的区域化融合发展之路"①。推动构建党建引领的共建共治共享的基层社会治理格局,如上海市浦东新区的"区域化党建"、广东省珠海市的"社区党建网格化"、江西省南昌市的"推行社区大党委"等,将党的政治优势、组织优势转化为治理优势。

政府负责,整合资源,提升公共服务的供给能力。我国超大城市社会治理大多数还是政府主导型,政府需提高整合资源的能力,提升资源的利用效率。政府的科学决策需技术支撑,在充分理解政务服务的前提下,建立平台级的智能决策系统。提升政府公务人员的整体素质,推进公共服务技术创新,建设电子政务。唯有面向社会的治理资源下沉与权力下放,实现由政府单一管治向政社合作、政企合作、政民合作转变,才能从社会被生产走向社会自生产,实现基层政府与社会的双向增能,多元行动主体共同设定与协同推进,构建充满活力的社会治理共同体。

社会协同,建立信任、互惠与合作网络,打造"机制共建、义务共担、资源共享、实事共办"的共治共享模式。超大城市良好的社会治理,不仅依靠政府单方面的国家力量和公共财政资源,还应该包括市民、社会组织之间合作形成的公共治理。基层网格化管理为政府、社区等多元参与主体的参与提供平台,实现资源共享、互利互惠。调动社会主体参与,完善多方参与、社会协同的平台和机制,采用公共服务市场化、社会化的方式,动员企业、民间资源和社会自治力量的参与,建构新型的跨公私合作伙伴治理新模式,引导

---

① 曹海军:《党建引领下的社区治理和服务创新》,《政治学研究》2018 年第 1 期。

社会力量参与社会治理,完善基层多元主体协同共治体系。

(四)优化治理流程,实现共同体的全周期管理

通过技术赋能、制度赋权、人才提质等来推进超大城市的全流程管理、跨区域协同、分层级治理和全要素整合,进而实现超大城市的全周期管理。在闭环管理中,形成风险信息识别、上报、研判、预警机制,构建统一指挥、上下联动、快速反应的治理流程,做到事前预见、事中控制、事后反思,实现源头治理、系统治理、综合治理、依法治理。

就技术赋能而言,可以运用大数据、物联网、人工智能等技术手段,提升风险研判能力,实现信息共享。全周期管理涉及管理主体内部、管理主体间和不同层次的管理情境等多个维度的要求,管理过程包括分析、决策、执行、协调、评估等环节,任何环节、任何方面的信息缺失,都可能成为全周期管理中的短板,需要利用技术赋能,加大各类数据资源开放利用共享,以实现城市治理要素、对象、过程、结果等相关信息全景展示。

就制度赋权而言,可以遵循如下路径。社会治理首先是一种制度安排,尤其是对社区居民主体的权利主体角色的授权。中国城市社会治理结构优化与发展动力不足,根源之一可以追溯为市民自身解决问题的意识不断增强与制度性资源供应持续不足之间的矛盾。在制度创新上给予社会更多解决自身问题的权力和资源,引导和支持市民自觉、自我地在组织化过程中,提升解决问题的意识和能力。例如,以社区项目制为载体,推动制度的赋权增能。通过政策制度上的赋权,在资源配给与使用层面上,给予社区自组织部分控制权与决策权。①

就人才提质而言,可以通过完善领导干部的考核机制、监督机

---

① 尹浩:《城市社区微治理的多维赋权机制研究》,《社会主义研究》2016年第5期。

制,提升领导干部的社会治理能力。加快培养一批懂城市、会管理的干部,不断完善队伍管理的选聘、培训、激励等环节和流程,优化队伍的人员结构,健全分级、分层、分类培训培养体系,由骨干带动整体,全方位推动超大城市社会治理的全过程。领导干部作为参与城市社会治理全过程的领头羊,应不断增强政治意识、大局意识、核心意识、看齐意识,用科学态度、先进理念、专业知识去规划、建设和管理城市。

(五)完善治理体系,提升共同体的治理效能

城市越大越复杂、现代化程度越高,需不断提升城市治理体系和治理能力的现代化水平,让城市的运行更顺畅。完善治理体系,从整体把握,细处着眼,从而提升共同体的治理效能,具体可以从如下四个方面做探索。

民主协商体系,即通过共商机制、共定规则来保障"最大公约数"。首先,要有居民群众、驻区单位表达诉求、讨论协商的参与机制,获得及时有效的沟通,应该开放政府平台以吸纳百姓诉求,并形成一套系统的沟通协商机制。其次,既需要政府网站上的百姓意见表达、咨询和反馈平台,还需要不断推进的协商民主,关键是要真正发挥民主协商体系表达诉求、沟通意见、协商共议、科学决策的作用。

法治保障体系,即以民法典为依托,界定并保障民事权利空间,在法治轨道上提升共同体的治理效能。在法治中国视域下,依法规划、建设、治理城市。健全依法决策的体制机制,把公众参与、专家论证、风险评估等确定为城市重大决策的法定程序,营造法治氛围,加强法治教育,弘扬法治精神。例如:江苏省南京市建邺区运用法治思维建立减负增能的治理制度框架;河南省许昌市魏都区通过对居民公约治理机制的探索,形成全社会尊法、信法、守法、用法的法治秩序。

责任监督体系,即对治理过程的全流程监督和引入第三方监督,推动超大城市基层社会的有效治理。为防止政策信息上下传递过程中变形走样与信息不对称问题,避免从上往下的层层加码脱离实际、从下往上的筛选过滤信息失真或滞后,就需要在加大行政监督、巡查督导、纪检审计、目标考核力度的同时,发挥人大法律监督、政协民主监督的作用,加大社会监督、群众监督和舆论监督的力度,从而在实践中有效遏止官僚主义和形式主义,注重消除如填表格、查台账、留痕迹等形式主义工作思路的消极影响。

技术支撑体系,即以点面结合的社会治理联动机制提升超大城市的社会治理效能。数字赋能是提升治理水平的必要技术支撑,结合5G技术,加强物联网、智慧生活感知等新型技术建设,强化大数据、互联网、云计算等应用实现信息共享和各治理主体的有效协同。比如,上海市的"一网统管、一网通办",提高了公共服务供给能力。再如,疫情间杭州市的健康码,有效助力疫情防控,"让城市更聪明一些、更智慧一些"。①

五、结语

超大城市既是社会治理现代化要素的合流之地,又是推进人类不断迈向现代化未来的生活空间,在历经百年未遇的重大疫情后,每一超大城市都将创造出其本身有别于他处的独特感情。②超大城市治理是国家治理的前沿组成部分,③在世界百年未有之

---

① 江南:《杭州 让城市更聪明更智慧——探索城市精细化管理新路子》,《人民日报》,2020年6月17日,第1版。
② [美]乔尔·科特金:《全球城市史:典藏版》,王旭等译,社会科学文献出版社2014年版,第292—297页。
③ 赵孟营:《超大城市治理:国家治理的新时代转向》,《中国特色社会主义研究》2018年第4期。

大变局向纵深演变的背景下,超大城市在政治、经济、文化、社会、生态、科技等方面面临更加复杂的局面和更多的未知风险。在未来超大城市社会治理现代化中,必须高度重视在党委领导、政府负责、民主协商、社会协同、公众参与、法治保障、科技支撑所构成的共建共治共享的社会治理格局的基础上,打造超大城市社会治理共同体,既需要有总体性的体制机制的构建与保障,又需要有技术性的精微、精准、精细,形成穿透社会的治理模式,促使党和政府有效地引领社会、服务社会、衔接社会,多元主体共同参与社会治理,将高效能理念融入超大城市治理的全过程,不断提升超大城市应对风险、化解危机、持续发展的能力与水平。

[本文系笔者承担的2019年度中宣部宣传思想文化青年英才自主选题项目"重大突发公共卫生事件社会治理研究"(项目编号:20SGYP001)、2020年度中央高校基本科研业务费专项资金项目"重大突发公共卫生事件中的社会治理体系建设"(项目编号:CCNU20DC003)的阶段性成果之一。]

政策网络理论如何对中国治理场景产生解释力?
——基于一项水改案例的分析

杨志军[*]

[内容摘要] 政策网络理论发源于西方政治系统多元主义与统合主义的国家与社会关系范式,提出政策子系统,关注政策运行过程。在历经利益中介(协调)学派到治理学派的演进之后,政策网络更趋向于研究打破传统"铁三角"关系之后的政策过程领域,由此将这一理论扩展到非西方国家的比较研究视野。在中国各个城市开展的水改工程牵涉面广、影响深远,是政策网络理论研究的绝佳案例。本文选择政策网络理论中的行动策略、权力关系和网络整合作为分析工具,将 G 大学水改工程作为研究对象。G 大学 N 校区水改难以推进,但在经历饮用水污染事件后得到各方关注并加以解决,较好地呈现了政策网络理论的应用场景。本文最后指出:国家治理现代化建设需要政策网络治理主抓;行政管理体制持续改革需要政策网络治理充实;新时代社会主要矛盾转变需要政策网络治理助力。

[关键词] 政策网络;水改工程;应用场景;网络治理

一、问题提出

政策网络(policy network)理论源于西方政治系统的成熟与发

---

[*] 杨志军,中国海洋大学国际事务与公共管理学院教授,公共安全与风险治理研究所所长。

展,其最初关注多元主义和统合主义(corporatism)二元分化下非此即彼的国家与社会的关系,并将略显宏观的视角放置于政治及政府过程的中观运行,进而提出政策子系统。伴随政策网络理论的深化与发展,其研究逐渐演化为两方面:一是主张以治理为嵌入点,坚持从宏观视角对多样性社会系统和多元化市场体系进行描述,从而回归国家与社会的关系;二是强调利益协调至上,倡导政府过程的微观细分和精密运行,将重心转移到政策机制。不难看出,作为解释国家与社会关系的理论,多元主义和统合主义关注的是宏观政治系统,政策网络则更强调政策子系统运行中具体的互动关系。

实践反馈理论,理论的生命力在于指导实践。政策网络理论学者在 40 多年的实践探索与理论夯实历程中,集大成者 R. A. W. 罗茨(R. A. W. Rhodes)从类型学的视角,先后从网络关系的"整合程度—稳定性—排他性—主导利益"维度与"参与者性质—网络整合性—资源分配—权力关系"维度对政策网络进行分类,开启了政策网络的类型学研究。为检验政策网络理论的解释性,我国学者选择的案例主要有大气污染防治①、保障性住房②、环境群体性事件③、计划生育政策④、流动人口医疗卫生状况⑤以及区域行政协议运行研究⑥等。这些研究具有两个特点:一是均采用政策网络

---

① 冯贵霞:《大气污染防治政策变迁与解释框架构建——基于政策网络的视角》,《中国行政管理》2014 年第 9 期。
② 谭羚雁、娄成武:《保障性住房政策过程的中央与地方政府关系——政策网络理论的分析与应用》,《公共管理学报》2012 年第 1 期。
③ 彭小兵、喻嘉:《环境群体性事件的政策网络分析——以江苏启东事件为例》,《国家行政学院学报》2017 年第 3 期。
④ 陈虹、秦静、潘玉:《计划生育政策话语调控——基于共享话语的政策网络分析路径》,《新闻大学》2017 年第 2 期。
⑤ 朱亚鹏、岳经纶、李文敏:《政策参与者、政策制定与流动人口医疗卫生状况的改善:政策网络的路径》,《公共行政评论》2014 年第 4 期。
⑥ 汪建昌:《政策网络视角下的区域行政协议运行研究》,《南京师大学报》(社会科学版)2016 年第 4 期。

理论;二是均研究政策制定中的利益相关者参与和政策绩效。然而,上述研究的缺陷也比较明显:一是没有明确政策网络的研究流派与路径,缺乏针对性;二是所选择案例缺乏政策网络属性与其特征对接的严谨性说明。

案例选择是因果解释的基础,错误的案例选择会削弱乃至摧毁整个因果解释的可信度。① 随着社会和经济的快速发展,公共服务设施日益完善,城市水改(供水系统改造)工作由于其政策议题的紧迫性,成为开展广泛与影响巨大的社会公共性问题。在深入观察城市水改的具体案例中,我们发现,G 大学 N 校区长达 9 年(2007—2016 年)的水改工程案例形成的政策网络具有时间跨度长、参与主体多、利益主体博弈转换明显与权力关系复杂等特点,由此与政策网络契合,能够验证政策网络的解释性。基于此,本文以政策网络理论为基础,选择 G 大学 N 校区水改案例为分析对象,分析水改工程中各利益主体之间的博弈、权力关系以及网络整合等问题,呈现政策网络的形成与变化过程,进而为中国情景下的政策网络前景提供若干思考。

二、文献述评与研究设计

20 世纪 70 年代,继承次级系统的研究焦点,政策网络将研究视角聚焦于观察政策权力运作与互动上。随后,在"铁三角"理论的基础上,从"次级政府"概念中提出了"政策社群"观点,完成了政策网络框架的初期发展。然而,这些研究都局限于上层建筑、狭窄的政策社群之中,并主要用于美国的三权分立体制,局限性较大。

---

① 叶成城、黄振乾、唐世平:《社会科学中的时空与案例选择》,《经济社会体制比较》2018 年第 3 期。

休·赫克洛(Hugh Heclo)在对美国政治的观察中发现,联邦政府已经没有包办执行全部政策方案的能力,而是依靠相关中介组织,寻找社会组织协助,这便导致越来越多的行动者进入政策场域,这一开放性与多元性使得"铁三角"理论中较为封闭、狭窄的政策社群被打破,取而代之的是以议题为中心的"议题网络"概念。[1] 公共行政关系网络中的主体也逐渐开始变得复杂,层级体系只能用于描述网络中的一个主体,而不适用公共行政日渐"去中心化"的社会运作过程,政策网络的研究也基于此展开,并在之后逐渐出现了利益中介学派与治理学派的划分。

(一) 政策网络的利益中介学派

1. 权力依赖模型

作为政策网络理论的集大成者,罗茨结合组织资源依赖的观点,通过研究英国中央与地方政府的互动关系,提出权力依赖模型。在该模型下,政策制定过程是博弈的过程,组织间相互依赖,并以相互交换资源达成政策目标。其中,由具备相应优势的联盟来诠释政策问题和管制资源交换的过程,但不具备组织对网络的完全管理权。限于该模型无法明确区分分析层次,1986年,罗茨从中央与地方的互动关系的视角修正原先的权力依赖模型,将政策网络界定为"一群因为资源依赖而相互结盟的组织,并以依赖结构不同而产生区分"。同时以网络关系的整合程度、稳定性、排他性与主导利益为维度,对政策网络进行分类(详见表1)。

2. 区别政策社群与议题网络

从"铁三角"到政策社群再到议题网络,政策网络理论深化越来越具象化。罗茨在提出上述政策网络五个子类型后,又从三个

---

[1] Hugh Heclo, " Issue Networks and the Executive Establishment", in Anthony King, ed., *The New American Political System*, American Institute, 1978, pp.87-125.

维度(参与者性质、网络整合程度、资源分配)对政策社群与议题网络进行区分(详见表2),为后续分析政策网络的主流框架奠定了基础。

表1 政策网络类型学

整合程度	网络类型	网络特性
高 ↓ 低	政策社群	稳定、成员资格高度限制、垂直关系高、水平关系有限
	专业网络	稳定、成员资格高度限制、垂直关系高、水平关系有限,为专业利益服务
	府际网络	成员资格受限、垂直关系低、水平关系广
	生产者网络	成员变动、垂直关系低、为生产者利益服务
	议题网络	不稳定、成员人数多、垂直关系低

资料来源:R. A. W. Rhodes, *Understanding Governance: Policy Networks*, *Governance*, *Reflexivity and Accountability*, Open University Press, 1997, pp.10-25。

表2 对比政策社群与议题网络

要素		政策社群	议题网络
参与者性质	数量	参与者有限,网络有准入机制,特定团体被排除	参与者人数多,网络准入机制低
	利益追求	主要为经济和专业利益	利益种类繁多
网络整合程度	互动频率	在政策议题的相关事务上,团体间存在频繁、高质量的互动	边界大的团体间互动频率与质量较低
	持续性	成员、价值观与政策结果可以保持其传承性	参与者出入自由,发生变化的可能性高
	共识	成员共享基本价值观念,接受政策结果的合法性	存在某种规则,但会不断发生冲突

(续表)

要素		政策社群	议题网络
资源分配	网络资源	参与成员均有资源,基本关系为交换关系	部分成员拥有资源,基本关系是咨询性
	内部结构	层级节制、领导者分配资源	主体间并不相同,多元性较高
	权力关系	成员间存在权力均衡,虽有支配性团体,但均可得利	权力、资源与话语权不平等

资料来源:David Marsh and R. A. W. Rhodes, eds., *Policy Networks in British Government*, Clarendon Press, 1992, pp.5-15。

从表2分类比较来看,倾向于对网络类型的归类属于静止状态,不适应讨论动态的政策过程,即单凭分类法难以描述由网络外部不确定因素导致的政策变迁。因此,从分类学的视角来看,目前政策网络仍存在解释力缺口,要弥补这个缺口,需运用动态视角予以补足,并对其中的要素进行分析,则可完善政策网络的现有分析框架。

3. 国家自主性

国家自主性(state autonomy)来自以彼得·埃文斯(Peter Evans)、西达·斯考切波(Theda Skocpd)等学者所倡导的国家中心论,其原初定义为:"作为一种对特定领土和人民主张其控制权的组织,国家可能会确立并追求一些并非仅仅是反映社会集体、阶级或社团自身需求或利益的目标。"[①]只有国家确实能够提出这种独立目标时,才有必要将国家看作一个重要的行为主体。在该理论的知识逻辑中,国家自主性是分析国家与社会关系形态的理论原点。从政策网络理论集中于多元主义和统合主义之外的国家与社

---

① [美]彼得·埃文斯、迪特里希·鲁施迈耶、西达·斯考切波:《找回国家》,方力维等译,生活·读书·新知三联书店2009年版,第10页。

会关系流派来看,把国家自主性作为一种利益中介或协调的视角理所应当。这种视角认为,网络主体通过相互交换资源达成目标,当国家作为网络中的主体进行互动时,其资源与权力远远超过其他主体。基于此,从国家与利益团体的互动视角进行政策网络研究,强调由于国家权力远超于其他利益团体,设定游戏规则以排除其他利益团体加入。如果采取专断、威压或统合性权力,必将付出高昂的政治成本;如果通过政策网络渠道,与利益集团建立协商共赢机制,以让利来化解利益集团力量,便可实现国家权力扩张的目的。

(二)政策网络的治理学派

1. 政策网络管理

政策网络管理可划分为政策管理、博弈管理、网络构建三个层次。其核心思想是:由于政策网络资源分配不均,且在外部环境急速变化下,政策核心问题也会逐渐发生转移,因而政策网络管理者必须使网络参与者之间进行必要的沟通与协调,以确保政策网络顺利运行。在政策管理中,政策网络管理者通过认知影响其他行动者,各自做出妥协,促使政策目标达成一致。在博弈管理中,政策网络管理者要在对资源精确判断的基础上,灵活运用规则,选择利于自身的参与者加入网络。最后,网络构建是一个多点多态的构建过程,包含同类契合和不同类耦合的网络构建,其中需要网络检查。由于政策网络管理的对象复杂,管理效果难保证,因此,政策网络管理是一个渐进调适的过程。

2. 网络控制机制

有学者提出了五种网络控制机制。一是个人权威控制,核心是确保决策是由个人直接监督下的中央或高层做出。二是专制控制,通过编制行为规范的规章制度来规范行为,确保行动有明确的行为依据。三是结果控制,通过衡量结果,将实际结果与预定目标进行比较来评估实际结果,并对实际结果的走向进行控制。四是文化(集团)控制,通过遵守共同的标准和价值体系来实现组织目标。五是声誉控制,从网络参与者的信誉入手,通过监督其他网络主体的行为来实现对网络的控制。他们还总结出三个适用性定理。一是如果网络较小,则五种控制机制都可能有效;如果网络较大,则通过声誉控制、文化(集团)控制较为有效。二是在合作或进行连续任务的政策网络中,通过专制控制、文化(集团)控制和声誉控制较为有效;在互惠互利的政策网络中,不应使用专制控制,通过文化(集团)控制和声誉控制较为有效。三是在复杂性低的环境中,除个人权威控制之外的四种控制都可能有效;在复杂性中等的环境中,结果控制较为适用;在复杂性较高的环境中,文化(集团)控制和声誉控制较为适用。①

3. 治理研究

网络治理具有四个特点:一是国家机关治理边界扩张,公共部门、私人企业环与 NGO(主要指环保)三者相互依赖;二是资源交换协议与目标共识意识促使内部成员持续互动与合作;三是网络成员间的互动基础建立在相互信任与遵守协议的游戏规则上;四是政策网络虽作为一种自我规范性组织,但某种程度上需国家机关加以主导。由此可见,网络主体具有相互依赖性、资源交换性、协商合作性与规范约束性等特点。此外,网络还包括如下要素。一是参与者性质:每个政策网络的参与者性质不同,不同的参与者由于其身份不同,其行为方式也会不同。二是权力关系:政策网络中的各主体间存在资源依赖的权力关系,各自无法独自达成目标,需与其他主体协商合作。三是行动者策略:各主体存在各自需求,他们以满足自身需求为行动核心并制定博弈策略。四是网络整合

---

① Patrick Kenis and Keith G. Provan, "The Control of Public Networks", *International Public Management Journal*, 2006, 9(3), pp.227-247.

性:各政策网络由于各主体间互动频率、质量与信念的连续性不同,网络整合性也会有所不同,从而影响政策议题达成共识的效率。

(三) 政策网络的解释力探索

1. 与新制度论结合的辩证模型分析途径

罗茨和大卫·马什(David Marsh)延续新制度论中结构与行动者结合的思维,融合宏观、中观与微观因素分析,提出辩证模型的分析途径,展开对英国农业政策网络的发展与演进研究。所谓辩证模型,是指网络结构与网络主体、政策网络与结构网络以及政策网络与政策结果之间两两因素相互影响的辩证关系。① 简而言之,就是政策网络产生的政策结果会反馈到政策网络,促使其做出调整的过程,它不仅描述行动者行为与网络结构,还描述政策行为与结果相互影响的过程。

2. 与历史制度论结合的策略途径

历史制度论对网络主体的策略行动、学习、主体、结构以及演变历程进行分析,强调网络主体的策略行动与结构的影响关系。所谓策略途径,是指网络形成之后进行初次"织网",即招募策略合作伙伴、确定内部行为规范以及形成治理模式等,待执行策略议程后,便依照执行后新出现的网络体制与特征再进行一次网络整合,依次循环的过程。此外,行动者与系统之间存在相互影响,并可在历程性观点中检视网络形成及其变迁过程,从而在网络建构、网络变迁与网络终结的演进中再现网络的动态发展过程。

3. 向宏观层次整合或微观层次整合的其他探索路径

除上述两种整合视角外,一些学者尝试与资源依赖理论、博

---

① David Marsh and Martin Smith, "Understanding Policy Networks: Towards a Dialectical Approach", *Political Studies*, 2000, 48(1), pp.4-21.

弃理论以及沟通行动理论相结合,来增强对政策网络框架的解释力。就目前而言,政策网络研究者更多的是尝试从宏观层次与微观层次进行整合。在宏观层次,学者尝试将政策网络与国家理论中的法团主义、多元主义以及马克思主义结合,从而解决政策网络不能解释非正式组织的运作、权力、制度与民主问题。① 在微观层次,学者将政策网络与理性选择相结合,以期为网络主体行为的动力注入解释依据,还将政策网络与社会学网络途径结合,以分析网络发展的局限缘由与网络外影响政策变迁的结构性因素是什么。②

（四）本文的研究框架

综上所述,本文以罗茨和马什的分类框架为基础,结合海耶提出的"织网"概念对参与者性质进行分析,我们发现,现有的研究倾向于按照框架先对行动者策略进行分析。然而,如果仅仅获知网络主体的行动意图,在对资源分配一无所知时直接分析策略略有欠缺。因此,结合网络形成、权力关系、行动策略与网络整合四个维度,本文的研究逻辑是:首先,分析各利益主体的网络形成方式,并对其网络中资源的配置及其对网络影响力的大小加以探讨;其次,结合利益中介学派的视角对行动策略进行分析,明确该政策网络的议题目标,并结合辩证模型,尝试辨明各主体策略的先后关系;最后,分析网络中各主体之间的互动模式、整个政策过程的连续性以及各参与主体达成共识的过程,并比较最终结果的专业性与妥协性,实现网络整合。各研究要素详见表3。

---

① Carsten Daugbjerg and David Marsh, "Explaining Policy Outcomes: Integrating the Policy Network Approach with Macro-level and Micro-level Analysis", in David Marsh, ed., *Comparing Policy Networks*, Open University Press, 1998, pp.52-71.

② Keith Dowding, "Model or Metaphor? A Critical Review of the Policy Network Approach", *Political Studies*, 1995, 43(1), pp.136-158.

表 3 政策网络研究维度与分析要素

研究维度	分析要素
网络形成	1.参与者数量； 2.参与者性质； 3.利益类型
权力关系	1.资源(土地、人力、资金、权威、正当性、信息、组织、社会资本与专业性)； 2.影响力
行动策略	1.目标； 2.需求； 3.意图； 4.策略
网络整合	1.互动程度； 2.连续性； 3.共识与网络检查

三、网络形成与权力关系

21世纪之后,伴随日益加快的城市化进程步伐,老旧破损的公共服务设施已逐渐不能满足民众的多元化需求,尤其是作为人类生存与发展过程中赖以生存的物质资源,城市水网设施老旧、破损等因素导致的城市饮用水供需矛盾日益凸显出来,改善现有城市水网设施,保障城市居民的饮用水安全,已显得刻不容缓。2007年开始至2016年年初,G市的水网改造问题逐步得到解决,但G市H区G大学N校区的饮用水水网改造就一直成为社会关注的焦点问题。9年间,G大学N校区水网改造主要经历了五个阶段:2007—2010年,提出水网改造,但遭教职工住户抵制;2010—2012年,自来水公司内部改制,工期拖延;2012—2014年,土地占用问题出现且污染责任模糊;2014—2015年,出资争议使水网改造陷入僵局;2015—2016年,利益相关者抗争引发持续关注,问题逐步走向解决。结合G大学N校区水网改造案例,本节遵循网络形成与权力关系视角,呈现该案例中的网络形成过程与权力关系形态。

（一）网络形成

关于网络形成,可以分别从参与者数量、参与者性质与利益类型三方面进行解释。

1. 参与者数量

一个合理的政策网络必须由多元化的参与者构成。在G大学N校区水网改造过程中,形成政策网络的参与者主要包括六大主体,分别是H区政府、G大学、教职工住户、H区供水公司、环保NGO与G市政府。其中,随着水网改造时间的推移、各种新问题产生,政策网络中的各参与主体参与政策网络的时间节点与过程并非完全一致,而是呈现进出更替状态,最后形成了G大学N校区的水网改造政策网络。

2. 参与者性质

该政策网络中,不同的参与者扮演不同的角色,产生了不同的效应。其中,H区政府既是该政策网络的提出者,也是主导者;H区供水公司主要发挥专业性作用,并无过多偏好;G大学从最初的政策招募者变为水网改造的支持者与推动者;N校区教职工住户从主要反对者成为要求者;G市公众环境教育中心是公益倡导者;G市政府则是从权力沉默者变为督导仲裁者。参与者的角色与效应具体如下。

(1) H区政府。作为在政策网络中占据主导地位的公共权力主体,H区政府既是网络构织的提出者,又是网络形成的主导者。2007年,在G市进行全城的水网改造时,H区政府与G大学进行协商,并就关停G大学的自备水源,将N校区以及附近教职工社区的水管网络接入统一的、有达标净水设施的市政水网的事宜达成了一致。G市政府也下发了相关文件,要求在2008年年底前关闭G大学的自备水源,统一由H区供水公司供给,使用C大道加压站进行供应。至此,H区政府完成了政策网络的最初"织网"。

(2) H 区供水公司。作为 G 大学 N 校区与周边教职工社区水网改造承办单位,H 区供水公司主要发挥专业性作用,并无过多偏好。2007 年,H 区供水公司作为专业性提供者存在。2012 年污染发生之后,H 区供水公司在新的建设用地备选方案中发挥其专业技术性作用,为可选区域划出限定。2014 年,由于 H 区政府无法提供加压站建设土地以及 G 大学出租土地建立加压站的方案无法实施,H 区供水公司提出方案,即由 G 大学在其教职工社区建立一个二级加压站,H 区供水公司将邻近道路的自来水网接入教职工社区的二级加压站,其中,G 大学可以通过对外招标来建设二级加压站,自来水公司也可以提供技术支持,G 大学不存在技术问题。①

(3) G 大学。作为 N 校区综合事务的管理者,G 大学在水网改造中从政策招募者变为支持者与推动者。2007 年,G 大学作为政策招募者积极协助 H 区政府化解教职工住户的抵触情绪。2012 年,G 大学 N 校区自备水源取水口遭到污染后,在 H 区不断发展,新建单位增加,用地紧张,加压站建设用地一再拖延、迟迟未批②的情况下,G 大学支持和推动水网改造,计划将 N 校区两亩学校教育用地以每年 1 元的租金长时间租给 H 区供水公司③,以此规避政府未能完成征地、无处建立加压站的问题,但由于相关法律法规的规定,H 区供水公司不能在教育用地上建设加压站④。2015 年年底,由于不断发生的抗争运动以及形成的舆情压力,G 大学开始转变态度,以更新 N 校区自备水源取水点为解决方案,解决了 G 大学 N 校区的水污染问题。值得注意的是,即使更新自

---

① 资料来源:对 H 区供水公司主要负责人之一 W 经理的访谈整理,2016 年 4 月 24 日。
② 同上。
③ 资料来源:对 G 大学 N 校区管委会 L 副主任的访谈整理,2015 年 6 月 5 日。
④ 资料来源:对 H 区供水公司主要负责人之一 W 经理的访谈整理,2016 年 4 月 24 日。

备水源,其净水工序也未完全达到市政水网的标准,某种程度上,这是一个充满妥协的畸形的临时解决方案。

(4) N 校区教职工住户。作为水网改造对象的具体使用者,G 大学 N 校区的教职工住户由最初的反对者变为支持者。水网改造之初,H 区政府将该群体排除在水网改造政策网络之外。当水网改造突然出现且将增加教职工住户的用水成本,却不会为教职工住户带来直接益处时,教职工住户中出现了集体抗议。① 访谈过程中,一些教职工住户认为,现在一个月低于 10 元的水费属于职工福利,而水网改造后的正常水费剥夺了这一福利。② 2012 年,随着 J 路的施工建设,H 区政府将毗邻的 Y 大沟作为 H 河的防洪沟,但 H 区政府未对未来可能会在 J 路新建单位的排污进行规划以及预防,导致 J 路附带的排污管道容量过小,排污管道过窄,发生污染事故。③ 当污染发生后,教职工住户自备水源被污染,生活用水绝大多数属于污水,教职工住户在水网改造问题上由抵制转变为支持,主要表现为:联系媒体报道污染现状与联系环保 NGO 施加社会压力。

(5) G 市公众环境教育中心。作为 G 市的环保 NGO,G 市公众环境教育中心是公益倡导者。污染发生后,Y 大沟环境污染问题引起 G 市公众环境教育中心的持续关注,并对解决污染问题做过许多研究。研究发现,除了施工设计存在问题,污水来源也包含 G 大学 X 校区的生活废水、Y 大沟上游 Y 村的生活废水以及 J 路周边企业产生的工业废水,它们不仅影响 G 大学 N 校区的自备水源,而且还会污染 G 市其他城区的市政水网。④ 基于此,G

---

① 资料来源:对教职工住户 S 先生的访谈整理,2016 年 10 月 15 日。
② 资料来源:对教职工住户 Z 女士的访谈整理,2016 年 8 月 9 日。
③ 资料来源:对 G 大学 N 校区管委会 L 副主任的访谈整理,2015 年 6 月 5 日。
④ 资料来源:对 G 市环保 NGO 公众环境教育中心 H 主任的访谈整理,2016 年 6 月 8 日。

市公众环境教育中心提出了相应的政策建议,即只要 G 大学延长排污管道,进行雨污分流,就能很好地解决排污管道过窄的问题。然而,G 市公众环境教育中心告诉笔者,当他们介入调查后,发现 G 大学和 H 区政府已陷入相互推诿污染责任的泥潭之中。①

(6) G 市政府。作为 G 市的最高行政主体,在 G 大学 N 校区水网改造过程中,G 市政府从最初的权力沉默者转换到督导仲裁者。2015 年 9 月,生态环境保护法庭召集 G 市公众环境教育中心、环保专家、H 区生态局、H 区水务局、H 区住建局、H 区检察院、G 大学、G 大学附属中学、两家排污企业以及新闻媒体组成联合调查组,对 H 区 Y 大沟环境污染进行现场调查,相关单位现场签字确认,形成联合调查报告,明确了污染源及各单位的整改要求。直至 2016 年,G 市政府抛弃以往的沉默态度,要求 G 市水务管理局牵头制定治理方案,于是,市水务管理局委托中国市政某设计研究院对 H 河段项目进行初步设计(含 L 大沟、Y 大沟、D 沟污水收集),并对污染现场进行垃圾清理,搭建临建设施及围堰。同时,G 市政府督促 G 大学、G 大学附属中学以及三家排污企业进行污染治理,并制定"河长制"工作机制,要求各区领导签订"河长制目标责任书",对 H 河与 Y 大沟进行分段管辖,逐步划清各方责任,污染问题逐渐走向解决。

3. 利益类型

不同的参与者形成不同的利益主体,不同的利益主体由于自身的利益诉求与权力大小不同,又形成不同的利益博弈格局。在利益类型划分上,本文从政治利益、经济利益与环保利益上对政策网络进行解释。

(1) 政治利益。在水改政策网络形成过程中:对于 H 区政府

---

① 资料来源:对 G 市环保 NGO 公众环境教育中心 H 主任的访谈整理,2016 年 6 月 8 日。

而言，由于 H 区政府分别在 2008 年 7 月、2011 年 10 月更换了两任区领导班子，加之加压站建设用地陷入僵局，Y 大沟新建工程量大，扩建不利于疏解交通，新领导班子的注意力也就主要集中在 H 区的经济发展上；对于 G 大学而言，G 大学最初由多所高校合并而成，合并前各高校水改已由校区内师生集资完成，此时，N 校区在水网改造过程中采用 G 大学统一财政拨款，可能会引起其他校区争议；对于 H 区政府和 N 校区而言，教职工反对水网改造的时间恰逢中央巡视组对 G 市进行巡视，基于这样的政治考量，两者的态度逐渐开始转变。

(2) 经济利益。在水改政策网络中，水改主要对 H 区政府、N 校区教职工、G 大学与 H 区供水公司带来经济利益影响。对于 H 区政府而言，H 河作为 G 市重要的旅游宣传点之一，却由于排污规划失误而遭到污染，从而损害当地的旅游业收益。[①] 对于教职工而言，水改之后，提高日常用水成本，损害了教职工的经济利益，尤其是在二级加压站方案中，若由教职工自行集资建设，会带来过大的经济负担。对于 G 大学而言，水网改造后校内水管重铺工程的资金投入、二级加压站建设的资金投入、水网改造后学生水费的资金投入(G 大学对学生水费有一定的金额补助，修建二级加压站或是更大的加压站都将带来该项开支)、更新自备水源的资金投入以及延长 G 大学 N 校区排污管道的资金投入等都将给 G 大学带来经济负担。对于 H 区供水公司而言，水改则为其直接带来工程收入与水改之后的供水收入。

(3) 环保利益。水改政策网的环保利益主要集中于居民生活用水被污染问题上。对于 H 区而言，将全部的自备水源供水区域统一更换为市政水网进行供水，提高居民用水的水质，防止自备水

---

① 资料来源：对 G 市环保 NGO 公众环境教育中心 H 主任的访谈整理，2016 年 6 月 8 日。

源点非专业的净水程序导致公共饮水安全的问题发生。对于 G 大学而言,2012 年饮用水污染事件发生后,直接影响 G 大学 N 校区与教职工住户的用水安全,因此,完善水网改造,改善污染环境,有助于平息教职工抗议的声音,也维护了学校形象。对于环保 NGO 而言,H 河上游(本次水改过程的污染就处于 H 河上游)的现有污染源极有可能影响到 G 市另一个城区的饮用水安全(因为该城区的生活用水主要由 H 河供给,Y 大沟污水问题将会影响处于下游的该城区的居民生活用水)。①

(二)权力关系

资源作为权力关系的决定性影响因素,拥有多少资源也就决定了相应话语权力的大小,并且由于不同参与主体对资源拥有的程度不同,形成的权力关系也不同,权力随着拥有资源的多少而逐渐发生变化。结合水改网络案例,本文从资源分配和影响力两个方面来阐述该政策网络中的权力关系变化。

1. 资源分配

结合土地、人力、资金、权威、正当性、信息、组织与社会资本 8 类资源,本文在对该政策网络的资源分析中增加了专业性资源,进而分析水改网络中资源的分配状态。

(1)土地。水改网络中,土地资源对网络中期的走向发挥了关键性作用。在水改网络发展至中期,教职工抗议情况逐渐缓解,但建设加压站的原定土地不能使用,直至 2012 年污染发生后,如何选定新的土地建设加压站,成为该网络的核心议题。其中,H 区政府因能提供土地资源,一度成为水改网络的核心,G 大学也是如此。但是,当土地资源要素最终无法破解水改难题之后,水改网络

---

① 资料来源:对 G 市环保 NGO 公众环境教育中心 H 主任的访谈整理,2016 年 6 月 8 日。

的议题逐渐转向不需要土地来解决的方案。

(2) 人力。人力资源作为资源的核心,在各种网络资源中发挥着举足轻重的作用。然而,纵观整个水改政策网络,可能是基于该政策网络的特殊性,人力资源发挥却相对较少。比如,2007—2010年,水改网络的核心在于解决教职工住户的抵触情绪;2010—2014年,水改网络则围绕土地资源要素展开。

(3) 资金。资金作为一切活动的关键性物质基础,其重要性一直贯穿在水改网络中。在水改网络初期,教职工的抵触情绪主要就是围绕出资改造问题产生的。在水改网络后期,尤其是在关系到非公行动者之后,谁出资建设这个问题在一定时期内成为水改网络亟须解决的核心议题。比如,2014年H区供水公司提出了二级加压站的提案后,G大学与N校区教职工住户群体就由谁出资的问题陷入僵局。

(4) 权威。权威资源是使人信服的一种能力或威信,是有无话语权的具体体现。然而,在构建水改网络的大部分过程中(2007—2015年),权威资源一直未体现出来,更没有出现一个主体对于其他主体运行权威资源的情况。直至2016年,随着G市政府的介入,权威资源才开始在水改网络中真正凸显出来,也使水改问题与环境污染问题最终走向解决。

(5) 正当性。当污染发生后,教职工住户进行环境抗议,要求解决饮用水污染问题,保证饮用水质量,正是基于准公共产品的正当性要求。同时,在二级加压站由谁出资的问题上,G大学和N校区教职工住户都具有正当性,分别是G大学处理此类情况的惯例与房地产公司处理二级加压站的惯例。前者习惯于采取内部调解的方式解决,也可称之为中国政策解决方式中的"凝闭型"和"内输入"特征;后者则通常采用市场化和经济性的方式解决,投入的成本和收益分析是首选。

(6) 信息。信息资源是协商交流的重要资源。但在水改网络中,信息往往是不流通的。比如:H区政府难以提供土地时,H区政府并没有立即将实际情况告知其他网络主体;G大学尝试出租土地给H区供水公司,H区供水公司由于上报周期过长,导致该举措在"违反相关法律规定而不可行"的信息在许久之后才反馈到水改网络中。

(7) 组织。水改网络形成初期,H区政府组织G大学、H区供水公司等参与主体构建水改网络,但遭到N校区教职工住户的集体抵触。当污染发生后,教职工住户开始组织抗议,试图重构水改网络,但并不具备决定性优势。直至2016年,随着G市政府的介入,网络主体中难以界定的污染责任等逐渐明晰,组织资源直到此时才逐渐发挥作用。

(8) 社会资本。关于水改网络中社会资本的运用,主要体现在N校区教职工住户和环保NGO上,具体为:教职工住户群体通过其社会资本联络媒体对污染事件进行报道,同时联系本市环保NGO为其助力;本市环保NGO则通过某领导成员具有的政协委员身份来宣传和推进污染治理。

(9) 专业性。专业性作为水改网络新增的一种资源,发挥着不可忽视的作用。比如,在污染发生后,H区供水公司在水改网络中运用自身的专业优势,积极提出解决方案,具体为:先为H区政府界定可用地块,然后在H区政府无力批地后,再对G大学的可供土地进行专业性评估,当G大学的租地方案不可行后,最终提出修建二级加压站的方案。

2. 影响力

影响力的大小关乎参与主体是否能在政策网络中占据主导地位。在水改网络中,各主体的影响力大小随着关键问题的变动而发生变化,网络的主导地位占据者也随关键问题的改变而发生更替。基于此,本文以关键问题为立足点,深入分析水改网络中主要参与主体发挥的影响力事实,了解影响力在水改网络中的更替过程。

(1) 水改初期最具影响力的教职工住户。在水网改造初期，在是否进行水网改造的关键问题上，G大学N校区的教职工住户对水网改造产生抵触情绪，原因在于水网改造后形成的水费问题得不到解决。此时，尽管H区政府也拥有大量的资源，G大学拥有教职工社区的管理权，H区供水公司掌握水网改造的专业性技术，但教职工住户在实际上的政策网络中占据重要地位，因为在当今法治社会下，教职工住户拥有已有水网设施的所有权，而H区政府受到法律法规以及社会道德的限制，即使拥有绝对优势的水改资源，也不会采用强制手段逼迫教职工住户同意进行水网改造。由此可以看出，教职工住户在水改网络初期占据核心地位，拥有最大的影响力，其态度成为水网改造能否实施的关键。

(2) 影响力逐渐从教职工住户向H区政府转移。2012年，污染发生，外部条件发生改变，水改网络的关键问题不再是是否进行水网改造，而是加压站土地的选址问题。在该问题上，掌握土地资源的是H区政府与G大学，它们逐渐成为政策网络的核心，尤其是被赋予公共权力的H区政府，此时成为水改网络最核心的主体，水改网络中各主体的影响力也随之发生变化，并逐渐向H区政府转移。

(3) 影响力逐渐从H区政府转至G大学。污染发生后，由于H区政府提供的土地无法满足加压站建设的选址要求，G大学便排除了H区政府，开始重构水改网络，决定自己提供加压站建设用地，同样拥有土地资源的G大学开始取代H区政府的地位，成为最具影响力的参与主体。其中，H区供水公司虽具有专业性影响，教职工住户虽通过媒体、社区抗议等方式进行抗争，试图通过专业技术和社会舆论来解决用地问题，但由于土地资源使用紧张，H区供水公司与教职工住户皆无法成为水改网络的核心。值得注意的是,由于相关法律法规中有"不能占用教育用地"的规定,G大学最终也无法使用自有的教育用地来建设加压站。与此同时,H区供水公司提出建设二级加压站的方案,水改网络的核心问题从土地问题变成由谁出资建设二级加压站的问题。作为掌握公共资金的G大学,在教职工住户不断向G大学施压的情势下,还是基于政治利益因素不愿出资建设。此时,恰逢中央巡视组巡查G市,G大学以更新自备水源的方式做出回应。

(4)影响力逐渐从G大学转向G市政府。污染发生后,G市公众环境教育中心开展大量调查,认为H区政府与G大学可以成为Y大沟污染治理的主体,教职工住户扮演的则是维权者角色,没有治理Y大沟污染的能力。但H区政府与G大学相互推诿污染责任,对Y大沟污染避而不谈,直至2016年年初污染问题依然没有解决。水改网络构建后期,在强大的舆论声讨下,面对中央巡视组环保巡查的压力,G市政府加入水改网络,并以绝对的资源优势对Y大沟污染制定了一系列治理方案,最终解决污染问题和水改问题。其中,G市公众环境教育中心、教职工住户、排污企业位于水改网络的边缘。

四、行动策略与利益博弈

政策网络是否成功,关键在于参与主体是否在利益博弈中形成有效的行动策略,因而对网络中各主体的行动策略以及蕴含于其中的利益交换进行阐释,就显得尤为重要。对水改网络的行动策略与利益博弈进行解释,本文遵循目标、需求、意图与策略的视角,分别解释水改网络参与主体的目标,点出各参与主体的需求,指明参与主体的意图以及水改网络形成的行动策略。

（一）目标

在水改网络的案例中，根本目标是解决 G 大学 N 校区及周边教职工住宅社区的生活用水水网改造问题。随着水改网络的发展，在该目标下逐渐分化为多个子目标。比如，水改过程中，随着污染问题的发生，该政策网络不再以单一的水网改造为目标，而是在进行水网改造的同时，讨论如何解决污染源问题，彻底解决 Y 大沟污染问题，规避污染带来的影响，此时，水改网络也提出建设加压站或以其他方式替换原有的水源供应点的相应方案，进而形成了以水网改造为主题、一网络多子目标的水改网络。

（二）需求

从整个水改网络的参与主体构成来看，整个过程主要包括 H 区政府、G 大学、H 区供水公司、N 校区教职工住户、排污企业、G 市公众环境教育中心以及 G 市政府七大主体。根据水改网络的发展过程与现实需要，七大主体带着不同或相同的利益需求在不同或相同的时间节点参与到水改行动中，共同形成水改网络。在分析和观察水改网络的过程中，水改网络参与主体中的需求主要包括推动经济发展获得政绩、保证用水安全、维持较低的用水成本、预防恶性群体事件、推诿责任减少支出与环境保护六个方面，具体如下。

（1）推动经济发展获得政绩。政绩是体现政府是否有效履行职能的关键性标准。H 区政府作为 H 区最直接的公共服务主体，在 G 市进行全城水网改造的背景下，H 区政府虽然有完成上级交予水网改造任务的目标，但在政绩至上的理念下，H 区政府毅然选择获得政绩最有效也是最直接的路径——推动 H 区经济发展。作为是上一届领导班子的遗留问题，水网改造逐渐不受 H 区政府重视。

(2) 保证用水安全。水网改造的根本目的在于将分散管理的供水点改换为统一管理的供水源,提高G大学N校区教职工社区及附近住户的生活用水质量,防止由水质问题引发的次生灾害。尤其是在自备水源受到污染后,N校区教职工住户与附近住户使用的生活用水夹带着未充分净化的生活污水与工业废水,解决生活用水安全刻不容缓。

(3) 维持较低的用水成本。在享受合格服务的同时尽可能减少生活开支,是N校区教职工住户群体的根本需求。水改初期,教职工住户生活用水的自备水源还未受到污染,他们产生抵触情绪并进行抗争的原因就在于水改后用水成本增加了。污染发生之后,H区政府与G大学因不能提供建设用地而采用二级加压站方案时,教职工住户以购房时已购买相关配套服务(主要指后续维护)为由不愿承担二级加压站的建设费用。上述二点都说明教职工住户具有维持较低用水成本的需求。

(4) 预防恶性群体事件。在水改过程中,G大学的处境略显尴尬。一方面,N校区教职工社区住户频繁地开展抗争运动,G大学必须进行平复,防止抗争进一步扩大,发展成为恶性的群体性事件。另一方面,作为由几所高校合并而成的大学,G大学其他校区当初进行水网改造时,是由各校区(合并前的学校)单独出资完成,如果此时由G大学统一出资为N校区教职工住户建立二级加压站,会导致其他教职工校区(合并前的学校)的不满,进而引发抗议。① 因此,G大学不能在二级加压站出资上作出让步,只能安抚N校区教职工社区住户的情绪,寻求其他途径解决水改问题。

(5) 推诿责任减少支出。作为带有污染源的主体之一,G大学也不愿意过多地承担治污责任,因为具体谁污染了多少,在水改网络发展前期一直缺乏明确界定,进而在一个没有明确的共识之

---

① 资料来源:对H区供水公司W经理的访谈整理,2016年4月24日。

前,污染制造者既无法保证治污取得成效,又担心治污活动中自身会付出高于自身责任与义务的成本,所以,污染主体在共同勘定界定责任前都处于相互推诿责任的相持阶段,没有积极投入污染治理。

(6) 环境保护。G市公众环境教育中心作为地方性甚至全国闻名的环保类非政府组织,对Y大沟的污染现状十分担忧并持续关注。因为Y大沟直接排入H河,不仅污染了H河的水质,破坏生态环境,影响H区的旅游业(该区旅游业主要围绕H河进行)发展,而且根据G市公众环境教育中心的调查,处于被污染河段下游的某城区有一个自来水厂供水点,如果不尽快妥善解决污染问题,该城区的用水质量将会受到影响。

(三) 意图

不同目标下体现的是参与主体的不同需求,不同需求则形成参与主体的不同行动意图。在水改网络形成发展中,主要参与主体均表现出不同的需求,具体体现在两个方面:一是反对水网改造;二是支持水网改造。

(1) 反对水网改造。水改网络形成前期,反对水网改造的主体主要为N校区教职工住户,因为水网改造会直接增加教职工住户的用水成本,与较低用水成本的现实需求不符合,且不会带来直接的惠处(此时,污染还未发生)。

(2) 支持水网改造。在网络构建过程中,按照由大至小的水改支持程度,首先是H区政府,其次是负责具体施工的H区供水公司,最后是施工所在地的G大学。其中,H区政府迫于G市水改压力、H区供水公司受政府委托以及G大学限于政治责任,都对水网改造表示支持。在污染发生后,教职工住户群体限于污染影响也转变态度支持水网改造。

（四）策略

目标、需求与意图作为一种理论构想,其最终落脚点在于将构想付诸实践的策略。在水改网络形成初期,由于不同参与主体的目标、需求与意图不尽相同,在此基础上形成的行动策略也不尽相同,表现为主要支持者(H区政府、G大学、H区供水公司)与主要发反对者(教职工住户群体)采取的如下行动策略。

(1) 拖延战术。一方面,在水网改造初期,N校区教职工住户初期对水网改造进行抵触在于水改后用水成本上升,面对H区政府与G大学的说服策略,教职工住户已陷入情理道德劣势。因此,教职工住户群体采取拖延战术,试图通过拖延时间来使水改推动主体打消水改念头,以维护自身的既得利益。另一方面,在二级加压站建设方案中,由于谁出资的问题与教职工住户无法达成共识,此后,G大学也采用拖延术,面对住户抗议与媒体问询,均拖延敷衍,直至2016年以后其态度才逐渐发生偏转。①

(2) 单独说服。水改网络形成初期,由于没有邀请N校区教职工住户代表参与该网络,面对教职工住户群体的抗议抵触,H区政府与G大学选择对各个教职工进行单独说服,试图消解教职工住户的抵触情绪,使教职工住户建立新的价值体系,即以经济利益换取环保利益,形成创造水改共识,接受水网改造。②

(3) 搁置推诿。在水改计划提出之初,由于在能规划的现有土地中没有适用于建设加压站的土地③,H区政府选择搁置加压站建设的提案④。同时,作为规划失误的H区政府与污染排出者之一的G大学也陷入相互推诿责任的泥潭中,具体为:H区政

---

① 资料来源:对G大学后勤处Z处长的访谈整理,2016年4月24日。
② 同上。
③ 资料来源:对H区供水公司W经理的访谈整理,2016年6月10日。
④ 资料来源:对N校区教职工社区住户S先生的访谈整理,2016年10月20日。

府认为G大学的新建校区没有做好相应的排污措施,导致J路的排污管道容量超载;G大学则坚持认为H区政府没有合理规划排污设施,污染责任应由H区政府承担。① 双方均不愿承担污染与治理责任,水改工程再次延后。

(4) 集体抗争。H区政府由于迟迟未能规划出土地来建设加压站,进而解决生活用水污染问题,教职工住户在该阶段频繁地对G大学施压,开展集体抗争活动。但就其结果而言,虽然每一次集体抗争活动中都有G大学工作人员来平复职工的情绪,并声称尽可能解决问题,但G大学只有在H区政府提供土地之后才能开展实际行动,也只能尽可能地敦促H区政府尽快提供土地,解决实际问题。

(5) 付诸舆论。当N校区教职工住户群体开展的抗争活动没有产生实际效果之后,教职工住户主动联系当地电视台进行公开报道,当地电视台为此连续三年分三次对G大学N校区的水污染事件进行跟踪报道,引起社会广泛关注。

(6) 政协提案。在H区政府与G大学都不能提供土地的情况下,G市公众环境教育中心负责人H主任通过政协对H区的Y大沟治理提出建议,具体为:一是按属地管理原则,由H区政府牵头建立"河长制",引入第三方监督;二是由H区分管副区长牵头,成立有附近民众代表参与的联合调查组,彻底查清Y大沟各种污染问题与隐患,界定污染责任,为治理规划和实施方案提供准确依据。

(7) 运用时机。当水改网络发展至后期,恰逢中央巡视组进驻G市,N校区教职工住户和当地电视台以此为契机,开展跟踪报道,加大N校区生活用水污染的宣传力度,试图利用中央巡视组巡视之际向G大学施加政治压力。基于政治考量,G大学开始

---

① 资料来源:对在G大学工作的H工作人员的访谈整理,2016年10月20日。

转变态度,以实现用教职工住户群体的环保利益来换取自身的政治利益。此外,G市政府也开始关注Y大沟的生活用水污染问题,并着手处理。

(8) 公益诉讼。在环保NGO通过政协提案之后,H区环保执法大队与市环保NGO公众环境教育中心曾通过环保法庭提出公益诉讼,在Y大沟污染责任认定上作出了努力。① G市政府也开始重视Y大沟的污染问题,并接纳了政协提案,通过"河长制"的方式进行责任勘定,最终形成以G大学更新自备水源、H区政府和G市政府进行Y大沟污染的治理结束该网络。其中,由于G大学与N校区教职工住户群体在加压站资金投入上并未达成共识,形成了水改网络下由G大学和N校区教职工住户群体构成以寻求第三种解决方案的子网络。

五、网络整合与方案形成

政策网络的发展过程实质上就是对网络进行整合的过程,而网络整合又常以协商、互动的方式使碎片化目标或需求达成共识。本文对影响网络达成共识的互动程度、连续性以及网络整合性进行分析,开展网络检查。

(一)互动程度

互动程度高低是衡量网络参与主体是否进行网络整合的标准。在对该水改网络的调查研究中,笔者发现,该水改网络的互动程度时高时低,网络整合效用和解决问题的方案都随之受到影响,具体呈现为:网络构建之初,是一种单方主动的互动模式,互动程

---

① 资料来源:对H区环保执法大队W队长的访谈整理,2015年6月5日。

度较低;网络构建中期,呈现多元互动趋势,互动程度时高时低;网络构建后期,多元主体间协商互动程度提升明显。

网络构建之初,是一种单方主动的互动模式,互动程度较低。H区政府在构建水改网络之初,未将N校区教职工住户纳入互动对话平台,互动时机也是由H区政府与G大学选择。当H区政府与G大学具体推行水改后,教职工住户群体形成了抵触情绪并发生抗议,此时H区政府与G大学也仅以单独说服的方式进行互动。其间,恰逢H区供水公司内部改制,网络互动进入静止状态。

网络构建中期,呈现多元互动趋势,互动程度时高时低。2012年污染发生之后,网络主体间围绕解决污染问题的互动程度逐渐提升,但在H区政府在G大学是否能提供加压站建设用地的问题回复上拖延了较长时间,在没有将结果告知G大学与N校区教职工住户群体之后,水改网络的互动进入停滞状态。当G大学与N校区教职工住户群体通过各种渠道得知真实情况后,教职工住户群体与G大学的互动以"住户催促—学校回应"方式紧密进行,但两者最终在由谁出资上问题上陷入僵持,互动再次陷入静止状态。

网络构建后期,多元主体间协商互动程度提升明显。随着污染影响进一步扩大,参与网络的准入机制逐渐降低,参与边界日渐扩大,参与主体不断加入该网络,但由于缺乏一个权威主体对网络进行整合,加上H区政府与G大学相互推诿污染责任,虽然互动程度提高,但互动效率却较为低下。最后,随着G市政府加入网络,凭借强大的政治组织能力明确污染责任,互动开始有序有效地进行,互动模式回归常态化,污染问题得到解决。

(二) 连续性

从思想和行为上理解,连续性表示某种连贯性行为或连贯性思想意识。结合倡议联盟框架中第一层次的深层核心信仰与第二层次的政策核心信仰概念,本文的连续性指的是各参与主体持有信念的连续性以及基于自身信念而产生某种行为的连续性。

网络构建之初,N校区教职工住户群体与G大学、H区政府的意识与行为连续性较长。网络构建初期,教职工住户群体对水改的核心政策意识是维护其经济利益,H区政府的深层核心信仰是推行水网改造、完成上级交予的政治任务。因此,当教职工住户对水改形成抵触情绪并发生抗议后,H区政府与G大学工作人员耗费30个月左右的时间对教职工住户群体做支持水改的思想工作,体现了两者信念及其行为上的连续性。

网络构建中期,N校区教职工住户群体与H区政府的意识连续性中断并发生转变。此时正值污染发生,教职工住户的生活用水质量受到影响,教职工住户群体的意识和行为逐渐向既能保证解决污染问题,又能在既得利益的情况下享用合格的自来水方面转变。H区政府在教职工住户群体不配合水改的情况下,其意识和行为连续性开始中断并逐渐由水改向推进该区经济发展转变。同时,教职工住户群体与G大学在出资建设加压站上未向彼此妥协,G大学与H区政府在污染责任界定上为了自身利益相互推诿,都保持了意识与行为的连续性。

网络构建后期,一些参与主体的意识与行为的连续性逐渐向达成共识、走向合作转变。随着生活用水污染问题进一步发酵和社会舆论持续关注,G市政府开始关注生活用水问题。加之恰逢中央巡视组进驻G市开展巡视工作,G市政府以强有力的政治组织能力对污染责任进行界定,厘清治理责任,并制定"河长制"解决方案,使相互推诿的相关参与主体走向治污合作。其间,N校区教职工住户群体与G大学在出资建设加压站的问题上还是延续了意识与行为的连续性,但两者也在积极寻求第三种方案解决水改问题。

(三)共识与网络检查

关于水改问题,具体参与主体主要为N校区教职工住户群体与G大学,网络中、后期的整个博弈过程也紧紧围绕二级加压站的出资问题展开。最终在迫于教职工住户群体不断抗争、中央巡视组巡视的政治威慑与G市政府的政治约束的"三重压力"下,G大学基于自身的政治利益考量,在与教职工住户形成三个方案(建立二级加压站,但由教职工住户出资;建立二级加压站,但由G大学出资;更新G大学N校区的自备水源)中选择了第三个方案,形成博弈的最终结果。

关于Y大沟的污染问题,其污染持续时间长,并伴随污染治理衍生出诸多子问题,使治污一度陷入僵局,其原因在于:参与主体多但边界不明确(某些主体有关联但未被引入该网络,某些主体没有关联而进入该网络);参与主体类型复杂,利益需求交织混乱;互动过程各自进行,缺乏一个核心统筹主体;参与主体资源不均,话语权不平等;污染责任含糊不清,相互推诿污染责任;等等。上述原因都使得Y大沟的污染治理工作进入"忽而初显转机与瞬间陷入困局"的反复无常局面。最终,凭借G市政府强有力的政治约束能力与政治组织能力,厘清各主体的责任,迅速达成共识,彻底解决污染问题。

六、启示与展望

结合政策网络理论对G大学N校区水改网络进行分析后,不难发现,政策网络分析框架以静态形式描述了水改网络案例中政策博弈的发展历程,水改实践博弈过程则以动态形式阐明了政策网络理论,分析了国内实践运用政策网络理论的可能性,这就形成了理论的静态形式与实践的动态形式相结合的高度适配性与契合性。基于此,本文结合当前中国发展愿景,对政策网络理论与国内具体情景相结合的治理实践提供以下思考。

（一）国家治理现代化建设需要政策网络治理主抓

顺应社会主义现代化建设推进的阶段性目标要求，国家治理体系和治理能力现代化也确立了中长期目标。从基本实现到全面实现，主要围绕制度更加成熟、更加定型到各方面制度更加完善，再到中国特色社会主义制度更加巩固、优越性充分展现，需要将政策网络的治理理念融入从中央到地方的具体治理实践。首先，要转变治理理念，转变政府职能，以构建社会主义民主政治为目标，以党"从群众中来，到群众中去"的群众路线为指导，实现以政策网络治理环境为基础，以具体的政策网络理论为抓手的参与式治理平台，将市场、社会组织、民众等纳入政策网络参与主体之中，汇聚民智民慧，形成市场、社会、民众等多元主体参与的政策网络。其次，要利用和运用好政策网络力量，为进一步优化产业结构，加大社会保障投入，释放改革开放的红利，缩小工人与农民、城市与乡村以及地区与地区的差距，保证人民过上富足生活，践行"以人民为中心"和"让人民过上好日子"的国家治理现代化理念，最终为全面实现国家治理现代化奠定坚实的治理基础。

（二）行政管理体制持续改革需要政策网络治理充实

作为中央政府推动各级政府改革的有效手段，作为行政审批制度改革在新常态时期的重要内容，"放管服"改革需要政策网络治理充实。在"放管服"改革中："放"简指中央政府下放行政审批权，减少甚至彻底取消没有法律依据和法律授权的行政审批权，并理清多个部门重复管理的行政审批权的过程；"管"简指政府利用互联网、大数据等新技术加强监管，推进体制创新的过程；"服"简指转变政府职能，降低市场主体市场运行的行政成本，促进市场主体的活力和创新能力，建立服务型政府的过程。由此不难看出，在推进国家治理能力与治理体系现代化的目标下,这种以"下放公共权力减少行政审批、推进体制监管与创新以及减少对市场干预"的"放管服"改革正是"中国式"政策网络治理模式的雏形。因此,在"放管服"改革中,需要适时地引入政策网络治理理论,充实并优化"放管服"改革过程,指导"放管服"的具体改革实践,实现事半功倍的"放管服"改革效果。

(三)新时代社会主要矛盾解决需要政策网络治理助力

中共十九大报告明确指出,经过长期努力,中国特色社会主义进入了新时代,我国社会主要矛盾已经转化为人民日益增长的美好生活需要和不平衡不充分发展之间的矛盾。随着社会矛盾的转变,社会政策如何创新发展以适应与满足新时代的要求,解决民需、民求与民急问题,实现人民日益增长的美好生活需要,成为摆在决策者面前的现实问题。要解决这些问题,需要将党领导下的民众或社会参与和当前的前沿治理理论相结合,充分发挥政策网络理论的治理优势,将与政策网络相关的利益主体尽可能吸纳进决策网络,尽可能获取与决策相关的知识与信息,从而将社会或民众所需、所求与所急问题植入决策网络,并运用社会或民众具有的专业技术优势,然后"通过社会政策改革创新,使社会政策在与经济发展的协调中满足人民的美好生活需要,实现在更高水平的发展中解决民生问题"[①],增进人民群众的福祉。

---

① 李迎生、吕朝华:《社会主要矛盾转变与社会政策创新发展》,《国家行政学院学报》2018年第1期。

城市更新的政策宣传方式及其功能研究
——以深圳、上海、广州和佛山四市为例

丁魁礼[*]　吴晓燕[**]

[内容摘要]　城市更新的复杂性与日俱增,城市更新的政策宣传方式也要不断改进。城市更新政策宣传能促进政府与企业和公众的沟通、增进社会的团结、营造良好的舆论环境,从而有利于政策执行。本文通过采集深圳、上海、广州、佛山四座城市五年间城市更新的政策宣传的资料,比较各城市的城市更新的政策宣传方式的特征,同时结合上海城市空间艺术展、深圳城市更新开放日等案例,剖析城市更新政策宣传方式的创新之处。在此基础上,基于权力运行、知识特性、参与的互动程度等维度,本文分析四座城市政策宣传方式的异同,并提出相应的对策。

[关键词]　城市更新;政策宣传;宣传方式;公众参与;案例比较

一、问题提出

现阶段中国城市发展正处于转型的重要时期,城市更新逐渐从量的增长转向质的提高,单纯的物质重建不能满足现代城市发

---

[*]　丁魁礼,复旦大学公共管理流动站博士后,广州大学公共管理学院副教授。
[**]　吴晓燕,广州大学公共管理学院本科生,研究助理。

展需要,城市更新的内涵涵盖再造产业空间、活化历史建筑、保护城市脉络和优化人居环境各方面。为实现这些政策目标,城市更新的管理机构颁布了一系列城市更新的条例、文件和指引等政策,这些政策内容新、数量多,相关企业和公众一时难以理解,这就需要政策宣传发挥信息传递和知识加工的功能。同时,城市更新的多重目标意味着利益主体的多元化和复杂化,平衡其中的多元利益和长短期利益是当下和未来面临的重要任务。为此,城市更新的政策认知和利益平衡都需要更加深入地研究政策宣传的功能。

习近平总书记于 2013 年 8 月和 2018 年 8 月在两次全国宣传思想工作会议上指出,要创新宣传思想工作,深化对宣传思想工作的规律性认识。政策宣传作为一种政策工具,具有告知、劝喻和影响认知的功能。城市更新的政策宣传是公众了解城市更新的直接途径,有效的政策宣传能促进政府与公众的沟通,增进公众对城市更新项目的支持。城市更新政策的宣传渠道与宣传方式对信息传递的质量起着决定性的作用。准确的信息可以减少城市更新政策传递的不确定性和盲目性,提高政策宣传的针对性和适应性,从而提升城市更新的宣传效果,有利于城市更新的精细化治理。

政策宣传是政策执行过程的起始环节,是统一思想认识的有效手段。只有执行者在对政策意图和政策实施的具体措施有明确认识和充分了解的情况下,才有可能积极主动地执行政策。① 政策宣传是关于公共政策决定、政策内容和政策实施的宣布和传播,是政策执行功能环节的重要组成部分。② 加强政策宣传能实现如下效果:既能提高政策执行者的政策认同感,也能提高政策对象的

---

① 宁骚主编:《公共政策学》,高等教育出版社 2011 年版,第 356—364 页。
② 孙百科:《从政策宣传到政策传播:概念的嬗变与现实的启示》,《产业与科技论坛》2014 年第 5 期。

政策认同感;不仅可以对政策执行进行公众舆论监督,还可以为政策执行者构造广泛的社会监控系统。①

政策宣传的主要功能有三种:一是政策信息传播功能,通过宣示、公布、通知等宣传方式,以政府文件的形式出现,从而使目标群体接受和支持该项政策;二是政策行动引导功能,通过引导目标群体和宣传对象,使他们接受和顺从这项政策,从而自觉执行这项政策;三是政策行为劝诫功能,说服目标群体和宣传对象,使其改变行为和偏好,从而实现预期的变化。② 政策宣传环境因素包括制度、个人、观念、利益及国际环境,在政策宣传过程中,要考虑当下的政策制度内容,注重政策宣传对象的传统观念和其他一些客观环境。③ 在内容方面,要注意如下三个方面:建立宣传内容创新机制,将宣传内容与中国实际相结合,与时代特征相结合,与人民利益相结合;建立宣传主体培养机制,不仅要提高宣传主体的整体素质,还要建立培养主体制度,拓宽宣传主体队伍;建立宣传方法多元化机制,用事实说话。④

政策宣传有三个主要渠道:大众媒介传播渠道、组织传播渠道、人际传播渠道。⑤ 政策宣传模式可以从四方面推陈出新:一是运用手机客户端体验式进行宣传,服务不同的人群,使用不同的应用软件;二是广泛应用PC端宣传,开辟新闻网专栏,加强与网络媒体合作;三是直接植入平面媒体进行宣传;四是利用人力资源市场的LED电子显示屏,每天滚动播放政策解读。⑥

---

① 金太军等:《公共政策执行:梗阻与消解》,广东人民出版社2005年版,第221—307页。
② 钱再见:《论政策执行中的政策宣传及其创新——基于政策工具视角的学理分析》,《甘肃行政学院学报》2010年第1期。
③ 陈会方:《论农村基本公共卫生服务政策执行困境与政策宣传——基于政策工具的视角分析》,《传播与版权》2013年第4期。
④ 贾绘泽:《社会主义意识形态宣传机制探析》,《湖南行政学院学报》2011年第3期。
⑤ 刘楞、关志强:《少数民族地区农村政策宣传渠道与方式调查研究——以沙雅县英买力镇为例》,《新疆农业科技》2015年第4期。
⑥ 李向:《关于创新政策宣传模式的实践与思考》,《四川劳动保障》2016年第1期。

现有政策宣传的文献，侧重于概念梳理和理论建构，结合具体政策方向的研究还不够，结合城市更新政策宣传的案例研究依然缺乏。城市更新的政策宣传也是一个观察政府行为范式的切入口，因此，本文致力于观察近年来城市政府在城市更新方面有哪些政策宣传方式，分析这些宣传方式实现了怎样的功能。

二、研究设计

（一）样本城市的选取

本文以城市为分析单位，选取了深圳、广州、佛山和上海四座城市作为样本城市。样本选择的理据有如下两点。首先，广东省是"三旧"改造的试点省份，其中深圳市、广州市、佛山市是"三旧"改造的重点城市，也引领了城市更新的政策创新。上海市旨在发展成为国际化的全球城市，其城市更新的经验值得其他城市学习借鉴。其次，选取城市也有获取研究数据的考量，城市更新相关政府机构的官方网站建设得越好、刊载信息越丰富，越有利于获取研究数据，越有可能成为研究样本。

（二）概念界定与操作化

新闻传播学的研究认为，中国政策传播模式已经从宣传走向了传播，超越了传统的宣传。① 有学者认为，宣传（propaganda）这个词汇具有明显的欺骗等负面含义。② 然而，也不能因此否认这个词汇依然具有生命力的一面。宣传是一种消解个性、团结人们形成同类群体的策略，是在个体与更大的实体之间建立共生关系

---

① 李希光、杜涛：《超越宣传：变革中国的公共政策传播模式变化——以教育政策传播为例》，《新闻与传播研究》2009 年第 4 期。
② Dave Gelders and Øyvind Ihlen, "Government Communication about Potential Policies: Public Relations, Propaganda or Both?", *Public Relations Review*, 2010, 36(1), pp.59-62.

的、有说服力的交流活动。① 正是如此,城市更新政策宣传才具有了影响认知、平衡利益的功能。

基于这种理念,本文政策宣传采用宽泛含义的界定,既包括传统的宣传手段,也包括互动式的宣传手段,采取中性的、不做伦理评价的态度。本文将政策宣传方式理解为各城市的城市更新相关部门对内向业务人员和对外向社会公众宣传城市更新政策的方法或手段。因此,各城市的城市更新政策宣传方式的范畴包括领导调研、座谈会、论坛会、工作会议、推进会、主题活动、媒体报道、政策宣讲会、交流会、展览会等。其中,媒体报道包括新闻发布会、记者采访,主题活动包括成果展示活动、政策宣传和法制教育活动以及其他与宣传城市更新相关的活动。

(三)研究思路

在概念界的定基础上,通过城市更新局或城市规划和国土资源管理局官方网站搜索广州、深圳、佛山、上海四座城市的资料,建立数据库,分析各个城市的城市更新政策宣传方式特征,对比四座城市更新政策宣传方式的异同。本文收集了2012—2016年四座城市的城市更新宣传方式,其中,深圳市80条、上海市75条、佛山市73条,广州市128条,数据分别来源于深圳市规划和国土资源委员会、上海市规划和国土资源管理局、佛山市国土资源和城乡规划局、佛山市顺德区城市更新发展中心、广州市城市更新局。

连续五年的数据呈现只是政策宣传的一个侧面,在城市更新实施中,还需要各地政府的政策宣传案例,本文选取了深圳城市更新开放日活动、上海城市规划展示馆、上海城市空间艺术展览三个主要案例。这些案例作为新的宣传手段有助于拓宽宣传渠道,创

---

① Alexander Laskin,"Defining Propaganda: A Psychoanalytic Perspective", *Communication and the Public*, 2019, 4(4), pp.305-314.

新城市更新宣传方式,增进社会公众参与,提升政策宣传的效果。需要注意的是,由于各个城市的城市更新业务归属不同管理部门,城市更新政策宣传方式相关资料的收集、整理、分析研究具有一定的困难。纵观政策宣传的全流程,政策宣传主要存在三个要件:主体、对象(受众)以及两者之间传递的知识和信息。政策宣传的主体主要是政府机构,宣传主体致力于传递政策知识、统一认知,主要依托权力关系和权力运行方向;政策宣传的受众主要是公众和企业两大类属,宣传功能实现的依托是对象能否参与以及参与的积极性如何;宣传主体影响宣传对象主要是依靠两者之间传递的知识和信息。从权力运行的角度分析,领导调研、工作会议、政策宣讲会更加侧重政策信息和知识的自上而下流动,主要传递对象是下一级政府工作人员或者意愿参与的企业;从知识交流的开放性和封闭性的角度分析,媒体报道是单向度的、开放式的信息传递,论坛会是互动的、开放式的信息交流,座谈会和小范围的交流会相对而言具有封闭性。基于以上分析,本文主要从宣传主体的权力运行、主体和受众之间的知识特性以及受众三个角度展开讨论。

三、权力运行视域下的政策宣传方式及其功能

政策宣传本质上是运用多种政策工具的思想活动,是塑造意识的行为过程。目前,我国城市更新政策宣传方式灵活多样,开展了卓有成效的政策宣传活动,发挥了城市更新政策宣传的引导和推动功能。上海市、广州市、深圳市和佛山市四座城市的城市更新政策宣传方式具有共同点:利用领导调研、媒体报道、宣传活动、座谈交流会、政策宣讲会进行对内和对外宣传。无论是利用传统的领导调研、政策宣讲会、访谈等形式的宣传方式,还是用新的媒介、

城市更新日活动、空间艺术展览等宣传手段,都是旨在促进社会公众对城市更新的理解和认识,达到宣传效果。

在实践中,地方政府也认识到了政策宣传的意义,尝试发挥政策宣传的引导功能。

由于城市更新是新兴业务,地方政府出台了大量的政策文件,不仅企业和公众这些宣传受众面对这些新文件感到陌生,而且政府内部未参与政策制定的区级和街道政府机构人员也需要学习和培训。因此,大量城市更新的政策宣传活动是政府系统内部的政策培训、交流,从而使上下级政府之间统一认知。对于部门内业务成员,通过调研座谈会和工作交流会等方式提高业务人员对城市更新的认识。开展政策解读培训会,对政策全面解读、重点解读和问答互动,深化各部门对城市更新相关政策的理解,对城市更新项目开展有较强的指导作用。从表1中的数据可以观察到:在"领导调研"所占宣传方式的比例方面,深圳市、广州市均高达30%,两者所占的比重相当,上海市与佛山市所占比重相当,接近15%,在该指标上深圳市和广州市远远高于上海市和佛山市;如果加上"工作会议"(包括工作会议、推进会、工作动员会)项的比例,广州、深圳和佛山这两项的比例比较接近,高于上海市。

表1 上海等四个城市的更新政策宣传方式简表

城市宣传方式的比例	领导调研	宣讲会、培训会	媒体报道	主题活动	工作会议	座谈会、交流会	论坛	展览会	研讨会
深圳市	31%	17%	7%	9%	7%	22%	—	—	4%
广州市	30%	12%	4%	5%	12%	23%	2%	—	6%
佛山市	14%	8%	12%	18%	22%	21%	—	—	—
上海市	15%	—	12%	12%	11%	9%	20%	5%	4%

资料来源:笔者根据官方资料整理。

注:宣传方式的比例意指每一种宣传方式的数量与该城市所有宣传方式数量之和的比例。表中"—"表示数据缺失或者数量太少。

权力运行视域下的宣传方式主要有领导调研和工作会议,在权力运行方向方面,体现出权力自上而下的运作方式。领导调研和工作会议之所以受到重视,一方面是因为城市政府制定政策的谨慎态度和严谨作风,另一方面是客观需要使然。具体而言,首先,作为政策创新阶段,大量新政策推出之后,市直机关政策制定人员亟须了解、理解和体认政策推出之后的积极效果和遭遇的问题,领导调研和工作会议这些行动磨合了政策制定和政策执行之间的空间和缝隙,在实践中发挥着政策制定和政策执行之间联结和反馈渠道的功能,加速政策制定、执行和修订的循环。其次,领导调研和工作会议这些行动调节市、区两级政府的紧张关系,区级政府职能部门和街道作为一线部门在新政策发布之后往往会按照自身的理解加以执行,有可能在执行中"走样",而且会积累大量难以解释清楚的实践问题,这样就促使基层政府积极邀请市直机关前来调研,会商政策问题,明确政策思路。

四、知识特性视域下的政策宣传方式及其功能

从知识特性方面分析,每一种宣传方式所代表的知识特性均有所差异。与政策宣传相关的知识特性有知识传播的开放程度、知识传播的互动程度以及传播的主动性。政策宣传是政府机构有意识的引导性活动,内在地嵌入了主动性,所以,本文假定所有的政策宣传方式均具有主动性。基于知识传播的开放程度、知识传播的互动程度这两个维度,可以将现有宣传方式大致划分为六种类型(见表2)。知识传播的开放程度,按照从低到高的顺序,有封闭性、开放性以及国际化程度三种情形;知识传播的互动程度,可以简单地分为低程度互动和高程度互动两种情形。

表2 知识特性下的宣传方式分类简表

知识传播的开放程度	知识传播的互动程度	
	低	高
知识传播的封闭性	宣讲会、推进会、工作会议	领导调研、座谈会、研讨会、咨询会
知识传播的开放性	媒体报道、专题讲座、展览会、主题宣传活动	论坛
知识传播的国际化程度	国际化的设计参赛队伍	国际性论坛

领导调研、宣讲会、推进会、工作会议、座谈会相对而言具有封闭性,只是在政府机关内部上下级之间的纵向关系以及范围有限的跨部门横向交流。政策宣讲会、培训会、交流会和座谈会这几种形式的占比,深圳市高达39%,广州市和佛山市分别为35%和29%,上海市相应的比例较低,仅为9%(参见表1)。

媒体报道是政府机构主动向公众传递知识和信息的有选择的宣传方式。从表1数据可知,上海、佛山、深圳和广州四个城市选择媒体报道方式的占比分别是12%、12%、7%和4%。从宣传载体比较,四个城市都利用了媒体报道这一传统宣传方式,也都充分利用了互联网和移动互联网的平台,也创造了一些宣传场景,如深圳市城市广场的"快闪"活动、上海地铁站台里的广告灯箱,以及广州市的地面井盖"城市更新"字样。

各种论坛会、展览会、专题讲座、主题宣传活动具有开放性。上海是四座城市中格外重视举办各种论坛会,以及利用成果展览、"世界城市日"活动等具有更大开放性的宣传方式。上海市非常重视论坛和展览会这两类宣传形式,这两类宣传方式在所有宣传方式中的占比分别达到20%和5%,远远高于其他三座城市。

由于国际化的论坛较多,因此,上海市在知识传播的开放度层面领先于其他三个城市。上海论坛已经成为一种典型的城市更新宣传方式,也是一种高层次交流的对话平台,吸引来自世界各国的专家和学者一起探讨城市的未来发展前景与模式。"SEA-Hi! 论坛"是上海论坛中的一个典范,是城市更新宣传方式中的创新型开放式平台,它汇聚一批关心上海城市发展的学者、设计师、摄影师、艺术家,甚至是公务员、跑步爱好者来一起分享智慧,共享经验,同时吸引了更多的市民参与其中。

总体上,广州市和深圳市在吸收城市更新的国际知识方面还相对不足,缺乏正式的制度安排,广州市、深圳市和佛山市都比较重视本地化的政策宣讲会、座谈会和交流会。

五、参与视域下的政策宣传方式及其功能

从参与性方面分析,上海市、深圳市、广州市都比较重视公众的参与。在政策宣传方式上:媒体报道是单向度的向公众传递政策知识的宣传方式;深圳城市更新日活动和上海空间艺术展等宣传方式更加开放、更广泛地宣传城市的更新政策,这些宣传方式有很强的公众互动性和参与性。上海市推出了"开门做规划"活动,开展了多样化的城市设计挑战赛,就意愿改造的区域标的发布选题,邀请国内外设计团队参与竞标。广州市推出了老旧小区微改造规划设计方案竞赛,形成了完善的竞赛体制,具有激励性的奖励机制。

基于参与对象,可以划分为针对公众的政策宣传和针对企业的政策宣传,前者主要是为了公众更加亲近城市,更加了解城市更新的政策和实践;后者主要是为了企业更加精准地把握政策动向,实施项目推介。为了更好地展示城市更新宣传方式,本文选取了城市更新典型的政策宣传方式,这些案例均属于创新型宣传方式,

具有开放性、互动性,增进了公众参与。上海空间艺术展是上海城市更新宣传的一种独特方式,通过提供大型公众参与平台,吸引更多的市民共同探讨城市更新话题。深圳市的"城市更新开放日"活动作为创新的城市更新政策宣传方式,为企业、街道办和政府之间搭建了沟通的桥梁,使更新流程更加阳光,同时切实解决了企业实际问题,通过这个活动平台使企业获得良好的城市更新政策宣传效果,从而加快推进更新项目的开发进程。

(一)面向公众的城市更新政策宣传

城市更新主题宣传活动是别具特色的、面向公众的政策宣传方式,例如深圳市的学校法制宣传活动和全国土地日宣传活动。学校法制宣传活动,以城市更新为主题,实现城市更新宣传与法制教育相结合,通过寓教于乐、喜闻乐见的活动形式向学校群体和社区群众推广,普及城市更新政策和法律知识。活动不仅有严肃的政策和法律宣传文件,也有将政策和法律知识做成漫画、海报和折页,将重点解读的政策法律要点印在毛巾、笔记本、环保袋等日常生活用品上,将政策法律知识植入社区群众的日常生活中,达到进一步强化城市更新的政策宣传效果。全国土地宣传日宣传活动以"快闪"形式宣传城市更新政策,在人流量较大的中心以舞蹈吸引观众,并附上宣传口号,及时发放宣传资料,宣传城市更新政策。"快闪"是一种高效创新的活动形式,吸引市民公众的注意力,加强市民群众对城市更新的认识,顺利推进城市更新工作,达到政策宣传的目的。

主题活动也是上海城市更新宣传方式的有效途径。上海的主题活动主要以"世界城市日"为主,通过组织和开展"世界城市日"活动,加强与各国城市的沟通交流,广泛开展国际合作,展示上海市在城市建设发展方面的成就,有利于进一步提升城市的国际形象和影响力。同时,主题活动为专家学者和广大市民之间搭建起沟通平台,激发社会公众对城市更新的关注和参与热情。

上海城市规划展示馆作为对外宣传的重要窗口,是公众参与城市更新的一个重要途径。借助于高科技的展示手段将上海城市的最新动态展现出来,吸引更多的市民和游客前来观看,潜移默化地将城市变迁和城市更新的信息传达给公众,达到了一种"看不见宣传"的宣传效果。除了传统的展示方式,上海城市规划展示馆还采用传统与现代高科技相结合的方法,运用触摸屏、多媒体演示、模型和图片等多种展示方式,充分展现了上海城市发展的"昨天、今天、明天"。这种高科技的展示手段让市民认识上海城市空间结构,深入了解上海城市发展。

作为最具国内外影响力的城市更新艺术展览,上海城市空间艺术展览通过提供大型公众参与的平台,突破传统的宣传方法,以一种崭新的宣传方式吸引更多的公众共同探讨城市更新话题,更大限度地推动社会公众参与到城市更新进程中。2015年,首届上海城市公共空间艺术季以"城市更新"为主题,展现了近年来上海市具有特色的城市更新项目。这次艺术展览邀请了国内外有名的建筑师、艺术家,为这次展览量身打造一个不仅满足大众审美需求,而且还具引导性的空间艺术展览和景观环境。艺术展览中的城市更新项目有工业废区、传统街区、市政设施、绿化广场等。空间艺术展览包括实践案例展和市民文化活动,展览分布于11个区(县),设置了15个实践案例展,展示城市空间公共艺术改造的方案和达到的效果。空间艺术展览不仅拥有听觉效果,还有视觉3D立体的感受,使城市更新的宣传效果更加彰显。城市空间艺术品牌活动的目标主要体现国际性、公众性、实践性。市民文化活动既丰富,也具很强的公众互动性和参与性,可概括为两个"一百"活动。第一个"一百"活动以"发现"为主题,指由市民推荐、全民共享的"100个最美城市空间"。第二个"一百"活动以"塑造"为主题,主要通过广泛征集、全民推广的"100个城市空间塑造案例"。上海城市空间艺术展览是城市更新政策宣传的一种独特方式,拓宽了城市更新的政策宣传渠道,创新了城市更新的宣传方式,提升了城市更新的政策宣传效果。

民意征询是广州市富有特色的精准宣传方式。广州旧城改造需要征询民意,在民意征询的过程中,通过了解村民的改造设想、改造意愿、拆迁补偿诉求等,加强了城市更新机构与社区居民或村民的沟通。征询民意不仅是听取村民意见,也是在给社区居民普及、宣传城市更新的信息,实现公众参与,提高政策宣传效果。

(二)面向企业的城市更新政策宣传

企业座谈会是深圳城市更新政策宣传的一种创新宣传方式,通过举办城市更新企业座谈会,搭建城市更新局与各企业的沟通交流平台,让各企业深入了解新出台的城市更新政策。该方式突破了传统的宣传模式,宣传对象直接面向企业,传统的政策宣传对象主要是学校群体和社区群众,现在将宣传对象延伸到企业,由以往的点对点进社区走访群众宣传方式拓展到面对面直接向企业传递政策信息,无疑更加精准地瞄准了政策对象。

"城市更新开放日"活动是深圳市城市更新政策宣传的一种创新方式。2016年7月8日,深圳市"城市更新开放日"活动首次在深圳市罗湖区举办。"城市更新开放日"活动运作的基本思路是:将城市更新相关部门集中起来,当场帮助企业或街区公众解答疑惑,立刻解决在城市更新项目中出现的各种问题,后期跟踪落实未能在现场解决的问题。"城市更新开放日"作为城市更新的政策宣传活动的创新方式,为企业和政府搭建了沟通平台,不仅宣传了城市更新政策,也为企业和街区切实地解决问题。这个活动强化了各业务单位的服务意识、促进了各业务单位主动履行职责、加快了城市更新项目的开发进程。经过探索和前期准备,罗湖区已经形成了城市更新公众参与的常态化制度,定期举办"城市更新开放日",强化了宣传主体和受众的直接联系。

六、结论

城市是一个有机的生命体,城市也存在生命周期。随着城市建筑的老龄化,未来城市更新会遭遇更加多元和复杂的场景,政府部门取得公众和利益相关者的理解就变得至关重要。研究发现:深圳市、广州市和佛山市非常重视政策的宣讲和培训,从而解决市、区两级在政策理解上的偏差,有利于统一认知;深圳市、广州市和佛山市非常重视座谈会和交流会,从而了解最新的政策执行中的障碍节点;上海市非常重视论坛的召开,尤其是国际化的论坛,彰显国际化、全球化的城市定位。本文还分析了深圳市"城市更新开放日"、上海市城市空间艺术展等典型案例,这些活动作为参与的常设性平台,具有很强的参与互动性,创新了城市更新宣传方式。

未来这些城市城市更新政策宣传有待改进之处有如下三点。

第一,现存城市更新政府机构对于宣传的重要性依然没有足够的重视,一些机构依然停留在邀请媒体前来报道单位重要事件的阶段,没有意识到政策宣传引导认知、形成共识的功能,在思想上必须深度理解城市更新宣传的重要性。

第二,在组织建设方面,宣传工作往往存在于局一级机构"办公室"的众多职能之中,宣教处即使存在过,后来也撤并了。为应对未来更加复杂和多元的、涉及经济社会综合面向的城市更新事务,需要更多地使用临时性小组制,可以借鉴任务型组织的设置理念和结构①,根据任务抽调精干的、跨部门的宣传小组,这样既有

---

① 任务型组织的构建可参阅:孔繁斌、吴非:《大城市的政府层级关系:基于任务型组织的街道办事处改革分析》,《上海行政学院学报》2013年第6期;张乾友:《变革社会中的服务型政府建设——任务型组织的途径》,《北京行政学院学报》2014年第1期。

利于回避编制不足的困境,也有利于实施进度管理。

第三,在当前城市更新的政策宣传实践中,一些地方政府比较重视主动为企业传递政策信息,讲解新政策的具体实施流程,但是面向公众的政策宣传依然不足,尤其是旧城改造的受众,需要进一步引导公众认知。城市更新宣传部门要针对不同的人群运用不同手段进行分众宣传,实现政策宣传向不同群体的全面覆盖。

[本文系国家社科基金重大项目"大数据时代超特大城市精细化管理的体制机制创新及其关键技术应用"(项目编号:17VZL020)的阶段性成果。]

"体验式"廉政教育:理论机理、现实困境与优化路径

李梦琰[*]

[内容摘要]　增强政治意识、创新治理手段是新时期腐败治理的新要求。中共十八大以来,我国腐败治理的战略重点已从打击腐败转变为控制和预防腐败,廉政教育作为预防腐败的重要手段之一受到高度重视。"体验式"廉政教育是廉政教育的创新发展,是指学习者通过亲身体验、现实实践等方式接受教育、获取知识的过程,具有直观的深刻体验、生动的情境演绎、主观的情感辅助和间接的知识传输四大优势。本文以廉政教育基地为例,分析廉政教育基地中"体验式"廉政教育的内容与分类,考察通过刺激参观者的感观、情感、创造性认知、行为方式和社会认同等多方面的体验来达到道德教育的有效性。然而,廉政教育基地存在教育成效难以测量、教育内容僵化且同质性高以及因职能部门的改革而造成的管理停滞等问题。"体验式"廉政教育的未来发展,要坚持"体验式"廉政教育的发展方向,提升廉政教育的公信力,建设专业的教育队伍,以及增加强"体验式"廉政教育的多样性、针对性和连贯性,从而推进"体验式"廉政教育真正发挥作用。

[关键词]　"体验式"廉政教育；廉政教育基地；预防腐败；腐败治理

---

[*] 李梦琰,复旦大学国际关系与公共事务学院管理学博士,香港城市大学公共政策系与复旦大学联合培养哲学博士。

一、引言

腐败治理是国家和社会治理中的重要任务。在国家稳步发展、社会和谐安定、全面建设社会主义国家新征程的开局之年,习近平总书记在十九届中央纪委五次全会上强调,必须不断提高政治判断力、政治领悟力、政治执行力。只有增强政治意识,在思想上和行动上同时坚定政治方向、保持政治定力,才能更好地进行正本肃风、反腐倡廉。① 这些政治思想都应通过廉政教育的方式得以塑造及加强,从而助力国家的腐败治理。然而,在腐败治理中,廉政教育曾长期处于被忽视的地位。

改革开放以来,中国经济的快速增长、计划经济向市场经济的转变、国企改革权力下放、社会收入结构重构等,都为腐败提供了大量的诱因和机会。② 与此同时,监督管理制度的漏洞以及腐败治理经验的缺乏,都助长了腐败的发生。③ 在此背景下,中国政府在反腐倡廉方面作出了及时而卓越的多项努力,包括通过完善法制建设、加大调查惩治力度等措施来遏制腐败,经历了从运动式反腐到权力驱动式反腐和体制改革等多种反腐工作重点的变迁。④然而,虽然这些反腐战略取得了一定成效,但并没能控制和消除腐败,增量持续、存量难消,这种胶着的局面促使党和政府重新审视

---

① 中央纪委国家监委:《中央纪委常委会举行第十九次集体学习》(2021年2月24日),中央纪委国家监委网站,https://mp.weixin.qq.com/s/-AV7yoOOrYcFltNQg7du_w,最后浏览日期:2021年3月21日。

② Andrew H. Wedeman, *Double Paradox: Rapid Growth and Rising Corruption in China*, Cornell University Press, 2012, pp.112-142.

③ Bin Dong and Benno Torgler, "Causes of Corruption: Evidence from China", *China Economic Review*, 2013, 26, pp.152-169.

④ Ting Gong, "An 'Institutional Turn' in Integrity Management in China", *International Review of Administrative Sciences*, 2011, 77(4), pp.671-686.

和调整反腐败工作。①

思想教育在腐败治理中的关键作用已获得更多的关注。苏珊·罗斯阿克曼（Susan Rose-Ackerman）提出，人是腐败的行动主体，人的思想主导着行为，腐败思想是造成腐败行为发生的直接原因。②何增科认为，社会道德成本的降低以及中国传统文化对人们价值观的影响是导致腐败的关键原因之一。侧重经济发展、片面地鼓励以经济收益为优先，可能使社会对部分腐败现象采取了宽容的态度，让人们对于部分腐败行为缺乏必要的认知敏感性和警惕性。③

腐败现象破坏着社会的稳定，导致贫富差距进一步扩大，使得社会诚信体系和政府的公信力难以建立。同时，腐败直接造成的经济损失、对环境以及公共服务成效的损害也是难以估量的。腐败治理迫在眉睫。因此，以提升个人道德从而防治腐败的廉政教育得到越来越多的重视。

1997年，中共十五大提出反腐败工作必须"三管齐下"，即"教育是基础，法制是保障，监督是关键"，将廉政教育的地位提升至与法制建设、制度完善同等的高度。2001年，中共中央做出关于加强和改进党风建设的决定，提出了开展思想教育、加强廉政建设来提高党员干部和政府官员拒腐防变、防御风险能力的要求。这一决定在党的十六大之后得以正式批准并加以实施。

2012年，中共十八大以来，党和政府加大反腐倡廉的力度，更加注重事前的预防和控制腐败。习近平总书记提出，要一体化推进"不敢腐，不能腐，不想腐"建设、算好公职人员"政治账，经济账，

---

① Ting Gong, "Managing Government Integrity under Hierarchy: Anti-corruption Efforts in Local China", *Journal of Contemporary China*, 2015, 24(94), pp.684-700.

② Susan Rose-Ackerman and Bonnie J. Palifka, *Corruption and Government: Causes, Consequences, and Reform*, Cambridge University Press, 2016, pp.74-86.

③ Zengke He, "Corruption and Anti-corruption in Reform China", *Communist and Post-Communist Studies*, 2000, 33(2), pp.243-270.

良心账"的"三笔账",都是强调从思想源头上防腐拒变。《中共中央关于全面推进依法治国若干重大问题的决定》明确提出,要完善惩治和预防腐败体系,坚决预防和遏制腐败现象。至此,我国的反腐败战略已从打击腐败转变为控制和预防腐败,廉政教育成为我国反腐倡廉建设的重要内容。

2017年,中共十九大报告明确指出,反腐败斗争压倒性态势已经形成并巩固发展,然而,当前的反腐形势依然严峻复杂,巩固压倒性态势、夺取压倒性胜利的决心必须坚若磐石。进一步的反腐败工作更要求加强党的全面建设,其中,思想建设作为党的基础性建设,拥有至关重要的地位。① 2020年,中共十九届五中全会将"创新"作为新阶段发展的关键词,要求加快推动国家治理体系和治理能力的现代化进程,为预防腐败体系的建设提出了与时俱进的新要求。

廉政教育是预防腐败的重要方法之一,它通过提高官员的道德认知和伦理认同水平从而实现控制和预防腐败的目的。将"创新"融入廉政教育、创造新时期廉政教育的新方式,是国家治理能力现代化的应有之义。目前,廉政教育已不再拘泥于枯燥的课本教学和官方文件,而是融入了多样化的内容、运用教育科学理论、以更生动的形式加以开展,整体呈现出欣欣向荣的发展态势。由此,"体验式"廉政教育的概念应运而生。

与听课授课、学习书本不同,"体验式"廉政教育强调受教育者能够与廉政教育中的各要素——教学人员、设施、流程、活动等——实现接触和交互、从而产生感知、感受和评价的过程。② 这种"体验式"廉政教育丰富了教育开展的形式,一定程度上提高了

---

① 习近平:《决胜全面建成小康社会 夺取新时代中国特色社会主义伟大胜利——在中国共产党第十九次全国代表大会上的报告》(2017年10月18日),人民出版社2017年版,第8、63、67页。

② 李春成、李梦琰:《人大代表的体验式调研》,《人大研究》2018年第5期。

受教育者的参与度和廉政教育的实施成效。虽然现实中廉政教育开展得如火如荼,现有文献中对新形势下廉政教育发展的新态势和其中理论却鲜有研究,大多数研究文本仍以描述性、汇报式为主。本文基于实践的认知,以廉政教育基地为例,对"体验式"廉政教育的理论机理、现实困境和优化路径进行探索和研究。

二、"体验式"廉政教育的含义与特征

从思想观念上到治理实践上,我国在国家治理领域一直都注重"体验式"思维的运用。无论是"从群众中来,到群众中去"的群众路线,还是"实践是检验真理的唯一标准"的思想建设,都强调了体验和实践的重要性。[①] 将这种"体验式"的思路运用到廉政教育之中,能够丰富教育内容、促进教育成效、提高教育参与度,进而推动新时期廉政教育的创新发展。

(一)"体验式"廉政教育的含义

"体验式"廉政教育是指受教育者通过现实实践、切身体验等方式亲自参与教育过程之中,通过体验产生感知并最终获取知识的过程。它与传统型的单向教育不同,更加注重过程中的交互、接触、"体验"和感受。"体验式"教学方式已被应用于心理健康教育、学生道德教育等实践之中,它以互动体验的教学内容为主,实现知识科普化,激发学习兴趣,促进交流,达到相互启发、共同成长的目的。[②]

"体验式"廉政教育的理论基础来源于大卫·库伯(David

[①] 李春成:《以"体验式治理"推进基层治理创新》,《人民论坛》2020 年第 16 期。
[②] 张莉、陆海霞:《大学生心理健康教育体验式教学模式的理论与实践——评〈大学生心理素质训练〉》,《教育与职业》2020 年第 19 期。

Kolb)的体验式学习理论(又称经验学习理论,the Experiential Learning Theory)。体验式学习理论将学习定义为将体验转化为知识的过程,是对经验的把握、积累和转化。① 它提供了一种"具体经验—观察反思—概念化—主动实验"的教育思路,将学习过程分为四个阶段。第一个阶段是先获取具体的、有形的、可感知的体验,由体验产生经验从而获取新的知识,这种被称为具体经验(concrete Experience, CE);第二个阶段是观察反思(reflective observation, RO),即通过收集和整合信息来获取新的理解;第三个阶段是将已有经验转化为抽象化概念,并通过掌握和思考这些概念来获取信息,这种被称为概念化(abstract conceptualization, AC);最后一个阶段是主动实验(active experimentation, AE),它与RO的被动观察不同,是指学习者将新学习的知识投入运用之中、在主动探索和实践应用的过程中深入理解新获取的知识。这四个阶段融会贯通、相辅相成,共同形成一种以直接经验为基础、以感官和体验为起始的个人内化型学习模型(如图1)。

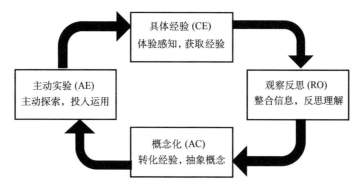

图1 库伯的体验式学习理论模型

资料来源:笔者根据库伯的体验式学习理论自制本模型。

---

① David A. Kolb, *Experiential Learning: Experience as the Source of Learning and Development*, Englewood Cliffs, 1984, pp.31-64.

值得注意的是,库伯的体验式学习理论不仅强调单次活动便可产生的"体验",也注重长期实践所积累出的"经验",两者互有不同又相互依赖,短期的"体验"成为构筑长期"经验"的基础,长期"经验"是短期"体验"的积累和长远发展。本文的研究重点在于单次廉政教育活动中所能获取的体验和感知,即获取具体经验(CE)的过程以及由此延伸得到的反思和理解(RO),以期在长远发展中能够积累足够的经验、更深层次地提升廉政教育的成效。

库伯认为,道德教育是一项终身制的学习活动,它最大的挑战在于人们既是"教学者"又是"受教育者",教育的内容也不再是一般性真理或专业化的科学知识,而是关于人格、关怀和对个人目标的自我追求。同时,库伯认为道德和诚信(integrity)是教育发展的最高目标,诚信道德教育是一个复杂的、综合性的学习过程,虽然道德标准是抽象的,但是对道德教育中具体的美好特征的学习,如诚实、善良、清廉、正直等,都可以并应优先通过"体验"学习来获取。

对于抽象性的品质来说,"体验"能够提供最直观的欣赏性感知和价值体认。① 前者是指在体验式交互活动过程中经由具体感观(如视觉、触觉等)所触发的直接情绪,可对应体验式学习理论的具体经验(CE),即在获取经验过程中的直接感受。后者是指体察和认知,是一种身体性体察和评价活动,包括即时性反思和事后批判性理解,是对经验获取的进一步观察、理解和反思(RO)。将"体验式"做法引入廉政教育之中,就是改变以往学习者获取知识的途径,增加学习者的教育参与度和思考主动性,从而能够提高廉政教育的效率、优化反腐倡廉教育的成果。

---

① 李春成:《政府服务体验:概念与框架》,载唐亚林、陈水生主编:《城市公共服务创新研究》(《复旦城市治理评论》第 2 辑),上海人民出版社 2017 年版,第 1—17 页。

(二)"体验式"廉政教育的特征

"体验式"教育方法现已被广泛运用到各级党政机关的廉政教育活动之中。与以往大多数非体验式的廉政教育活动(如读书学习会、廉政讲坛等)相比,"体验式"廉政教育具有四大特征。

1. 直观的深刻体验

通过实际体验而获取感知的"体验式"廉政教育,其最大优势在于直观性。涉身认知(embodied cognition)是知觉哲学的一大发展,它注重身体体验对认知的作用,提出了两个基本论题:一是知觉与行为息息相关(perception is tightly linked to action),二是思维与体验相辅相成(thinking is grounding in experience)。[①] 也就是说,通过切身体验而自发产生的感观比外部灌输的道理更容易令人印象深刻,认知对思维的转化也将更加彻底。"体验式"廉政教育是让学习者身临其境地进入真实具体的学习环境中来,让他们切实体验到反腐倡廉的重要性,一些展厅运用音像视频等多种方式直接展示一些"落马"贪官的悲惨下场,如忏悔实录和入狱纪录片等,能够让学习者清晰地感受到贪腐的严重后果,从而感受到防腐防变、警惕腐败的重要性。这是一种基于身体性体验的直观认知,通过看、听、触等多种感官影响着学习者的涉身认知,使得学习者从真实的体验、经验和思考中获取认知、改变思维,从而更进一步地进行观察、理解和反思。

2. 生动的情境演绎

"体验式"廉政教育的第二个特征是情境性,也就是身临其境的体验能够带来更显著的感受体会。情境认知学认为身体与环境之间的互动是产生认知的关键之一,环境无时无刻不对身体的体

[①] 孟伟:《身体、情境与认知:涉身认知及其哲学探索》,中国社会科学出版社2015年版,第10页。

察和认知的改变产生影响。外部环境的参与是"体验式"廉政教育的重要组成部分之一,"体验式"强调受教育者与外界实现接触和交互,从而产生感知、感受和评价,这种交互与感知就是由外部环境参与"体验式"廉政教育的过程。阿尔伯特·班杜拉(Albert Bandura)的社会学习理论及其交叉决定论认为,外部环境、人的认知与行为相互影响、相互联系,构成一个动态的三角关系。① 他还认为,人的行为和内在思想都可能因外部环境的刺激和转变而改变。

廉政教育中能对学习者认知产生影响的有两个方面的情境。第一个是自然形成的学习情境。各级党政工作场所中的廉政宣传标语、宣传图画,以及组织参观学习的集体活动,都提供了一种潜移默化的学习环境,让学习者更容易沉浸在廉政道德教育的氛围之中。第二个是人为打造的体验情境。组织学习者去监狱体验罪犯生活、在廉政教育基地中建立的廉政文化体验馆等都是带有目的性而建起的特别情境,通过特殊的演绎和展示方法让学习者体验到现实情境,模拟可能发生的事情,通过生动的环境演绎使他们认识到反腐倡廉的必要性和重要性。

3. 主观的情感辅助

情感性是"体验式"廉政教育的第三个特征。知觉和体验是人们对于自身经历的主观性反馈,而情感是对认知知觉的加工。与客观事实不同,主观性的认知必然随同着情感的表达,而情感的出现更有益于加深对认知的记忆和理解。哲学家很早就提出了情感的涉身性问题,亚当·斯密、利普斯等人都提出人们具有"移情"(即对他人感同身受)的能力,是客观世界不同个体间"共享体验"的能力。这种情感性的辅助能够对知觉产生更强烈的刺激,从而加深人们对认知知觉的理解。廉政教育中的情感辅助有

---

① Albert Bandura, *Social Learning Theory*, General Learning Press, 1971, pp.1-41.

两个方面:一是对于正面宣传的积极情绪,例如对优秀廉洁人物榜样的认同和赞美等;二是对于反面教材的消极反馈,例如对重大贪腐案件涉案者的厌恶、批判,或者对"落马"贪官悲惨下场的害怕、警醒等情绪。这两个方面都能够对廉政教育的效果起到辅助作用。

4. 间接的知识传输

"体验式"廉政教育的第四项特征在于其间接的教育实施方式。与传统型廉政教育中以讲课教学、谈话说教等直接传授的教育方式不同,"体验式"廉政教育更强调受教育者通过自身对于经验的感知和理解从而间接地接受教育的过程。例如,在廉政教育基地的参观活动中,讲解员往往不会直接告诉参观者法律法规中要求他们应该怎么做,而是通过名人名言、前车之鉴等故事的形式间接地暗示对与错。"直接"教育与"间接"教育的区分起源于约翰·杜威(John Dewey)对于道德教育的分类,"直接"教育作用于特定行为、动机和信念的矫正,"间接"教育则旨在提高受教育者的整体道德水平,培养他们进行道德选择能力的教育,而非针对特定行为、动机和信念。① "间接"教育比"直接"教育更加有效,因为"直接"教育只局限于通过直接的知识灌输来矫正特定的行为或思想,而"间接"教育的教育方式更加温和生动,一定程度上可以减轻受教育者的抵触心理,并提高他们的参与度;而且,"间接"教育不针对特定行为或思想的矫正,而是旨在使受教育者能够在没有监督、控制和威胁的情况下自发地做出道德选择,从而更能从本质上提升受教育者的道德水平。②

---

① John Dewey, *Moral Principles in Education*, Houghton Mifflin, 1909, pp.3-29.
② Owen G. Schaefer, "Direct vs. Indirect Moral Enhancement", *Kennedy Institute of Ethics Journal*, 2015, 25(3), pp.261-289.

三、基于廉政教育基地的"体验式"廉政教育分析

廉政教育基地是开展具象性廉政教育的专门场所,它通常以展厅的形式,融合声光电等多种技术,用多样化的内容开展廉政教育活动。"体验式"廉政教育的优势就在于能增强教育的直观性、生动性、情感性和间接性,从而达到优化教育成效的目的。廉政教育基地是我国开展反腐倡廉教育的关键一环,也是"体验式"廉政教育的常见形式。下文介绍廉政教育基地的基本信息,并以其为例探讨"体验式"廉政教育的运用和意义。

(一)背景

2007年,中共十七大再次提出关于加强廉政文化建设的要求。为了进一步推进廉政教育的丰富及全面的发展,2008年,中央纪委监察部启动了第一批全国廉政教育基地命名工作,在各地原有廉政教育基地建设的基础上,整合廉政教育资源,改建教育展馆,更新教育内容,突出廉政主题,优先选择了50个廉政教育基地着重建设。① 随后,各地纪检监察部门都建立了本土的廉政教育基地,如今,几乎各省市都建立了依托当地特色的廉政教育基地。由此,廉政教育基地逐渐发展,现已成为反腐倡廉工作的重要手段之一。

廉政展厅是廉政教育展示的重要窗口,它能够将无形变为有形,内容丰富、设计优美的廉政教育展馆能够增强展示和教

---

① 《中央纪委监察部命名第一批全国廉政教育基地(附名单)》(2010年5月19日),中国政府网,http://www.gov.cn/govweb/jrzg/2010-05/19/content_1608813.htm,最后浏览日期:2021年3月21日。

育的成效。① 廉政教育基地/展馆根据其主题核心的不同可分为三种类别。第一种是为了纪念特定历史事件而建立的教育基地，如天津市反腐廉政教育基地，又称"新中国反腐败第一大案展览馆"②，以新中国成立后惩治的第一起腐败要案——刘青山、张子善的贪污腐败案为切入点，展示了中华人民共和国成立以来党和政府为反腐倡廉工作作出的杰出努力，对参观者提出警示和教育。第二种是为了纪念特定的杰出人物而建立的教育基地，不仅包括近现代中国重要领导人的纪念馆，也包括纪念以廉洁廉政著称的古代历史人物，如湖南省的毛泽东纪念馆、四川省的邓小平廉政教育基地等，这些展馆都是在纪念伟大人物的基础上加入反腐倡廉的内容，让参观者能在瞻仰名人的同时树立起牢固的反腐倡廉意识。第三种没有特定的核心主题，而是基于当地反腐倡廉的需求和特征，以一定的逻辑关联系统性地介绍反腐倡廉相关内容的综合性廉政教育基地，这些基地大多都是为了响应党和国家关于开展廉政教育的号召而新建或翻修的，展馆内容与反腐倡廉的联系也更加紧密。

尽管廉政教育基地有着不同的主题分类，但它们一般都采用比书面教育更加丰富的方法，诸如以展板、图画、音像、意象构筑等展览方式讲述与廉政相关的故事，传授法律知识，并以实地参观、亲身实践等多种活动形式丰富和提高参观者的参与度与体验感。这使得廉政教育基地具备成为"体验式"廉政教育实践形式的条件。

（二）途径

"体验式"廉政教育的开展是从创造多种多样的体验开始的。

---

① 张津、张鹏：《基于体验理念的廉政教育展馆设计研究》，《工程与建设》2017年第2期。
② 《天津升级改造廉政教育基地》（2013年6月6日），人民网，http://fanfu.people.com.cn/n/2013/0606/c64371-21764079.html，最后浏览日期：2021年3月19日。

贝恩德·史密特(Bernd Schmitt)的体验模型(strategic experiential modules, SEMS)为"体验式"廉政教育的运作途径提供了理论依据。① 体验模型最初是从市场营销的角度将顾客的购买体验进行分类,如今,体验模型被引进政治领域,用于分析政治活动中受体的体验与感知。史密特将能够触动顾客购买的感观体验分为感观体验(sensory experiences, SENSE)、情感体验(affective experiences, FEEL)、创造性认知体验(creative cognitive experiences, THINK)、行为体验(physical experiences, behaviors and lifestyles, ACT)以及社会关联性体验(social-identity experiences, RELATE)。这五种体验类型列举了产生感知、获得体验的五种途径。

1. 感观体验

感观体验是所有体验类型中最直接的体验,它是指通过刺激视觉、听觉、触觉、味觉和嗅觉等感官、创造直接的感官体验以引发兴趣的过程。参观廉政教育基地本身就是一种打破传统的书面教育形式、以声、光、电等多种影像技术实现多功能廉政教育的方式,多数展厅内会使用播放音频、视频等多媒体方式展示廉政教育的内容。此外,感观体验还强调教育环境的构建,因为环境是能够将学习者尽快带入教育氛围的关键因素。例如,扬州廉政文化展示馆就将古色古香的江南韵味融入展馆的装饰之中,在门厅入口处摆放着用不同字体写满"廉"字的百廉墙,展厅内随处可见代表廉洁的莲花图案,辅之亭台楼阁、桃李芬芳、清廉人物雕像等廉洁的意象,从视、听、触、嗅等多个方面营造引人入胜的教育氛围,构造了令人耳目一新的基地环境,创造了直观的感观体验。

2. 情感体验

情感体验与客户内容的感受和情绪相关,它是指通过某些刺

---

① Bernd Schmitt, "Experiential Marketing", *Journal of Marketing Management*, 1999, 15(1-3), pp.53-67.

激因素触发强烈情绪并实现共情和移情的手段。例如,在案例实证教育模块,特别是在用反面教材警示学习者方面,通过展示贪腐对国家、单位和个人造成的不可挽回的重大危害,展示纪检监察机构"天网恢恢疏而不漏"的调查过程,展示"落马"官员的悲惨下场和追悔莫及的忏悔表态等,试图通过刺激学习者的情感体验(例如对腐败分子的嫌恶、对"落马"贪官忏悔的体悟),让他们更加深刻地体会到腐败带来的恶果和危害,从而告诫学习者防腐防变的必要性和重要性。

3. 创造性认知体验

创造性认知体验,也称思考体验,是以创造认知和解决问题的体验为目标的类型。一来可以通过惊喜、设计或其他刺激引发客户兴趣,二来也可以通过提出问题、引导思考来吸引客户。在商业营销中的表现之一是商家通常以一个问题作为广告的开头,例如,食品广告中提出"今天吃什么"的问题引发顾客思考之后再介绍自己的产品。在"体验式"廉政教育中也存在这样的形式。在一些基地门厅里,有些讲解员在正式开始之前会先提出一些问题,如"我(们)为什么要抵御腐败""腐败距离我(们)很遥远吗"等,以第一人称作为问题的主语,使学习者可以带着这些问题进入后续的学习参观活动。这些问题大多是学习者日常生活中会产生的、与反腐倡廉息息相关的问题,它们的提出不仅可以引发学习者主动思考,也让后续的学习活动有的放矢,为他们解惑,提高他们的参与度,从而给他们留下更加深刻的印象与体验。

4. 行为体验

行为体验是一种使客户经历生理性体验以改变他们生活和行为方式的过程。一方面,可以向客户(参观者)展示不同的做事方式、不同的生活方式等,像商业运动品牌广告中会展现不同人的运动方式和情境一样,廉政教育活动中也会展现清廉人物的优秀事迹,通过一些具体、详细、真实的人物故事,鼓励学习者向这些清廉榜样学习。另一方面，行为体验也体现在通过组织讨论、互动小组等方式来探求问题的解决方式或行动方案等方面。将问题抛给学习者，例如，在一个贪腐案例研究中，询问学习者应当如何防范此类腐败事件的再次发生，鼓励他们寻求解决问题的方法，在此期间可以"趁热打铁"地介绍现有的法律和制度，在学习者已经有前期思考的前提下，最后的答案可以加深他们对法律法规和制度建设的理解和记忆。

5. 社会关联性体验

社会关联性体验将以上四种体验都联系起来，呼吁个人进行自我完善，将个人的社会身份和人际关系纳入体验考量。关联性体验不再聚焦于个人的思考，而是将个人放置于社会环境之中，强调他们的社会身份和关系需求，针对同一个人，他作为党政机关干部应该怎么做，平时作为个人家庭的一分子应该怎么做，这些在教育中也不可一概而论。此外，近年来廉政教育已经不再单纯地针对党政机关干部及其他公职人员，更要求对干部及党员家属进行廉政教育，预防干部家属"以权谋私"现象的发生，在此过程中，明晰学习者的社会关系和身份认知是非常有必要的。

"体验式"廉政教育不仅丰富了廉政教育的类型，增加了廉政教育的趣味性，而且在提高学习者参与度和互动性的基础上能够加深学习印象，强调直观感受，从而优化了廉政教育的成效和作用。它在一定程度上有利于克服人们对于廉政教育是"书面文化""走过场"的偏见，使得廉政教育能够真正落到实处、为反腐倡廉工作再作贡献。

（三）内容

通过实地调研多地的廉政教育基地，可以总结出其教育内容及其内在逻辑的共性。一般来说，廉政教育基地/展览馆中展示的内容可以分为四种：背景信息介绍、当地廉政成就、案例实证（包括反面教材和正面榜样)以及互动体验环节。在这一系列的内容中,体现出"体验式"廉政教育融合多种体验途径、从单向传输到反向整合,再实现双向互动的教育实施理念。

1. 单向传输:背景信息

在廉政教育基地的教育活动中存在两类教育者,展馆内容的设计者决定了教育内容,现场的讲解员负责内容知识的传递。在廉政教育基地的参观学习活动中,最常见的教育方式之一是通过讲解员的讲述向学习者们传递基地展示的教育内容,解释其精神内核,通常此过程中也辅之以音像视频、文物展览等方式,图文并茂地刺激学习者的多种感官,让他们能够更加直观易懂地接收知识。这是一种单向式、浅层次的"体验式"教育方式,学习者只需作为观众和听众被动地接收信息,从而获取经验。

参观学习活动通常以介绍展馆的背景信息为切入点,这一部分采用的方式通常是单向输送。廉政教育基地的背景信息一般包含两个方面的内容。

第一是对基地建设时代背景的回顾,即展馆成立的契机和原因等,或是展馆主题的核心。例如,为了纪念特定历史事件而建立的基地展馆会率先介绍其核心历史事件,为了纪念特定历史人物的基地展馆会首先回顾其核心人物的生平事迹。综合性的廉政教育基地则大多展示新中国反腐倡廉的重大事件回顾,特别是将中华人民共和国成立之后、十八大以来国家和地方政府反腐倡廉的相关决议和倡导作为教育切入点。部分拥有更大展厅面积的中大型展示厅会进行更详细的背景回顾,将中国的反腐思想追溯到春秋时期,介绍中国历朝历代的反腐成就。除此之外,随着中国反腐败工作的进展,最新的重大政治事件也会被添加到背景信息之中。对于展馆历史信息和成立大背景的回顾有助于参观者产生沉浸感,帮助他们更好地参与和理解后续的具体教育内容。

第二项背景信息是关于反腐倡廉相关法律法规的科普,包括新中国成立以来反腐败法制建设及机构成立演变历程的介绍。比起仅仅梳理和回顾历史事件,对于法制建设的介绍似乎更加具有严肃性和威慑力。法律的科普和历史的回顾都是学习者在反腐倡廉教育中不可缺少的经验积累,是他们接受廉政教育的基础。廉政教育基地通过图片、音像等多媒体手段将其"体验式",使得经验的积累不再枯燥,让学习者能更深刻、更全面地体验感知并获取经验。

除了提供背景信息外,许多廉政教育基地还会介绍本地党政机关在打击腐败方面作出的努力。这一模块不仅会展示当地调查腐败案件过程、出台防腐防变政策、列举调查案件的报告和数据,也会展示当地建设廉政文化的成果,包括举办文娱活动、开展廉政主题的展览等。这些展览证明了当地党政机关在打击腐败、建设廉政文化方面的积极努力,并以具体的行动以期得到参观者的认可。

2. 反向思考:案例实证

在获取经验的基础上,如何引导学习者反向思考、主动地整合并理解信息是下一步的关键。案例教育是中国最常见的廉政教育方法之一,通过生动的案例研究,将抽象的经验放置于具象的案例分析之中,是廉政教育基地中"体验式"教育的第二步。在案例实证的介绍中,讲解员不再直接教育参观者应该怎么做,而是通过讲述故事的方式让参观者自行体会到腐败的危害与反腐倡廉的重要性,引导他们从故事中自发思考,从而拥有更深入的体验感。

案例实证的教育方法就是通过切实存在的真人真事进行教育,包括腐败案例和道德榜样。根据其内容是积极的鼓励还是消极的警示,廉政教育的案例实证教育可分为两类:正面榜样和反面教材。前者提倡人们向道德模范学习,后者则通过展示腐败对社会、经济的危害、"落马"贪官的悲惨结局等对其他现任公职人员提出警示。这些案例对于预防腐败的作用在于,正面榜样教育能够提升公职人员的廉洁道德满足感,降低贿赂的效用,反面教材能够警示腐败行为的道德损失,从而达到不想腐的目的。①

榜样教育是廉政教育中案例实证的另一个重要组成部分,它通过讲述清廉干部或其他英雄人物的故事来激励人们向榜样学习。案例的选择既有古代为官清廉、两袖清风的历史名人,也有近现代全心全意为人民服务、清正廉洁的杰出干部,这些干部中既有全国闻名的经典榜样,如孔繁森、雷锋等,也包括当地的优秀公职人员。

反面教材案例的选择通常有两个来源。一类是全国性的大案要案,新中国成立后首例重大腐败案件——刘青山、张子善案件,以及近十年内的周永康、薄熙来案件,都被很多基地选择作为反面教材之一,展示了他们的腐败过程和落马结果,以其数额之大、情节之严重给参观者留下深刻的印象。另一类是当地的腐败案件,基地会选取一些本地官员因贪腐而落马的案件,并详细阐述纪检监察机关发现、调查和逮捕的过程,清晰地向参观者展示贪腐距离他们并不遥远,法制的铁锤也时刻在他们身边警惕,为他们敲响反腐倡廉的警钟。

案例实证教育以具体详细的故事代替一板一眼的科普,生动形象地向被教育者展示了腐败的危害和学习的榜样。案例实证丰富了廉政教育的内容和形式,敦促被教育者从这些案例事迹中学习并得到警示,从而能够达到廉政教育的目的。

3. 双向体验:互动环节

以上单向传输的教学内容通常会以展示板、音像资料等形式,并通过讲解员的讲述呈现给参观者,虽然接受过培训的讲解员的专业性提高了知识传输的效率,但是作为浅层次的体验式教育来

---

① 吕永祥、王立峰:《监察委员会廉政教育职能研究:设置依据、实施主体与防腐作用》,《河南社会科学》2020年第3期。

说,学习者的参与度和主动性显得尤为不足。对案例实证的反向思考也是个人内化的自我理解,但这两项教育还没有真正让参观者融入教育过程。所以,除了单向的讲解和反向的思考之外,大部分基地增加了富有趣味性的互动环节。

双向互动的教育环节要求学习者亲身参与情境,成为反腐倡廉的"当事人",达到亲身参与、深层体验的效果。例如:有些基地的展厅运用声光技术打造廉洁长廊,参观者们走过长廊时,地上会随着脚步出现"廉"字,提醒前来参观的公职人员"步步为廉";连云港政企共建的廉政教育基地在展示厅中悬挂青铜警示钟,要求参观者自行敲响,以表示要在自己的思想上"敲响警钟",警惕腐败的发生;扬州廉政文化展示馆中的猜谜互动、即兴书画创作、书签制作等多类活动,都可以使参观学习的过程更加有趣,提高了参观者的参与度,让参观者不再单向被动地接收讲解员传达的内容,而是主动地融入环境、亲身体验、深入思考,从而达到优化教育效果的作用。

除了参观廉政教育基地的展厅之外,还有很多在展厅之外的教育活动。例如,展厅后方多数配备会议室,以供参观者在参观后"趁热打铁"地接收培训课程,部分基地也会定期举办相关的讲座,邀请学者或相关职能部门人员给参观者讲课、普法。基地还会组织更多外出型的"体验式"活动,例如,带参观者前往监狱,让他们亲眼见证落马官员的"下场",切身体会监狱的环境。这些互动型廉政教育活动进一步增强了学习者的"体验感",使他们能获得更加直观和深刻的体验和感观。

四、"体验式"廉政教育的现实困境

"体验式"廉政教育是以往传统型廉政教育的新发展,但它还未能够解决所有廉政教育存在的不足。以廉政教育基地为例,目前它还存在效果难以衡量、部分内容僵化以及管理归属转移等问题。

(一) 成效难以衡量

腐败治理中的廉政教育面临着许多质疑,其难以衡量的有效性是最常见的问题之一。廉政教育基地通过展览的内容传达道德和伦理的要求,以期能够提高学习者防腐拒变的能力,提升学习者的道德感,但是,道德水平的提升很难在短期内通过外化的形式表现出来,学习者的思想是否已经改变以及能够改变到什么程度也难以量化。即使真能有效地影响学习者的道德观,其有效性的持续时间仍是不确定的。这些不确定性和不可量化性导致了廉政教育无法被完全信任。

同时,廉政教育基地开展教育活动的成效与其讲解员的专业水平息息相关,他们与参观者直接接触,能否适当且准确地传达廉政教育基地展厅内的教育内容,能否在廉政教育的氛围中引导受教育者沉浸其中并有所思考,成为"体验式"廉政教育成效的关键组成部分之一。

此外,关于廉政教育成效性的另一质疑在于它是否具有"形式主义"的嫌疑。从很多贪官的忏悔书中可以经常看到他们将廉政教育称为"表面工作"。参观基地的团体性学习者大多都是由单位组织的集体活动,很多学习者参观廉政教育基地、接受廉政教育是为了应付工作、完成任务,而不是注重自己学习的感受和收获。令人担心的是,如果学习者没有认真对待他们的学习过程,甚至只是将廉政教育看成旅游性质的观光,他们可能就不会学习到基地展览想要传递给他们的教育内容。换句话说,学习者的初衷会影响廉政教育的有效性。

（二）部分内容僵化

廉政教育基地的另一个问题是内容的僵化，主要体现在两个方面。

第一，对于原本是以纪念特定历史事件或人物的展馆来说，部分建立于较早时期，后因当地廉政教育的需求而改建成廉政教育基地，在原本的内容上增加一些与反腐倡廉有关的内容。虽然作为展馆主题的历史事件或人物与反腐倡廉工作也有一定的关联，但内容还是不能完全反映反腐败教育的主题。

第二，综合性的、完全以廉政文化建设为主题的廉政教育基地也存在内容僵化的问题。尽管不同地区的廉政展馆努力结合当地特色来进行廉政文化建设，但它们的内容结构仍然相似。这种相似性来源于两个方面。其一，廉政教育的内容形式有限，普法、正面榜样、反面案例、回顾历史等是廉政教育的主要内容，且都已被包含在廉政教育基地之中。其二，不同地区间的不同基地在设计和施工过程中经常相互访问、学习，地方建立的基地展厅也会向国家级廉政教育基地学习，这种互相参照学习之后建立而成的基地展馆很难有独创性，也导致了高度的相似性和同质性。

此外，当基地建设完成后，由于基地内的展板和装饰很难拆除或重建，因此展示的内容也不可轻易改变。但随着时间的推移、新政策的出台，教育基地若未能及时更新内容、与时俱进，其内容的可靠性和教育的信誉度也将受到质疑。

（三）管理归属转移

如今，廉政教育基地还产生了因管辖部门的改变而引起的归属转移问题。2018年3月，国家正式成立监察委员会（以下简称"监察委"），由监察委负责公职机关反腐倡廉的相关工作，其中也包括廉政教育。在此之前，廉政教育通常存在于党内和检察机关之中,大多数的廉政教育基地也是由多个机关负责的,例如:国家预防腐败局直属国务院,负责全面的预防腐败工作,指导命名了第一批国家级廉政教育基地;各级纪律检查委员会负责党内的廉政建设,建立了一批包括中大型向公众开放的和小型供内部访问的廉政教育基地;负责调查处理腐败案件的检察机关,也会根据其工作经验、基于真实案件而建立廉政教育基地。

自监察委成立之后,所有的反腐倡廉职能收归监察委所有,已经建成的廉政教育基地一部分被原有机关收回,改建为仅供内部参观的系统内部展示厅或直接被拆除,一部分归属转移给监察委。而基地的归属转移、拆除、重建以及负责人的替换,都一定程度上导致了基地处于休眠的过渡状态,很多廉政教育活动被暂时中止。这使得很多人担心廉政教育基地的管理变更和归属转移增加了基地建设的支出和成本,同时降低了廉政教育的连贯性和有效性,基地的新任管理者和讲解团队的重新培训也带来了经验是否足够的问题。

五、"体验式"廉政教育的优化路径

廉政教育必须要适应新的形势,只有全方位、多层次、常态化地推进,才能在中国的腐败治理进程中发挥真正的作用。① "体验式"廉政教育的出现给中国腐败治理工作带来了新的活力。顺应时代要求,通过廉政教育以预防腐败,从而真正达到"不想腐"的目标,"体验式"廉政教育必然变得越来越重要。但"体验式"不能彻底解决廉政教育现存的所有问题,公信力缺失、专业性不足、教育

---

① 张智、吴成国:《新时代党风廉政警示教育的逻辑遵循与优化策略》,《学校党建与思想教育》2020 年第 1 期。

内容僵化等问题依旧必须得到足够的重视,针对这些问题,本文提出了如下优化路径。

(一)坚持"体验式"新方向,树立廉政教育的公信力

"体验式"廉政教育的发展对党和政府的反腐倡廉工作提出了新的要求。为了提高廉政教育的成效、推动传统单向的廉政教育向"体验式"的转变,党和政府的各纪检监察部门和机构都要从各个方面做好充足的准备。

首先,必须从思想上认同廉政教育,坚持"体验式"教育发展的新方向。经验学习理论为"体验式"廉政教育提供了理论来源,它强调从获取经验到自主思考、再到整合信息和举一反三加以利用的学习过程;在此过程中,三方交互决定论证明了外部环境对人类行为和思想的影响作用,间接教育理论也论证了在教育活动中个体感知体验对提升整体道德感的重要性。所有这些理论都证明了"体验式"廉政教育的可行性,以及用理论推进实践的重要性。

其次,负责廉政教育的各类纪检监察机构必须从观念上意识到,廉政教育的深入推进必然要求相关部门更加重视教育工作,进而带来检察监督工作量的激增。廉政教育从来不是一蹴而就的工作,而是一个长期转变的过程,它需要坚持不懈地、规律性地施行,从而达到教育目的、改善人们的道德思想。

最后,必须解决廉政教育"污名化"的问题,改变廉政教育在人们心中"表面形式"的偏见,从廉政教育执行队伍开始抓起,杜绝"前天开会,后天被抓"的"双面人"现象,要认识到人们对于廉政教育本身的不信任是导致其成效难以提高的直接原因,必须在改进廉政教育本身的同时,用成效和宣传来保护廉政教育的"清名",树立和维护廉政教育的公信力。

（二）建设专业的教育队伍

党和政府施行廉政教育的各类机构和部门必须意识到，廉政教育和案件调查、制度建设等一样，需要专业人才队伍的支撑，无论是教育方法的实施还是教育内容的制定，都需要专业性和针对性的理论型人才和统筹管理人才。近两年来，党和国家高度重视思想教育，再次强调学习马列主义、毛泽东思想、邓小平理论等先进共产主义思想的重要性，正如习近平总书记在2019年十九届中央政治局第五次集体学习的会议中所说，"学习马克思主义基本理论是共产党人的必修课"①。

首先，在廉政教育的发展和实行中，需要的是了解廉政教育内容、能够对教育素材进行分析和整合的理论型人才，这要求他们不仅要熟悉思想教育的先进理论内容，也要对教育学、心理学、行为学等能够提高教育成效的理论有所涉猎，这样他们才能在固定的廉政教育主题下，使得教育手段丰富化、教育环境沉浸化，改进"体验式"廉政教育的实施。

其次，"体验式"廉政教育的推广离不开国家行政部门统筹管理的协助，在理论型人才之外，也要配备管理型人才，具备将理论转化为实践、统筹并协助廉政教育开展、推广"体验式"廉政教育的能力。

最后，专业工具的使用能够提升教育工作的效率和质量，进而强化教育队伍的专业性。由此，可以促进廉政教育成效可视化，可使用规律性的心理量表，结合公职人员的在职表现等要素，长期追踪公职人员的思想状态变化，通过反馈继续改进"体验式"廉政教育的开展方式。

---

① 《习近平：学习马克思主义基本理论是共产党人的必修课》（2019年11月15日），新华网，http://www.xinhuanet.com/politics/leaders/2019-11/15/c_1125236929.htm，最后浏览日期：2021年3月20日。

（三）增强教育内容的灵活性

"体验式"廉政教育与传统的廉政教育相比，最大的不同在于其教育手段的改进，更加强调潜移默化和"润物细无声"的教育方式，而不是直接的知识灌输。教育手段的革新必然带来教育内容的改变，在"体验式"廉政教育的框架下，教育内容不能再简单地"吃老本"，"体验式"廉政教育的深入推进必然要求教育内容的细化、方法的多样化以及素材的丰富化，必须增强教育内容的灵活性与可读性，使受教育者乐于且易于接受和学习。为此，可以加大互联网技术和电子信息在展厅内的使用，让展厅的内容可以在后台进行更新换代，确保展厅内容能够灵活变通、及时更新。新媒体传播迅速、生动形象、受众面广，且易于储存和修改，也应被运用于廉政教育基地中内容的更新与展示中。① 目前，已有部分廉政教育基地推出二维码功能，访客可以通过扫描基地内的二维码获取最新资讯。

六、结语

总的来说，"体验式"廉政教育必须具备三大特点，即多样性、针对性和连贯性。多样性要求"体验式"廉政教育必须内容丰富、形式多样，随着历史的发展和社会的进步，廉政教育的方式更要与时俱进。针对性是指廉政教育必须因地制宜、因材施教，针对不同部门、不同岗位、不同层级的受教育者，应该采取不同的廉政教育策略；即使同一位受教育者，随着他/她职位的变动或层级的提升，也要针对性地采取不同的教育方法。廉政教育的连贯性在于它是

---

① 钱默：《利用新媒体提升廉政教育基地效用研究》，《理论导刊》2017年第12期。

一个长期的过程,不可一蹴而就,必须以职业生涯发展阶段为依据,对廉政教育的对象进行精细划分,精准剖析其腐败动机和诱因,①使得廉政教育有针对性地随着公职人员的晋升和发展贯彻始终。

廉政是提高国家治理能力的关键手段,也是实现社会稳定发展的重要标准。② 公职人员的清廉品格和道德感是达成廉政和善治的必要条件,而廉政教育是提升公职人员道德感、实现思想对腐败的"零容忍"、促进社会全体道德水平提升的必要路径。切实开展廉政教育、创新廉政教育新方式,是新时期稳步推进"十四五"规划的必由之路。

---

① 吕永祥、王立峰:《监察委员会的精细化廉政教育模式研究——以公职人员的职业生涯发展阶段为分析视角》,《东北大学学报》(社会科学版)2020 年第 1 期。
② 杨丽天晴、公婷:《寻求善治:反腐败的大格局》,《河南社会科学》2020 年第 10 期。

调查报告

城市社区物业管理的现状、问题与对策

唐亚林*

近年来,随着《物权法》《物业管理条例》《城市居民委员会组织法》《村民委员会组织法》以及地方《住宅(小区)物业管理条例(办法)》的相继出台及其修订,以及根据《中共中央、国务院关于加强和完善城乡社区治理的意见》《中共中央关于坚持和完善中国特色社会主义制度,推进国家治理体系和治理能力现代化若干重大问题的决定》的相关要求,各地在基层治理组织体系建设方面,相继开展了"完善群众参与基层社会治理的制度化渠道","健全党组织领导的自治、法治、德治相结合的城乡基层治理体系","健全社区党组织领导基层群众性自治组织开展工作的相关制度,依法组织居民开展自治"等理论与实践探索。

其中,为补齐社区治理的"制度短板",提升基层治理水平,发挥党建引领基层治理的整体合力,各地开始将物业管理与业主委员会(以下简称"业委会")的制度与机制建设作为推动社区自治和基层治理的突破口。在2019年年底暴发、2020年年初蔓延、如今在中国本土得到有效阻断的新冠肺炎疫情防控中,凡是物业管理与业委会两者制度建设比较完善及其与社区党支部、居委会关系运作较为顺畅的社区,无论是在疫情的联防联控与群防群治方面,还是在社区居民的生活、交通、医护、信息传播、社区照顾等链式保障方面,都取得了较为优异的绩效,从而说明了基层治理必须将物业管理与业委会建设提到议事日程上来的重要性、必要性与紧迫性。

---

* 唐亚林,复旦大学国际关系与公共事务学院教授、博士生导师。

一、城市社区物业管理的现状分析

（一）物业管理的地方立法状况

2007年10月1日,《中华人民共和国物权法》正式施行。自2003年9月1日起施行的《物业管理条例》,经过国务院2007年、2016年、2018年的三次修订,逐步完善。2015年3月15日,十二届全国人大三次会议审议通过的《关于立法法修改的决定》,依法赋予所有284个设区的市拥有城乡建设与管理、环境保护、历史文化保护三大地方立法权限。

其中,各地在城乡建设与管理的立法方面,最主要的尝试就是制定《住宅(小区)物业管理条例(办法)》,如江苏省的淮安市、宿迁市、常州市,江西省的抚州市、上饶市,山东省的泰州市、忻州市,黑龙江省的绥芬河市,辽宁省的盘锦市,湖北省的孝感市,安徽省的黄山市、宣城市,等等。还有一些城市在制定办法的基础上,更进一步制定了《住宅物业服务(管理)规范》,如上海市、山东省青岛市。

（二）物业管理(服务)企业的发展状况

2003年出台的《物业管理条例》以及2007年出台的《物权法》,奠定了物业服务行业成长的基础。根据中国物业管理协会发布的《2018全国物业管理行业发展报告》显示,2017年全国物业服务企业共11.8万家,物业管理行业总面积约246.65亿平方米,物业管理从业人员约904.7万人,经营总收入为6 007.2亿元,占2017年全国服务业增加值的比重达到1.4%。[1]

---

[1] 《回望物业管理行业的2018》(2018年12月19日),"中国物业管理协会"微信公众号,https://mp.weixin.qq.com/s/4lPlaGJ5Nhy3Ue1wdNLZrg,最后浏览日期:2021年6月6日。

(三)物业管理与业主委员会关系的发展状况

根据《物权法》和《物业管理条例》的规定,"业主可以设立业主大会,选举业主委员会","物业管理区域内全体业主组成业主大会"。此外,由于存在由商品房开发与售卖以及开发商自建物业或代为聘请物业后再移交(包括筹组业委会)等时间差、机会差引发的"前置物业"问题,《物业管理条例》第 21 条规定:"在业主、业主大会选聘物业服务企业之前,建设单位选聘物业服务企业的,应当签订书面的前期物业服务合同。"在实际生活中,这往往导致普遍先成立物业服务公司,而后再难以成立业主委员会的情况。

据笔者所在课题组[①]的初步统计,业委会在全国各地成立率并不高,并已成为一个普遍性问题。截至 2018 年年底,上海市住宅小区总数为 12 937 个,其中 9 472 个小区成立了业委会,业委会成立的比例为 73.2%;深圳市 3 641 个住宅小区已选举了业委会且备案的小区有 1 670 个,业委会成立率约占 45.9%;重庆市的 8 629 个住宅小区中有 2 667 个成立了业委会,业委会成立率约为 30.9%;截至 2019 年年底,南京市住宅小区约有 6 200 个,其中 2 000 余个小区成立了业主自治组织,占比 32.3%。

上述主要大城市中,除上海外,业委会成立率都在 50% 以下。此外,有很多住宅小区即使成立了业委会,能正常运作并发挥功能的,只占到一半左右。

(四)物业管理与社区党支部、居委会关系的发展状况

由于各种原因,很多住宅小区业主委员会迟迟未能成立,或

---

① 上海市哲学社会科学规划办公室规划项目(2020 年),课题名称是"创新社会治理,加强基层建设工作成效评价体系研究"(项目编号:WBH3056062)。

者发生了业主委员会与物业服务公司相互纷争与扯皮无以化解的情况,或者出现了物业服务公司服务质量低劣引发社区业主持续投诉与不满等情况。鉴于如上情形,根据中共十九届四中全会决定中"健全党组织领导的自治、法治、德治相结合的城乡基层治理体系"的最新要求,各地开始探索"建立党建引领下的社区居委会、业主委员会、物业服务企业协调运行机制"的实践创新活动。

其中,在上海市、北京市、武汉市等地相继开展了诸如"红色物业"、业委会、物业管委会、居委会"三委合一"新模式等创新实践。2018年11月20日,中共上海市委组织部专门发布了《关于进一步加强党建引领业主委员会建设的若干意见》(沪委组〔2018〕发字62号),其核心做法主要分为三个层面。

一是在区委、街道层面将党建引领业委会建设纳入城市基层党建工作格局,作为基层党建工作考核、书记抓基层党建述职评议的重要内容,作为年度重点考核、督查项目,细化工作内容,落实工作措施。各街镇承担属地主体责任,成立党建引领业委会建设工作指导委员会,统筹协调辖区范围内党建引领业委会建设的各项工作。各级房管部门担负业务指导和党建指导双重责任。与此同时,在街镇层面探索成立业委会主任联谊会和业委会顾问团等,搭建沟通交流平台,为住宅小区综合治理重大事宜提供政策法规咨询、疑难问题研究和矛盾纠纷调处,并组建由房管、平安(综治)、司法、公安等职能部门及居民区党组织、业主代表共同参与的工作测评组,通过引入第三方专业社会组织等方式,重点就业委会日常工作制度、业委会换届改选、业主大会会议、业委会会议、物业服务企业选聘与监督、专项维修资金及公共收益使用管理等内容进行评估,健全对业委会履职的综合评估机制。

此外,有些街道还成立了党建引领物业治理工作领导小组,由党工委书记和办事处主任担任组长,主要负责辖区内党建引领物业治理重大问题协调及工作推进,综合并掌握辖区党建引领物业治理工作进展情况。针对存在问题,研究提出解决对策。对辖区党建引领物业治理工作进行经常性的调研督导,确保工作有序进行。协调有关部门和单位加强对党建引领物业治理工作的分类指导。

二是在居民区层面深化党建联建推动协同治理,重点是健全以居民区党组织为领导核心,居委会为主导,居民为主体,业委会、物业服务企业、驻区单位、"两新"组织、群众活动团队、政府相关职能部门等共同参与的治理架构。居民区党组织重点把好业委会筹备组、换改选小组以及业委会候选人的推荐关、审核关和选举组织关,同时,建立党组织引领下的业委会纠错和退出机制,规范对业委会履职的监督机制等。

一些社区专门成立了物业治理联合党支部(简称"大联合党支部"),形成党总支、居委会、业委会、物业公司、物业与环境专业委员会中的党员骨干、城管、社区民警"七位一体"式功能性党支部,由居民区党总支书记兼任书记,开展联合办公,探索建立多方共同参与的"红色物业"联建联动机制或者"三委合一"联合办公模式,形成工作合力。

三是在业委会与物业服务公司层面推进党的组织和工作全覆盖。在符合条件的业委会成立党的工作小组;不符合条件的,通过明确党建工作指导员联系业委会等途径,实现党的工作全覆盖;在未成立业委会的住宅小区,居民区党组织组织业主讨论决策住宅小区物业管理事务,或经业主大会委托由决策委员会代行业委会职能。在业主委员会和物业服务公司中,分别或者联合设立功能性党支部,通过交叉任职等方式,既实现党建引领功能,又实现党组织全覆盖的目标。

二、城市社区物业管理的问题分析

（一）业主委员会合规成立与运作相对困难

因为存在"前置物业"现象以及"政府兜底物业"现象，导致业主委员会的合规成立与正常运作相对困难，致使城市社区治理体系的主体架构出现了"三合一体系"或者"四合一体系"的现象。

在没有成立业主委会的小区，真正的社区治理体系的主体架构由社区党支部、居民委员会和物业服务公司三者构成，即"三合一体系"；在成立了业主委员会的小区，社区治理体系则由社区党支部、居民委员会、业主委员会和物业服务公司四者构成，即"四合一体系"。

无论是"三合一体系"还是"四合一体系"，都存在社区党支部、居民委员会与物业管理公司或业主委员会彼此间关系疏离、矛盾重重的现象，尤其是业主委员会与物业服务公司总体不和谐的现象。

（二）业主委员会的法律地位不明

业主委员会在法律上的地位不够明确，且相关法律法规对业主权利的内容列举相对不够清晰，对业主履行义务的实际操作性重视不够。

无论是《物权法》还是《物业管理条例》，都没有对作为业主大会的执行机构业主委员会的法律主体资格和地位进行界定。业主委员会不属于法人，专项维修资金只能存放于物业服务公司的账户中（由其监管），且基本上是存放在利息很低的特定银行（如建设银行），无法更好地发挥规模资金的溢出效应。

2003年8月20日，最高人民法院在对安徽省高级人民法院请示的复函([民立他字第46号])中认为,业委会符合"其他组织"条件,对房地产开发单位未向业委会移交住宅区规划图等资料、未提供配套公用设施、公用设施专项费、公共部位维护费及物业管理用房、商业用房等情形的,可以自己名义提起诉讼。该批复虽认为业委会符合"其他组织"条件,但仍将相关诉讼限定在一个狭窄的范围内,对层出不穷的历史欠账问题与各类难以预料的新矛盾新纠纷,缺乏统一的标准指导与权威有力的法律裁决。

《物业管理条例》第7条关于业主义务的第五款规定:业主按时交纳物业服务费用。在现实生活中,因为征地补偿款前后标准不一、农迁安置过程中赔偿标准存在争执、物业维修过程中对维修时间与维修质量不满意等原因,少量业主或者大部分业主拒不交纳物业费的现象比比皆是。可对于这种现象,即使业委会与物业服务公司动用起诉、失信联合惩戒等方法仍然难以奏效,这是因为:一方面,这些方法的成本很高;另一方面,不管谁胜谁负,都不利于以后工作的开展。

(三)小区物业服务性质划分不清

小区物业服务的具体性质,因小区住房初始产权认定存在市场化服务与准公共服务性质之别,以及责权利划分不清的情况,直接导致社区居民集体规避责任,或者利用物业管理的漏洞,逃避缴纳物业管理费等基本义务。

在纯粹商品房小区,从一开始责权利比较清晰,居民容易接受市场化管理模式;在老旧小区、售后公房小区、农(动拆迁)迁安置小区,往往因为各种历史遗留问题,导致责权利不清晰,居民倾向于让政府兜底。两种完全不同类型的小区,导致物业服务的性质发生了变化,前者属于市场化服务性质,后者属于准公共服务性质。

(四)小区物业管理运作模式缺乏有效分类

长期以来,我国各地都缺乏对住宅小区的性质和物业管理运行模式进行有效分类,导致对物业管理的规范化治理无法有效开展。

一般来说,我国各地住宅小区的性质可分为商品房小区、单位住宅小区(售后公房小区)、老旧小区(城市核心区域)、混合型住宅小区、保障房小区、农(动拆)迁安置小区(城郊接合部)等(详见表1)。由于历史与现实等原因的叠加,上述各类住宅小区物业管理的难度依次下降,且呈现物业管理事务"政府兜底"状况从零承担到全部包办的特征。

表1 城市住宅小区性质及其类型划分

城市住宅小区性质	具体类型划分
1. 商品房小区	(1) 一般的商品房小区 (2) 中高档商品房小区
2. 单位住宅小区	机关、事业、企业等单位住宅小区
3. 老旧小区	(1) 单位老旧宿舍(公寓)区 (2) 老旧弃管小区 (3) 售后公房小区
4. 混合型住宅小区	(1) 商品房小区 (2) 农(动拆)迁小区
5. 保障房小区	(1) 公租房小区 (2) 廉租房小区 (3) 经济适用房小区
6. 农(动拆)迁安置小区	(1) "村改居"小区(农迁安置小区) (2) 城中村改造小区 (3) 城市居民动拆迁安置小区

物业管理运行模式在实践中也因为历史与现实等因素叠加而呈现不同的运行模式,可分为市场型、单位自管型、业主自管型、半市场化半行政型、政府兜底型五种模式(详见表2)。

表2　城市住宅小区物业管理运行模式

1. "市场型"物业管理运行模式	(1) "建管一体化"物业管理运行模式：由开发商组建物业服务企业主导	包干制
		酬金制
	(2) "管理型"物业管理运行模式：依托于职业经理人或注册物业管理师	
2. "单位自管型"物业管理运行模式	机关、事业、企业等单位住宅小区，由原单位托管或社会化后由所在居委会托管	
3. "业主自管型"物业管理运行模式（适用于规模不大的住宅小区或者院落）	(1) 业主直接承担物业管理事务	
	(2) 业主协商成立委员会，直接聘任物业服务人员	
4. "半市场化半行政型"物业管理运行模式	混合型住宅小区中，商品房小区按照市场化管理，农（动拆）迁小区由政府兜底	
5. "政府兜底型"物业管理运行模式	政府成立物业服务公司，对老旧小区、保障房小区、农（动拆）迁安置小区的物业管理统一负责	

根据住宅小区的性质和物业管理运行模式的组合不同，在现实生活中，物业管理的复杂性和难度呈现不同特征。比如，在农迁安置小区，开发商在交钥匙时，强行一次性收取业主一年或几年的物业管理费（往往是一笔很大的数字），之后"撂挑子"走人，或者其后以很差的物业服务质量让业主怨声载道。又如，即使在较为高档的商品房小区，后组建的业主委员会与开发商先前聘用的物业服务公司存在利益冲突，缺乏有效协调，且业主委员会组成成员更看中的是"权利的行使"问题，而不重视"问题的解决"问题，导致业主委员会与物业服务公司始终存在内在冲突，且这种难以化解之局一再发生。

（五）物业管理成为地方政府不轻易触碰的难题

地方政府对于物业管理存在的难题有效破解力度不够，甚至有意回避,社区党支部、居民委员会、业主委员会、物业服务公司四者关系长期以来没有得到有效理顺。

根据2019年中国消费者协会的调查,全国36个城市148个住宅小区的物业服务消费者满意度仅为62.59分,物业服务质量问题引发居民普遍不满,主要原因包括:物业服务企业不诚信经营、侵占公共收益、违法占用公共产权等,业主委员会履职能力低下、违规使用公共收益等,以及业主委员会和物业企业之间互相冲突、搞利益输送等。据2018年7—8月的一次调查统计,在上海市浦东新区,通过12345市民热线投诉的工单近七成来自小区物业管理问题,基层反映最多的也是小区物业管理类问题。

近年来,围绕物业管理问题,社区居民的意见集中于如小区规划设计标准低、建设质量差、道路拥挤、停车难乱停放、电动车充电难、下水管道堵塞、房屋漏水渗水等基础设施老化现象严重、高空抛物现象时有发生、物业服务质量低下、专项维修资金使用与小区公共收益分配不透明、相邻关系难处理、有居民不愿意缴纳与提高物业管理费用、业委会运作透明度不高与成员履职能力弱等。

遇见难题,大家都绕着走,"做一天和尚撞一天钟",以有意回避不惹事为上,出现了"党组织不会管、物业公司不服管、业委会不愿管、老百姓放手管、政府只好兜底管"的局面。甚至面对如老旧小区更新与改造、美丽家园与缤纷家园建设、社区营造等大好时机,可以乘势推进以业委会、物业服务公司为抓手的基层治理组织体系建设,也白白放弃。

比如,在某设区的地级市人大常委会2019年10月通过的《住宅物业管理条例》中,明确规定市、县(区)人民政府对交付时间长、配套设施设备不齐全或者破损严重的老旧小区,制定改造提升计划和后期管理办法,并负责承担老旧小区内的道路、照明、绿地及文化体育、安全防范、物业服务用房等配套建筑及设施设备的改造建设费用,而业主专有部分的设施设备改造支出由业主承担。但是,在老旧小区完成了上述改造之后,并没有及时跟上业委会与物业服务企业的配套建设,仍然由政府兜底承担老旧小区的物业管理事务与费用。在一定意义上,等于政府买了个"炮仗"让社区居民放,可最终却没有人说政府好。

三、城市社区物业管理的对策建议

(一)创新基于"五大"理念的多样化物业管理运行模式

树立新时代大社区、大物业、大治理、大服务、大价值"五大"理念,根据不同类型的城市住宅小区性质与既有物业管理运行模式的实际情况,创造性地探索街道党工委与社区党组织双重领导下的居民委员会、业主委员会、物业管理委员会(公司)所组成的多样化物业管理运行新模式(见表3)。

表3 党组织领导下的物业管理运行新模式

业委会与物业管理的关系	物业管理性质	组织体系	
有业主委员会的物业管理	市场型	党组织领导的"三委合一"组织体系	党建引领、自主聘用
	政府指导型	党组织领导的"三委合一"组织体系	党建引领、政府指导
无业主委员会的物业管理	业主自管型	党组织领导的"两委合一"组织体系	党建引领、自我管理
	单位托管型	党组织领导的"两委合一"组织体系	党建引领、单位指导
	政府兜底型	党组织领导的"两委合一"组织体系	党建引领、政府负责

第一,坚持党建引领,在街道层面和社区层面各自成立相应的党组织领导的业主委员会与物业管理领导小组等功能性党支部,把业委会与物业服务公司建设纳入城市基层党建工作格局之中,以保证其正确的发展方向。

第二,鼓励因地制宜地探索多样化物业管理运行新模式,不一定非得强调"成立业主委员会为前提",探索有没有业主委员会都不影响物业管理的正常运作的新模式,尤其鼓励业主自愿联合起来,通过民主协商方式,组建经济高效且自我服务的物业管理新形态。

第三,根据小区初始产权性质、物业服务性质、业主委员会成立情况、物业管理运行模式等综合情况,按照完全市场化的商品房小区、准市场化的老旧公房小区/农(动拆)迁小区、自管型院落三大类型,开展城市社区治理结构体系的"补短板"工作。

在完全市场化的商品房小区,按照规定,该成立业委会就成立业委会,该由业委会聘请物业公司,就由物业公司负责社区的物业服务,但是社区党支部可通过规定交叉任职,进入业委会与物业公司,或成立联合党支部,加强党建引领。在准市场化的老旧公房小区(售后公房、保障房等)以及农(动拆)迁小区,由政府兜底物业。具体而言,政府成立物业管理中心,既可实行"公建民营"方式,由政府统领监督与评估,又可成立大型物业管理集团,实行规模化经营,由街道统一管理物业,不再成立业委会。在完全自治的自管型院落,既不需要成立业委会,又不需要成立物业,只需成立物业议事会,加强党建引领即可。

第四,即使成立了业委会,既可以由业委会自主聘用市场型物业公司,也可以让隶属于街道办事处的物业服务公司做大做强,探索建立街道物业管理中心,可以按照公益性社会组织的方式运作,也可实行"公建民营"与第三方管理方式,鼓励信用度高、社会声誉好、具有较强竞争力的物业服务企业开展整合兼并,形成区域化、规模化管理优势,承担更大范围、更好质量的服务社区与居民的职能。

第五,针对因为各种原因需要单位托管型、政府兜底型的住宅小区物业管理事务,通过党建引领方式,由政府负责的物业服务公司承担其物业管理责任,打造物业管理示范区域,但需要社区居民承担应该交纳的各项物业管理费用,并通过组建楼栋长会议代替业主大会及其执行机构业主委员会,或者经业主大会委托由居委会代行业委会职能的方式,逐步让社区治理走上良性发展的道路。

(二)加快推进联动式修法进程

实行联动式修法,以《物权法》与《中国共产党支部工作条例(试行)》为统领,以《物业管理条例》与《城市街道办事处组织条例》《城市居民委员会组织法》为骨干,以《业主大会议事规则》《业委会管理条例》《住宅物业服务(管理)规范》《业主管理公约》《专项维修资金与公共收益使用管理规约》以及业委会与物业服务公司工作制度等为支撑,形成法规齐全、制度严密、机制顺畅、协调有效的城市基层治理制度体系。

首先,联动修改《物权法》《物业管理条例》等事关业主、物业管理等法律法规,确立业主委员会的法律主体资格与地位,通过明确权责对等、权责一体的方式,将业主大会、业主委员会的责权利明确,并建立相应的民主协商事务机制,优化业主大会与业主委员会的治理结构。

其次,以物业管理为突破口,从制度建设入手,抓紧推进基层治理制度体系建设的"补短板"工作,完善包括社区党支部、居民委员会、业委会与物业公司四者关系的法律法规与机制制度建设,建构系统集成、民主协商、协同高效的基层治理体系。

最后,针对业主大会、业主委员会、物业服务公司等日常工作的有效运作问题,抓紧制定符合实际的、能够有效运行的包括业主权利行使、物业公司聘用、公共资金使用、公益分享、物业费用制定与提价等规范体系。

(三) 探索实施链式物业管理新理念与新路径

实行"新社区新办法,老小区系统办法"的物业管理新方针,以"事"为中心,以"解决问题"为导向,而不是以"争权夺利"为导向,探索包括专项维修资金使用与后续续缴、公共收益分享与政府奖励、物业管理资质准入与退出、物业管理服务规范与质量测评第三方评估等链式物业管理新理念与新路径。

社区治理也好,基层治理也好,无论是业委会、物业服务公司等组织,还是居民委员会以及其他各类自组织,都需要社区居民的积极参与和友好协商。其中,党员是成为社区治理与基层治理的"挑事之人",还是成为"解决问题之人""助人为乐之人",往往事关社区治理与基层治理能否取得突破性进展的关键所在。

通过党员的模范带头作用,通过社区能人、达人的示范作用,往往起到将组织的作用和人员的作用两者最大化的效果。在此基础上,通过街道和社区党组织的领导,充分发挥"解决问题之人"和"助人为乐之人"的积极参与作用,使其与各项社区物业管理、社区治理事务与管理制度和规章有机结合,发挥事半功倍的效果。与此同时,运用补贴、考核、信用监管等手段,建立物业服务企业的准入与退出机制,对物业管理规模过小、长期不达标、居民投诉率居高不下、信用度低的企业予以淘汰。

(四) 开展以整座城市为管理单元的系统性物业管理创新活动

以整座城市为实施物业管理创新的管理单元,以"红色物业"的普遍推广与深入创新为抓手,借力垃圾分类、老旧小区改造(住宅小区综合整治)、美丽家园建设、城市更新、文明城市(区)创建、市域社会治理现代化、"智慧社区"等新型社区治理场景,精心设计、试点推进、整体实施,综合使用宣传手段、教育手段、法治手段与行政手段,自上而下地开展以整座城市为管理单元的物业管理"补短板"活动,形成城市社区物业管理领域声势浩大的自下而上的参与文化氛围。

无数社区治理实践已然证明,涉及多年沉疴积习、难题顽症的基层治理问题,没有自上而下的精心设计、坚决执行和全员动员,以及自下而上的参与协商、耐心细致的民心沟通与思想政治工作,往往难以奏效,必然形成大家遇见难事绕着走的心理习惯,进而导致简单问题经过天长日久的搁置变得更加复杂化。

2014年年底,上海市人民政府要求市住建委在总结"8＋2＋2"①城市难题顽症治理工作的基础上,用三年时间补好短板,整体提升整座城市在城市安全、生态文明、产业和人口结构等方面的基础水平,形成一个后世博时期城市综合治理方案。2015年6月23日,上海市人民政府第85次常务会议审议通过了市住房与城乡建设管理委员会经过五个多月调研并牵头起草的《关于进一步加强本市部分区域生态环境综合治理的实施意见》,掀起了一场声势浩大的"五违四必"②生态环境综合治理活动。为保证该项工作的顺利开展,上海市成立了由分管副市长任组长的城市综合管理推进领导小组,随后各区也相应成立领导小组,并向街镇拓展延伸,形成自上而下的组织领导体系。

与此同时,还由市住建委与市发改委、市国资委、市经信委、上

---

① "8＋2＋2"城市顽症:"8"指群众投诉排名靠前的八个方面问题,即公交服务、施工扰民、渣土运输、道路保洁、供水水质、大居配套、井盖伤人、路灯投诉;"2"指群众反映强烈的顽症问题,即无序设摊、违法建筑;"2"指增加的两大城市治理顽症,即黑车、群租。

② 所谓"五违四必",是指对违法用地、违法建筑、违法经营、违法排污、违法居住等"五违"现象,按照安全隐患必须消除、违法无证建筑必须拆除、脏乱现象必须整治、违法经营必须取缔的"四必"要求,强力推进区域生态环境综合整治。

海警备区、上海铁路局等相关单位和部门分别建立了关于市级支持政策的会商研究机制、对市属国企的联合督办机制、关于在沪央企的信息通报机制、军地协调平台、涉铁协调平台等统筹协调机制,还与市高级人民法院、市法制办等建立了涉法涉诉沟通机制,与公用事业单位建立了关于停水、停电、停气的衔接机制,与江苏省和浙江省住建厅建立了跨省飞地的执法合作机制。① 领导小组的成立以及不同层面、不同内容的统筹协商机制的建立,为"五违四必"工作开展奠定了坚实的组织与机制基础。经过三轮综合治理,在2015年7月至2017年9月两年多的时间里,50个市级重点整治地块内拆违约2 300万平方米,市、区、街镇三级重点整治地块内拆违约9 000万平方米,推动全市共拆除违法建筑约1.5亿平方米。

综合而言,在借鉴一些地区推进"红色物业"的做法与经验的基础上,借助于声势浩大的民心工程的开展,借助于城市精细化治理的"补短板"活动,借助于推进城市基层治理的区域化协同高效机制建设,将建立健全社区治理结构体系、实行党建引领、推进业主自治、强化业主履行物业管理义务意识、建立公共收益共享机制、建立物业管理绩效评价制度等有机统一起来,构建社区公共事务各治理主体统筹协调机制与民主协商决策平台,将自上而下的决心与自下而上的民心有机结合,进而形成推进城市基层治理有效发展的动力机制。

---

① 《上海市"五违四必"工作纪实》,内部资料,2017年9月,第3页。

以基层社会治理创新破解小区物业工作难题

宋贵伦*　于晓静**

中共十九届四中全会明确指出,要构建基层社会治理新格局,加快推进市域社会治理现代化。突如其来的新冠疫情,使社区成为防控的"主战场",充分凸显了基层社会治理的重要性。与此同时,在疫情防控的过程中,也进一步暴露出基层社会治理的一些弱项和短板。其中,较为突出的就是住宅小区物业服务管理问题。城市住宅小区物业服务管理事关城市居民生活幸福、安康宜居,是长远的复杂的系统工程,亟待通过基层社会治理创新来破解。

一、城市住宅小区物业工作长期存在的普遍性问题

(一)物业企业小散乱低

据统计,全国共有物业管理企业11.8万余家,从业人员904.7万人,管理面积约246.65亿平方米。① 除广东、浙江、江苏、山东四省管理面积遥遥领先外,大部分省、市的差距很大。全国物业企业规模和服务管理集中度总体还处于较低水平。物业公司普遍占有市场份额较小,经营管理水平参差不齐,发展后劲不足。物业服务

---

* 宋贵伦,北京师范大学中国教育与社会发展研究院教授、北京市社会建设促进会会长。

** 于晓静,首都社会经济发展研究所副研究员。

① 中国物业管理协会编:《2018中国物业管理行业年鉴》,中国市场出版社2019年版,第1—4页。

企业因实力不等、隶属关系不同、物业服务内容、标准、价格缺乏统一管理标准和行业规范，普遍存在商品房小区服务履约不到位、房改房小区服务标准不规范、保障房小区服务标准低等问题。不少小区陷入了服务质量跟不上、物业费调价难、业主缴费意愿低的恶性循环。

（二）职能定位不清晰

物业公司作为企业具有商业性，作为社区公共服务组织又具有一定的社会公益性。因而，政府、企业、居民站在各自角度，对物业公司职责定位的认识存在差异，有不同程度的期望值。传统物业企业认为自己的主要职责是管"物"，做好有关硬件的维修、养护、管理等工作；政府则要求物业还要管"事"，要承担社区服务、社会治安等任务；业主更希望物业同时管"人"，有事找物业，提供管家式的服务。职责定位不清晰，利益诉求不一致，特别是物业公司的逐利本性与物业服务的公共物品性质存在矛盾，导致物业公司与业主之间的关系难以调和、物业公司参与社区治理缺乏动力。如何推动市场组织有效地服务于社区公共利益，是必须研究解决的突出问题。

（三）业主委员会运行难

业主委员会（以下简称"业委会"）是基于业主物权的群众性自治组织，代表业主共同利益行使物业管理权。首先，业委会成立需要小区全体业主投票，或根据小区业主大会议事规则约定的程序选举产生，业主参与度低、达不到选举条件是普遍问题。业委会成立不起来，对物业公司的监督就无从谈起。其次，业委会不是独立法人，运转靠业主代表志愿服务，由于组织管理能力不足、投入精力有限、缺少长效运转机制等，不少业委会都处于瘫痪、半瘫痪状态。最后，对业委会的监管不力，一些业委会成员借业委会名义谋取个人私利的丑闻屡屡发生。如挪用专项维修资金、侵吞公共经营收入、擅自出租地下室等,直接影响业委会的公信力、损害业主权益,甚至引发治安案件,不利于小区安全稳定。

(四)政府监管不到位

住房行政主管部门和属地政府对物业服务企业的监管没有形成合力,"看得见的管不了,管得了的看不见",条块矛盾比较突出。一方面,"放管服"改革取消了行政管理部门对物业服务企业资质和从业人员资格的管理,旨在推动监管方式由事前向事中、事后转变,但各地进程不一,新的监管手段没有及时跟进,客观上导致管理部门对物业服务企业的监管弱化。另一方面,属地政府虽然掌握物业企业的履约服务情况,但对物业公司的监督处罚权在行业主管部门,街道(乡镇)缺少"硬核"管理抓手,也没有明确的政策法规依据和有力的奖惩措施。

(五)党建引领力度弱

党组织在基层社会治理体系中居于领导地位,但党建引领物业公司参与社区共治仍是短板。首先,物业企业中党的组织覆盖面还比较低。缺少党建统领,物业企业自身履行社会责任意识弱,与社区治理各主体关系松散,尚未有效融入基层社会治理共同体。其次,由于物业管理和社区治理分属不同的政府部门主管,物业公司在社区治理中的地位和作用没有得到党委政府的充分重视。属地党组织在领导构建基层社会治理新格局中,还缺少有效手段将物业企业纳入共建共治共享体系。最后,许多地方党建引领还处于建立党组织覆盖的初级阶段,党的工作融入远远不够,甚至出现形式主义、"两张皮"的现象。

二、近年来全国各地物业共治的有益探索

为适应新形势、新变化、新要求,近几年,全国各地结合加强和创新基层社会治理,着力破解物业服务管理难题,采取了一系列新举措,进行了有益探索,呈现良好发展势头,许多经验做法值得总结和推广。

(一)党建引领,推动物业参与社区共治

各地在破解物业管理难题方面,普遍重视发挥党建引领作用,推动物业企业参与社区治理。北京市的工作力度就比较大。2019年年初,由市委组织部牵头在全市选取100个小区,开展党建引领物业服务企业和业主委员会参与社区治理试点工作。通过在物业和业委会中成立党组织、选派党建指导员,推进社区党组织、居委会、物业企业、业委会的工作人员交叉任职等方式,逐步扩大党组织和党的工作覆盖面,以党建为抓手探索把物业和业委会纳入社区治理体系的有效路径。另外,党建引领推进"红色物业"是各地比较普遍采用的模式。比如,云南省昆明市就在全市推行了这种模式。主要做法是:在街道工委的指导下,社区居委会与物业企业党员交叉任职,联合组建党组织,物业企业、业主代表以及社区形成三方联动机制,使物业企业成为社区治理的主体之一,有效地参与社区治理。

(二)政府主导,推行"失管"小区物业托底

在全国大中城市中,为数不少的脱管、"失管"老旧小区普遍存在,居民生活长期不便。面对这些小区长期"失管"而专业物业企业又不愿接管的问题,许多地方政府主动作为,采取托底性物业服

务管理模式。近日,笔者对北京市朝阳区进行了实地调研。该区是全市物业管理先进区,管理覆盖面积达1.4亿平方米,位居全市各区之首,占全市的31%,其中"失管"老旧小区就占全区住宅小区总数的20%。针对这个问题,政府积极引导区属国企扛起政治责任和社会责任,组建区属国有物业服务企业——朝阳家园物业公司。目前,朝阳家园物业公司已经进驻全区30个街乡的老旧小区,覆盖受益群众6 312户、建筑面积52万平方米。公司已为30个项目部配备党员经理,指导项目部与所在社区开展党建联建,以党建引领做好社区居民的宣传动员工作。

(三) 社区自治,积极开展楼院自治自管

为破解老旧小区引入物业管理难、资金保障难的困境,各地在社区党建引领居民自治方面也进行了积极探索。昆明市官渡区太和街道和平路社区的"楼院自治自管模式"就很有特色。该社区有居民楼院108个,其中80%没有物业管理,是典型的老旧居民区。楼院建筑参差不齐,居住情况复杂,加之建筑年代久远,给社区治理带来了很多困难。和平路社区的创新实践主要有:一是建立了"网片楼户"社区管理模式,把党建、环境卫生、民政、计生、就业、社保、文明创建、综治维稳、文化、民生工程、违建巡查等内容纳入辖区10个网片108个楼院,搭建起网格化管理机制载体;二是在太和巷探索"红色楼院共同体"自治模式,成立红邻党支部,培育社会组织和乐居街坊荟,组建院落自治委员会,整合公共资源,突破社区治理瓶颈,补齐服务群众短板,激发居民参与楼院治理,引导居民走出"小家"、共建"大家"。

(四) 市场参与,合力开展小区综合整治

为了进一步推动老旧小区的综合改造、环境整治和管理提升,北京市朝阳区劲松街道探索引入社会资本参与老旧小区综合整

治。针对老旧小区众多、配套设施不足、生活服务缺失等物业问题,劲松街道工委以劲松北社区为试点,建立区级职能部门、街道办事处、社区居委会、社会单位、居民组成的"五方联动"工作平台,就综合整治提升与愿景集团进行合作。2018年,劲松街道与民营企业愿景集团达成20年战略合作协议,以市场机制开展劲松北社区老旧小区综合改造、环境整治和管理提升项目。该试点坚持党建引领、政府统筹、企业主体、问需于民,其中,企业主体、市场运作的特征最为突出。愿景集团先期投资3 000万元用于社区公园建设、便民服务设施改造和景观提升等,而后深耕社区经营,预期通过闲置空间出租、物业费、停车费、物业补贴和养老、托幼、健康等产业经营逐步实现收支平衡持续发展。2019年8月,先期试点建设完工,涉及劲松北社区一区、二区的3 000余户居民,建筑面积约20万平方米,小区的环境设施、服务体验大为改善,居民满意度显著提升。

(五)开展试点,推动物业公司向社会企业转型

随着社会和经济的不断发展、社区居民需求的不断变化,物业企业传统的以"物"管为核心的经营理念,需要向以人为本的服务理念转变。2017年以来,北京市开展了社会企业建设试点工作,推动物业管理、家政服务组织率先向社会企业转型发展。社会企业是以社会效益最大化为目标,依靠提供产品或服务等商业手段解决社会问题并取得可测量的社会成果的企业组织。社会企业兼顾公益与商业双重目标,与物业服务的本质要求高度契合。

2017年,北京市委社工委开展社会企业试点培育工作,明确将物业服务企业纳入其中。2019年,试点企业金鸿新诚(北京)物业管理有限公司先后被认证为"北京市二星级社会企业"(共分一至三星级)和"中国好社企",是北京市乃至全国唯一一家社会企业

性质的物业服务企业。一是该公司坚持社会目标优先。以承接老旧小区、物业弃管等问题小区物业服务为主要业务。先后在丰台区方庄、朝阳区垡头等街(乡)多个小区扭转物业服务困局。企业党支部主动融入社区治理,搭建多元主体参与的服务平台。企业党员带动业主党员亮明身份服务群众,也调动了普通居民参与共治的热情。按照社会企业的性质要求,该公司章程规定盈利的30%不得分配,而要反哺社区,用于设施环境改善和人文环境提升,如开展文体活动、慰问困难群众等。二是该公司在商业可持续上下功夫。公司各项目点主动问需于民,做到"有事您吩咐",靠人性化服务赢得居民满意,物业费收缴率达到95%以上;同时,盘活小区闲置资源,开展增值服务,形成"物业服务+"的多元化商业模式。公司还通过灵活用工吸纳居民就业、使用物联网智慧安防技术、引入公益机构开展服务等方式降低运营成本,在物业费明显低于周边同类小区的情况下,能做到收支平衡略有盈余。试点模式也得到了属地政府、所在社区和广大业主的普遍认可,即将在朝阳老旧小区更新改造和大兴农村社区得到进一步推广。

(六)改革创新,"物业城市"模式脱颖而出

针对如何提升城市空间管理、城市资源运行、公共服务效能,引入社会力量解决城市治理难题,珠海市横琴新区探索了"物业城市"治理模式,把城市公共空间与公共资源整体作为一个"大物业",引进口碑好、专业强的万科物业公司承接政府部分公共管理服务职能,依托大数据进行智慧管控,让城市社会治理有据可依,有的放矢,实现"管理+服务+运营"的融合统一。物业企业作为珠海市横琴新区的"城市大管家",提供从"地上"到"地下"全方位服务管理,覆盖横琴全岛市容环卫、市政道路、垃圾分类、立体停车等诸多领域的管理服务,真正实现了"绣花"般的精细化服务管理。"物业城市"治理模式实现了政府和企业在城市管理、服务与运营

方面的优势互补,解决了政府服务难覆盖的问题,同时推进传统城市管理向市场化、服务化转型,打造管理精细、服务到位、运营高效的"星级城市"样板,为解决全国市域社会治理难题探索出一条新路子。珠海市横琴新区"物业城市"试点多点开花:利用科技优势,激活各方力量,实现线上与线下同步互动,有效化解各种矛盾隐患,市民群众的获得感、幸福感和安全感普遍提升;探索"物业城市+社区"的模式,破解城中村治理难题;探索"基层党组织+物业公司"的做法,成立自然村物业管理中心,在横琴新区9个自然村进驻专业物业团队,每个村配齐驻村管理员、客服、保安、保洁等专业服务人员,组建机动性强的工程维修队,确保试点村(居)公共设施维修保养服务到位,村居环境、物业服务、社会治安综合治理取得良好成效。

三、破解城市住宅小区物业工作难题的着力点

对于长期存在的带有普遍性的城市物业工作问题,要坚持纠建并举、重在建设,把这些问题当作长远的系统工程来抓。在总结各地经验做法和分析存在问题的基础上,破解难题可着力做好以下几个方面工作。

(一)加强顶层设计,把小区物业工作纳入"1+5+N"现代社区治理体系

物业服务管理存在的问题,究其根本原因是基层社会治理体系不健全,没有把物业企业作为社区治理主体,未能有机纳入基层社会治理新格局之中。因此,必须完善顶层设计,着力构建"1+5+N"社区治理现代化体系(见图1),充分发挥各个治理主体的作用,不断加强系统治理、依法治理、综合治理、源头治理。

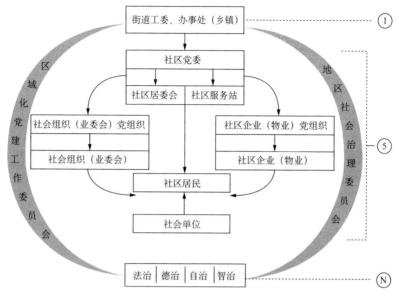

图1 "1+5+N"现代社区治理体系架构图

"1"是以街道(乡镇)为主导,建立健全区域党建工作委员会和地区社会治理委员会工作机制,加强综合协调。"5"是在社区党组织引领下,推动社区居委会、社会组织(业委会等)、社区企业(物业)党组织、(驻地)社会单位与社区居民"五社联动",共建共治共享。"N"是综合运用法治、德治、自治、智治等方式,不断推进基层社会治理体系和治理能力现代化。

(二)完善运行体制,着力破解小区物业工作一系列体制性障碍问题

首先,加强党的领导,将物业企业党组织纳入属地社区党委管理,有效破解社区与物业工作"两张皮"的问题。一是坚持应建尽建。推动具有3名以上正式党员的物业服务企业建立党组织;暂不具备独立组建条件的,通过选派党建指导员、成立党群办、转入党员组织关系、发展新党员等方式推动建立党组织;跨区域物业服

务企业成立项目党支部或党小组,持续提高物业服务企业党的组织和工作覆盖率。二是实现党组织关系属地化。物业服务企业(事业单位)无论是国资还是民营,统一将党组织关系隶属于项目服务所在地社区党委或街道党工委。建立可操作的考核指标体系,将党建引领物业管理纳入街区年度党建综合考核。三是推动双融入。探索街道、社区或上级职能部门向管理面积较大的物业服务企业派遣党组织书记;推荐优秀物业服务企业党员负责人担任社区党组织兼职委员或社区党建联席会成员,推选优秀物业服务企业项目经理担任社区居委会兼职委员。

其次,加强政府管理,将物业工作纳入政府管理体制改革的重点,有效破解政府管理与物业工作脱节的问题。一是开展街道管理体制改革,理顺条块关系。推广北京市党建引领"街乡吹哨、部门报到"的工作机制,提高街乡对职能部门的调度权,赋予其对物业管理事项的统筹管理权。住建部门要向属地政府下放一定范围的物业监管执法权,并提供必要的资源条件,切实推进重心下移、权力下放、资源下沉。二是转变行政管理方式,加强事中、事后监管。住建部门要在下放权力的同时,与属地建立协同联动机制,协助属地设立物业服务管理中心,将物业企业履约评价、监督管理落到实处。健全物业服务企业信用信息平台,加大对失信行为的跨部门联合惩处力度。积极构建"行业自律+第三方监理"的市场化管理模式。

再次,加强社会监督,将成立物业管理委员会作为过渡性办法,有效破解业主委员会成立难、运行难的问题。一是按照能建必建原则,积极推动商品房小区成立业主大会、业委会。各级党委政府部门要转变观念,主动引导业主大会和业委会设立,要把好业委会组建关、换届关和人选关。推荐符合条件的社区"两委"和党员业主参选业委会委员、兼任物业企业监督员。加强对业委会委员的培训和日常监督。业主大会的组建情况、规范运作情况要纳入部门、街乡工作职责。上海市半淞园路街道的经验值得推广,具体而言:设立业委会引导资金,委托律师、第三方机构对业委会进行评估,对优秀业委会授予星级并与引导资金挂钩。① 二是坚持从实际出发,在暂不具备条件的小区,推动成立物业管理委员会,代行业主委员会的职责。2020年5月1日实施的《北京市物业管理条例》首次提出,不具备条件或成立业主大会、业委会确有困难的小区,可由街乡负责组建物业管理委员会,作为临时机构承担相关职责,组织业主共同决定物业管理事项,为暂时无法成立业委会的小区提供了过渡方案。物业管理委员会由居民委员会、村民委员会、业主、物业使用人代表等七人以上单数组成,其中业主代表不少于委员人数的二分之一,既保证了业主和住户的权利,又有利于实现社区"两委"对物业管理委员会的领导。

最后,坚持分类施策,按照市场自主物业、单位自管物业、社区自治物业等模式开展试点,有效破解物业服务管理工作覆盖不全面的问题。一是商品房、保障房、售房单位一次性交清公共维修基金的房改房小区,采用"市场化物业"服务模式,即通过市场机制引入物业服务企业,依据合同约定,为居民提供现代物业服务。属地政府要着力提高物业管理的市场化、规范化水平。二是单位宿舍大院性质的小区,由单位下属物业企事业单位自主管理。三是老旧失管小区酌情采取"居民自治准物业""政府托底"等模式,因地制宜,完善物业服务模式。

(三)夯实工作基础,不断提高小区物业治理现代化水平

第一,坚持改革创新,将物业企业纳入社会企业范畴,加快推动转型升级,不断提高服务管理水平。一是推广物业社会企业试

---

① 唐烨:《业委会评星级,可申请项目引导资金》,《解放日报》,2018年2月23日。

点工作。社会企业秉承社会目标优先兼顾商业回报的本质特征,为打破物业公司逐利本性提供了新出路。北京市社会企业试点工作培育出的金鸿新诚(北京)物业管理有限公司,主动融入社区治理体系,在多个小区扭转物业管理困局,摸索出社会效益最大化和经济效益可持续的社会企业物业新模式。鼓励更多城市开展社会企业试点,出台相关扶持政策和培育引导措施,以社会企业的内在约束,降低物业公司外部监督成本,提高社区治理效能。二是支持物业社会企业做大做强,产生规模化影响力。加大对物业社会企业的宣传力度,提高政府相关部门的认知度。融通相关产业引导、社会建设等领域资金和政策,加大对物业社会企业的支持力度。综合运用政府和市场机制,促进其扩大服务规模,对小散乱低的物业公司进行兼并重组,复制社会企业服务模式和服务标准,推广物业要"以服务为本"的理念和"物业服务+"的新商业模式,实现"良币"驱逐"劣币"。三是引导更多物业企业朝社会企业转型。目前,北京市、成都市已明确支持物业公司向社会企业转型。要进一步明确物业企业属于准公共服务企业的类型定位,探索对住宅小区物业服务企业购买社区公共服务试点。对在新冠疫情防控中作出突出贡献的物业企业给予一定的补助,肯定其在基层社会治理中的地位和作用。以此鼓励更多物业企业主动承担社会责任,积极融入社区治理。探索通过"信托制"物业服务模式,打通物业企业向社会企业转型之路。业主大会或业委会作为委托人、物业企业作为受托人、所有业主作为受益人,依据《信托法》规制各方权利义务,打破物业管理运营的"黑箱",保障物业费资金安全与合理使用,约束物业公司权力,强化受益人监督,促进住宅小区物业工作良性开展。

第二,坚持依法治理,将物业工作纳入基层社会治理重点,加快推进政策法规建设,不断提高法治保障水平。一是启动《社区治理法》的立法工作,以法规制度的形式推动基层社区治理体系现代化。明确新时代社区治理各主体之间的权责利关系,理顺治理机制。要将物业管理作为社区治理的核心,明确把物业公司纳入社区治理共同体。二是鼓励各地出台《物业管理条例》。明确物业管理过程中主管部门、属地政府、物业服务企业、公共服务企业、社区党组织、居委会、业主大会及业委会、业主等各类主体的权利义务和协同治理机制,为解决物业管理难题提供法治保障。三是完善配套政策法规。各地在探索实践中要及时发现共性问题,将普遍经验转化为制度成果。适时出台如《街道管理条例》《物业服务履约评价工作指引》等,完善法规政策体系,保证物业管理有法可依、有章可循。

第三,坚持科技支撑,将物业工作纳入智慧社区建设重点,加大政府投入力度,不断提高智能化水平。一是把物业管理信息化作为信息惠民国家试点城市建设、智慧城市建设、智慧社区建设的重点内容,给予相应的政策和资金支持。二是以物业管理区域为基本单元,融入"城市大脑"建设。发挥物业公司信息技术和在地管理优势,与政府城市运行管理平台对接,促进精细化管理。用好物业大数据,提高基层治理的预见性。三是运用信息技术手段,以物业管理为抓手,带动市域社会治理现代化。鼓励地方探索大数据、云计算、物联网、AI等新技术在物业管理中的应用,并与市域社会治理相结合。在有条件的地区推广广东省珠海市横琴新区"物业城市"试点、浙江省"未来社区"建设试点等经验。

第四,坚持规范运行,将物业行业协会纳入社会组织建设重点,加快推进行业自律,不断提高行业管理水平。一是推动各地成立物业管理行业协会。省、市、地级市要普遍建立物业管理协会,发挥行业自律功能。二是在街(乡、镇)层面建立物业服务管理联盟。围绕产业链上下游,吸收物业服务企业及消防、电梯、供水、供热、物业监理等单位共同参与,保障小区各项服务协同高效。三是物业行业组织要引领行业发展新方向。积极推动物业从管理到服务的转变。大力倡导物业企业履行社会责任,制定激励机制,提供社区服务、公益慈善等项目对接服务。宣扬社会企业家精神,传播物业社会企业新模式,为物业企业明确定位、转型发展提供支持。

城市住宅小区物业管理问题分析与治理对策思考
——以湖南省永州市中心城区小区物业管理为例

周生来[*]

随着社会和经济的发展,以及工业化、信息化、城镇化、农业现代化进程的加快,人们的思想观念、利益格局、社会结构发生了深刻变化,社会治理面临的形势环境变化之快、改革发展稳定任务之重、矛盾风险挑战之多前所未有,给基层社会治理提出了一系列新挑战新要求。中共十九届四中全会通过的《中共中央关于坚持和完善中国特色社会主义制度 推进国家治理体系和治理能力现代化若干重大问题的决定》提出,要坚持和完善共建共治共享的社会治理制度,强调完善党委领导、政府负责、民主协商、社会协同、公众参与、法治保障、科技支撑的社会治理体系,建设人人有责、人人尽责、人人享有的社会治理共同体。把党的领导和我国社会主义制度优势转化为社会治理效能,打造共建共治共享的社会治理格局,为加强基层社会治理工作提供了根本遵循和科学指南。

小区治理本质上是一种"公地治理",即对多人共用的资源系统进行治理。埃莉诺·奥斯特罗姆将这种资源系统称为"公共池塘资源"。小区治理水平不仅直接影响居民的生活质量,也在很大程度上体现城市治理水平。因此,本文以湖南省永州市中心城区住宅小区管理为例,深入分析冷水滩、零陵两地小区管理的基本模

---

[*] 周生来,湖南省永州市委副秘书长、市台办主任。

式和存在问题,旨在进一步探索加快推进市域社会治理现代化的实现路径,全面提升永州市住宅小区管理水平,提升老百姓的幸福感、获得感、安全感。

一、永州市中心城区住宅小区物业管理的基本模式

永州市是湖南省14个地级市之一,位于湖南省南部,现辖冷水滩、零陵2个区以及祁阳、东安等9个县。全市国土总面积2.24万平方公里,总人口645万,其中,中心城区人口约101万人。境内山川秀美,文化厚重,历史悠久,是国家历史文化名城,同时还是国家卫生城市、国家森林城市,位列中国幸福城市20强。

目前,永州市冷水滩、零陵两个中心城区共有住宅小区482个,其中,冷水滩239个、零陵243个,共有住房约19.5万套,住宅面积约2 200万平方米。482个小区中有物业管理的228个,占47.3%,共有物业服务公司128家;成立业主委员会的小区有144个,占29.9%。从物业管理角度来看,该市中心城区住宅小区管理可以分为如下四种模式(如图1)。

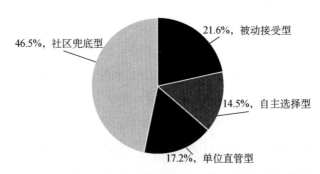

图1 湖南省永州市中心城区住宅小区的四种物业管理模式

（一）被动接受型

被动接受型小区的物业管理由房地产开发商组建或选择的物业公司进行管理,物业收费标准是:楼梯房每平方0.5—0.8元/月,电梯房每平方1.0—1.6元/月。小区环境卫生和秩序相对较好,但业主满意度不高。目前,两区有105个小区采取这种模式,其中,冷水滩区67个,零陵区38个,采取这种模式的小区占两区小区总数的比重为21.6%,比较有代表性的如冷水滩永州一号小区、零陵澳海云天小区等。

（二）自主选择型

自主选择型小区的居民自我管理意识较强,小区不仅成立了业主委员会,而且运转相对较好。有的采取招投标方式自主选择物业服务公司,有的由业主委员会自己组建物业公司或聘请专人负责物业管理。由于建立了比较完善的评价考核机制,业主满意度相对较高。这类小区共有70个,占两区小区总数的14.5%,其中,冷水滩区57个,零陵区13个,比较有代表性的如冷水滩华源府第小区、零陵耀江豪庭小区等。

（三）单位直管型

单位直管型小区主要是单位家属小区,其物业管理一般与单位捆绑,并委托给物业服务公司负责,物业管理费用由单位支付,居民一般不需要交纳物业管理费。这类小区管理具有行政化、福利性的特点,但与物业管理社会化、市场化、专业化的要求不符,增加了行政开支成本。目前有83个小区属于单位直管模式,占两区小区总数的17.2%,其中,冷水滩34个,零陵49个。

（四）社区兜底型

社区兜底型小区由于居住分散、业主对物业管理认识不足、不愿缴纳物业管理费等原因，没有聘请物业公司进行物业管理，小区管理由社区进行兜底保障，公共区域环境卫生由环卫工人承担，小区秩序基本属于无人管理状态，遇到疫情防控等突发公共事件需对小区进行管制时，政府需投入大量的人力、物力、财力。目前这类小区有224个，占两区小区总数的46.5%，其中，冷水滩区81个，零陵区143个，比较有代表性的如冷水滩通化街社区的珍珠花园小区、御景华城小区等。

二、永州市中心城区住宅小区物业管理存在的问题

近年来，永州市通过住宅小区专项整治和"六城同创"工作的推进，中心城区住宅小区一大批历史遗留问题得到妥善解决，管理水平有了较大提升，但依然存在不少问题，是群众信访的高发领域。据该市信访局统计，2019年全市涉及小区管理的信访件达473件，在各类别信访件中位居前列。经过分析归纳，该市中心城区小区管理主要存在如下四个方面的问题。

（一）房地产业监管不到位，遗留问题成为"火药桶"

在房地产开发销售过程中，开发商为追求利益最大化，违反相关法律法规的行为屡见不鲜，加上相关监管部门缺位不作为，甚至越位乱作为，各小区普遍存在历史遗留问题，成为导致业主与开发商、物业公司矛盾日益增多和业主上访居高不下的根源。

一是违规建设"办证难"。开发商开发过程中存在擅自变更规划、超容积率建设、消防验收不达标等问题，导致业主不能正常办

理不动产证。这几年冷水滩、零陵两区通过小区专项整治,"容缺"办证解决了大部分"办证难"问题,但还有相当部分的业主因各种原因不能办证。如:冷水滩区盛世华府小区共460户,目前还有57户没有办理不动产权证;零陵区名城山庄、城市府邸、江山帝景等14个小区尚有1 900余户不动产证不能办理。

二是设施配备不达标。有的开发商没有按规划建设要求配套设施,或建设未达标存在供水、供电等问题,影响业主的正常生活。例如:冷水滩御景华城小区下水管道未并入市政主管网,造成下水管道多次堵塞倒灌;冷水滩上城国际小区用电挂靠在永达建材市场的公共变压器上,导致用电高峰期电压不稳定,变压器已多次烧坏维修,严重影响业主的日常生活;冷水滩潇湘佳苑小区偷工减料、施工不规范,房屋质量未验收就交房,小区业主多次投诉质量问题,而开发商以超过保修期为由拒绝配合处理。

三是虚假宣传纠纷多。部分小区楼盘在销售时存在虚假宣传、夸大其词的问题,有的存在"一房多卖"的问题,为日后矛盾纠纷埋下隐患。如:零陵城上城小区在楼盘出售时,承诺业主可免费在地下停车场停车,但事后没有兑现,险些造成群体性事件;零陵苹果社区开发商违规向业主售卖VIP卡,后因资金链断裂,不能按承诺交房和退付购卡款本金利息,造成业主集体上访事件;冷水滩上城国际小区存在"一房多卖"现象,大部分房屋产权登记在开发公司名下,被债权人抵押、冻结,业主面临"钱房两空"危机。以上问题虽然属于开发商造成的问题,但直接影响业主的利益,间接地造成了小区物业公司在日后管理上的不便。

(二)行业市场准入门槛低,物管企业呈现"小散乱"状况

永州市物业管理行业的市场准入门槛较低,物管公司基本上

都是小微企业,理念滞后,管理混乱,造成业主与物业公司之间普遍存在对立情绪。

一是定位不准,服务意识差。一些物业公司受传统思想影响,以小区的管理者自居,不能准确定位服务与管理的关系,在管理小区相关事务时凌驾于业主之上。物业公司聘请的保洁、安保、绿化等从业人员多是大龄的进城务工人员,未能进行系统、专业的培训,员工素质普遍不高。加上员工月工资待遇普遍在1 500—2 000元,缺乏激励机制,难以激发工作积极性。部分物业公司由于提供的服务质量不高,由此引发业主对物业服务公司的强烈不满,矛盾极易激化。例如,冷水滩区帝王广场小区很多业主反映该小区物业公司管理混乱,服务态度差,小区秩序管理不到位,业主反映的问题处理不到位甚至无人处理。

二是规模太小,服务项目少。目前,冷水滩、零陵两城区从事住宅小区物业管理的公司大约有120余家,但都规模不大、业务单一,基本都是只有十几人或几十人的小公司,全市几乎没有成熟的、市场认同度高的大型物业公司。大部分物业公司承担的是小区保洁、安全保卫等最基本的服务,服务的项目很有限,加上管理和服务方式的落后、手段单一,较少运用现代化、智能化、专业化管理方法,难以满足业主的需要。

三是建管不分,隐藏问题多。房地产行业的建管不分,掩盖了大量的前期遗留问题。由开发商组建或选择的物业公司往往难以坚持原则为业主服务。一些小区不同程度地存在开发商不按规定配置物业管理用房、不重视前期物业服务、车库权属不清、建筑存在质量安全等问题。后期接手的物业服务企业受累于开发遗留问题,饱受业主的指责,代开发商"受过"的现象较为普遍。例如,冷水滩区远志新外滩开发商未将商业区物业管理移交,造成商业区和居民区物业分离,商业区的餐饮店乱排油烟废气,导致居民区业主怨声载道。

（三）机构改革引发新问题，职能部门打起"太极拳"

小区管理涉及部门多，原本就存在推诿扯皮、效率低下、不敢担当等问题，特别是机构改革后，旧的管理体制被打破，但新的体制机制尚未建立健全，导致监管出现真空地带。

一是监管部门"多而不强"。小区管理问题涉及自然资源和规划、城管执法、住建、税务、市场监管、公安等多个部门，而且分工过于精细，对于一些具体问题往往找不到主管部门。比如，取得规划许可的违规建筑由规划部门执法，未取得规划许可的违规建筑由城管部门执法。监管部门执法力量过于分散，没有实现信息资源共享、互联互通，难以形成工作合力。例如，冷水滩区远志新外滩小区临近马路的1—3层商铺租户擅自在承重墙上开窗开门，小区居民投诉举报后，城管、住建等部门虽然召开了协调会，但问题仍然长期没有得到妥善解决。

二是职责职能"放而未接"。在2019年机构改革中，涉改部门工作交接不积极、不彻底，加上只划转职能没有相应划转人员，导致相关工作暂处于无人管理的状态。比如，原市房产局已变更为市住房保障服务中心，其原来承担职能的现状为：原来承担的很多行政职能划归到住建局房地产市场监管科，但该科只有3名工作人员，力量薄弱，难以履职到位；原来承担的监督指导成立业主委员会、调解物业管理纠纷、受理物业管理方面投诉信访等6个方面的工作职责交由冷水滩区组织实施，但冷水滩区尚没有责任单位承担这些职责；还有基层呼吁的小区专项维修资金的缴存使用、物业管理企业的信用档案扣分等职权市里却没有下放。

三是基层政府"有责无权"。街道、社区是与小区群众联系最紧密的组织，很多小区管理方面的问题投诉，首先由社区或街道受理，处理不当也会进行相应问责。但在实际工作中，街道作为派出机构，社区作为群众自治组织，都没有执法权力，对物业公司没有约束力,协调调度城管、市场监管、住建、公安等部门力量十分困难。比如,2020年2月,湖南省政府第七督察组暗访永州市冷水滩区疫情防控工作时,发现由永州中亚物业管理有限公司服务的潇湘明珠小区、时代花园小区存在未按要求开展体温检测、信息登记等问题,冷水滩区梅湾街道办事处对该问题进行了交办,但两个小区没有按时整改到位,导致街道、社区负责人被严肃问责。

(四)业主参与管理意识不强,自治组织变成"名利场"

大部分业主对小区管理认识不到位,主人翁意识不强,作为"沉默的大多数"不愿也不懂得如何进行小区管理,还有部分业主"心怀鬼胎",参与管理只为谋取自身利益。

一是事不关己不愿为。现代社会生活节奏较快,邻里之间感情淡漠,大部分业主有"事不关己,高高挂起"的心态,在自身利益不受侵犯的情况下,不愿参与小区管理,对业主委员会等自治组织缺乏认识、情感淡漠。目前,冷水滩、零陵两城区共有住宅小区482个,但成立业主委员会的小区仅有144个,占比为29.9%。许多小区成立业委会都存在无人报名的尴尬局面。冷水滩区华源府第、零陵区耀江豪庭等运转较好的小区业委会也面临换届时报名人选太少而达不到选举要求的困境。

二是利己主义乱作为。部分业主只愿享受权利,不愿履行相关义务:有的不愿交纳物业管理费;有的对物业管理公司提出过高要求;有的贪图小利而不顾安全,违规搭建占用公共空间,占用绿地种菜,占用消防车道违规停车;有的素质不高,存在乱扔垃圾甚至高空抛物等行为。部分业主加入业委会只为谋取个人私利,造成业委会运转不畅、财务账目管理混乱。比如,安排亲友开的物业公司入驻小区,以业委会的名义占用公共资源谋利,不带头交纳物业管理费,等等。

三是党员干部不敢为。业主中的党员干部,特别是县(区)级以上机关党员干部不敢亮明身份,不愿也不敢主动参与自治管理,虽然按组织要求到小区报到,但实际较少发挥带头作用,对小区管理工作不熟悉、不关注、不参与,存在脱离群众的现象。据永州市市直机关工委统计,目前市直机关事业单位共有党员 14 018 名,在疫情防控期间,主动参与小区疫情防控的党员仅有 125 名,占比不到 1%。有的党员干部在小区管理中不仅没有发挥积极作用,甚至存在不按时交纳物业管理费、不遵守业主委员会章程等行为,带坏小区风气。

三、加快推进永州市住宅小区治理现代化的对策建议

住宅小区是城市居民赖以生存的基础,是市域治理体系的重要一环。要提升小区群众获得感、安全感、幸福感,笔者认为,关键要推动"小区管理"走向"小区治理",建设人人有责、人人尽责、人人享有的共建共治共享小区治理格局,具体方案如下。

(一)加强源头治理,强化房地产市场监管

提升小区治理水平,首先要增强系统思维,抓好房地产开发销售这个源头。

第一,减存量,实施"小区综合治理三年攻坚行动"。由市城建领导小组牵头,组织公安、住建、自然资源规划、城管执法、税务等部门及冷水滩、零陵两区成立小区综合整治办,系统总结中心城区 103 个小区整治中的工作经验和好做法,坚持分类处理、精准施策,集中解决已建成小区的房屋"办证难"、用电"专改公"等存量问题。

第二,控增量,在开发销售过程中规范开发商行为。加强房地

产开发资质的管理,实行供地与资质挂钩,加强房地产市场的日常监管,防止企业"带病开发""虚假销售"。全面落实项目资本金及预售资金监管制度,实行房屋买卖网签备案制度。加强对房地产建设项目的规划、工程质量、竣工验收监督和商品房小区的综合验收,确保小区交付时达到国家规定的标准和合同约定的条件。

第三,聚能量,建立综合性执法队伍。可按照"市统筹、区主抓、街道(社区)协同"的模式构建小区管理大格局。建立由住建部门牵头,市自然资源和规划局、城管局、市场监管局等部门参与的部门联动体系,组建覆盖房地产、物业管理等领域的综合性执法力量,实行"一口受理、统一处理",填补执法"盲区",提升执法效率。同时,加强查处惩罚力度和降低政策信息传递的成本,主动联合社区、物业公司、业委会等部门,保证有关小区物业管理的政策信息传递的有效性,从而规范住宅小区的物业管理,减少小区治理问题发生的概率。

(二)加强依法治理,完善小区治理制度体系

依法治理是最可靠、最稳定的治理,也是推进国家治理体系和治理能力现代化的根本要求,具体可从以下三方面入手。

一是聚焦"普法",大力开展法律知识进小区活动。结合"七五"普法,采取业主群众喜闻乐见的方式,深入宣传《物权法》《湖南省物业管理条例》《湖南省业主大会和业主委员会指导细则》等政策文件,大力弘扬法治精神,着力增强广大业主和有关企业知法、懂法、守法、用法意识,引导业主和物业服务企业自觉遵守法律法规,通过合法途径解决物业矛盾纠纷,进一步推动业主大会和业主委员会运作经常化、正常化、规范化。

二是聚焦"立法",建立健全小区物业管理规范制度。立法加强小区的物业服务,是提升城市化水平、构建和谐社会的必然选择,能进一步为规范物业服务提供有力保障,为破解物业"顽疾"开

出法治良方。① 建议由市政府相关部门制定出台《关于加强住宅小区综合治理工作的意见》《永州市物业服务企业综合考核办法》《永州市街道办事处条例》等系列文件,进一步明确物业服务企业的职责,加强对物管行业的监督管理,增强物业服务规范的透明度和实际可操作性,推进物业服务规范运行,确保小区管理有制可依、有规可守、有序可循。同时,鼓励小区业委会制定《住户守则》等居规民约,加大对业主拒不履行相关义务的处罚力度,约束居民的不文明行为。

三是聚焦"执法",以执法权威实现小区善治。坚持有法必依、执法必严、违法必究。对有违规建设、超占土地、超容积率、欠缴税费等违法违规行为,发现一起、查处一起,并列入企业或个人不良征信纪录;对失信开发企业及其股东在本地区从事房地产开发和物业管理的情况进行核查,依法进行处理并纳入黑名单,对整改未到位的,一律不准进入房地产市场;对物业公司注册资质进行严格把关审核,在年度检审时实行"事前事中事后"百分制考核,对考核不达标的物管公司进行联合整改整顿,情节严重的注销营业执照,以法律规范协调各种利益关系,保持严管重罚的高压态势,有效破解小区管理难题,规范物业管理工作。

(三)加强自我治理,充分发挥党建引领作用

小区自治是基层社会治理的重要组成部分。坚持党的领导,大力推进小区党建工作,将党建融入物业管理,尤其是融入物业管理企业、业委会等非政府组织和群众自治组织中去,以党建引领自我治理,为其铺上红的底色,可以有效地提升城市社会的组织和动

---

① 潘铎印:《立法加强小区物业服务势在必行》,《中国建设报》,2020年5月12日,第2版。

员能力,一改城市小区管理"消极""暗色"形象。①

首先,明确一个要求,强化党建带群建。同步推进小区党组织与业委会建设,厘清街道、社区与小区党组织、业委会的关系,在未成立业委会的小区中,先行建立建强隶属于社区党组织的小区党组织,再通过小区党组织的发动引导,建立小区业主委员会,力争实现所有小区党组织和业主委员会"双覆盖",切实形成"有人管事、照章办事、规范运作"的基层治理工作格局。同时,严把业委会入口关,保障必要的工作经费,探索建立半职业化或职业化的业主委员会委员制度,鼓励政治觉悟高、素质高的公职人员和党员干部参与业委会成员竞选,充分调动业主委员会成员的工作积极性,发挥基层党组织在小区综合治理中的引领和统领作用,形成以小区党组织为核心、业委会充分履职、物业公司优化服务的"三位一体"治理模式。

其次,开展一个活动,引导党员履职尽责。充分发挥党员的先锋模范作用,在县(区)级以上机关党员干部中开展"三亮明三参与"活动,安排机关党员干部每月用一天时间回所在小区开展有关工作,引导机关党员干部在所住小区做到亮明身份、形象上墙、单位公开,积极参选业主委员会或担任楼栋长(单元长)、参与社区志愿服务活动、参与纠纷调解等。小区内党员干部做到带头维护小区管理、带头交纳物业费、带头传播正能量,在小区治理中主动履责,接受小区居民监督,支持小区基层组织正常开展工作。

再次,结好一个对子,拉近党群干群关系。采取"一对一""一对多"或"多对一"的模式,推行机关单位与小区党支部结对共建,引导机关党员干部在参与小区管理工作中践行初心使命。可以采取"居民点单、支部下单、党员接单"的菜单方式,根据居民需求提

---

① 徐成:《以行业党建为载体,加快物业管理融入基层社区治理》,《住宅与房地产》2019年第10期。

供家庭医生、居家养老、便民服务、家政服务等延伸性服务,提升服务群众的针对性与实效性,促进党员服务与小区管理"不脱钩"。①大力推广辖区内冷水滩区、东安县等地有较为成熟经验的"四点半""青青草""一帮一"和"邻里和"等党员志愿服务新模式,形成"支部领头,党员给力,物业负责,邻里融洽"的良好格局。

最后,构建一个机制,形成群防群治合力。积极探索区域化党建,由社区党组织牵头,建立社区党组织、小区党组织、业委会、物业企业和辖区治理力量共同参加的"一核多元"机制,每月定期召开会议,交流工作情况,汇集居民群众诉求,研究矛盾问题解决方案,坚持多方合力,共同建设、共同治理、共同享有权利和成果。大力宣传表彰邻里守望"好楼长"、参与小区管理"好党员",组建一批善做群众工作的"夕阳红"调解室、"和事佬"工作室等志愿服务组织,形成"党建引领、红色物业、多元共治、共建共享"新格局,力争将小区矛盾吸附在基层、化解在萌芽状态。

(四)加强科学治理,加快物业管理现代化

小区物业管理事关群众的切身利益,是创新社会治理、推进宜居城市建设的重要环节,事关群众的幸福感和满意度。要利用如下现代科学管理手段,促进市域物管企业做大做强,推动小区治理提质增效。

一是加强行业自律,建好物业管理协会。重新组建全市物业服务行业协会,充分发挥协会在联系企业、连接市场、服务行业等方面的优势,促进物业服务行业的繁荣和健康发展。建立企业信用等级制度,将信用报告作为物业管理招投标、业主大会选聘、物业管理企业资质年审、小区评优的重要依据。通过引入市场竞争机制,规范招投标行为,实施公开、公平、公正的市场竞争,以此倒

---

① 石祖轩:《居民点单 支部下单 党员接单》,《共产党员》(河北)2016年第8期。

逼物业服务企业自觉提高自身的物业管理水平。认真落实《湖南省物业项目服务质量等级(星级)管理办法》《湖南省物业服务项目经理人管理水平等级评定办法》的要求,督促物业服务企业和从业人员依法经营、诚信服务,规范物业服务企业的经营运作,推动物业服务市场社会化、专业化、规范化,提高物业服务水平和群众满意度,有效发挥物业管理行业在共建共治共享的社会治理大格局中的重要作用,促进基层社区治理体系和治理能力现代化进程。

二是加强政府扶持,实施"十百千万"工程。依法建立物业行业守信联合激励和失信联合惩戒机制,建立健全物业服务企业退出机制,对不规范经营的物业服务企业,坚决予以纠正,直至要其退出物业管理市场。对挂靠、无资质、无独立法人资格或未经审批收取物业服务费的不良行为,要进行清理规范并依法取缔,打造优胜劣汰的良好市场环境。支持优质物业服务企业做大做强,探索开展物业服务示范小区建设,抓好多层次的人才培训,加强物业企业关键岗和技能人员的培训,不断提升物业服务质量,促进行业发展。建立物业服务队伍激励机制,开展"最美物业人"等评选活动,力争培育一批优秀的物业服务企业、服务班组、项目经理,以及一线保安、保绿、保修、保洁人员等,培育若干具有社会影响力的"物业工匠",发挥示范作用。推动三年内在全市培育10家以上规模以上的物业服务公司、建立100个管理优秀示范小区、拥有物业管理的小区达到1 000个、开展物业服务人才培训10 000人次以上的"大型工程"。

三是加强管理创新,大力发展智慧物业。积极应对城市公共管理"智慧化"发展趋势,探索物业管理与社会化服务有机结合的新路径,推动物业服务企业借助互联网、物联网、大数据等信息网络技术线上线下融合的运作模式,提升物业管理的智能化水平,构建政府与社区、社区与居民、居民与物业服务企业间高效便捷、公开透明的沟通交流智慧平台,以及物业服务企业、社区、街道、派出所城市人口动态管理的数据共享联动机制,产生优势互补、相互协作、节约成本和形成合力的价值,以进一步解决信息互联互通的难题,促进城市综合管理信息系统、智慧社区和房屋管理信息系统等项目的建设和发展。①

四、结语

小区治理是城市治理的缩影,小区物业管理工作的好坏同人民群众的幸福感和满意度息息相关,它关系到千家万户家门口的利益,涉及面广、影响力大。物业服务作为社区治理体系的重要组成部分,其服务和管理工作的建设提升需要遵循现代社会治理理念,实践全面综合、分层有序、多元共享的核心思想。尽管我国建立了市场化的物业发展模式,但物业管理矛盾依然突出,它同基层物业服务供给能力的严重不足紧密相关,如重视不足、人员不足、投入不足等问题普遍存在。与此同时,小区类型的分化也使物业管理面临困境:老旧小区物业管理面临利益微薄、市场缺位、业委会运行不畅、居民自治难以有效作为等问题,而商品房小区面临开发遗留、利益分化以及多元治理主体互动博弈导致治理能力失效等物业管理危机,给基层社会治理带来巨大的压力和挑战。②

因此,解决小区管理问题,形成具有安全感和幸福感的城市住宅小区应该注重以下几个方面。一是抓好房地产开发销售源头,从源头控制把好房产开发各个环节的审批关,及时纠正查处其在开发建设、商品房销售、房地产中介、合同订立、物业管理等方面的违法违规行为,搞好房地产开发与物业管理的衔接工作。二是通

---

① 马浩元:《智慧物业项目建设方案的研究与实践》,《上海房地》2020年第4期。
② 刘成良:《城市社区物业管理类型与基层治理困境——基于社区类型分化的视角》,《云南行政学院学报》2017年第2期。

过普法、立法、执法环节,进一步依法治理、协调各方关系,同时依法保护房屋所有者权益,解决物业纠纷,促进物业管理进一步深化改革。三是以党建为载体,将党建作为一个柔性抓手嵌入物业管理,构建业委会等市民自治组织与国家治理体系间相互依赖、相互扶持的良性关系,搭建起"群众自治圈""社会共治圈",推动城市社会自治规范的培育与形成。以党员模范作用、党组织引领作用实现公众参与和公共治理的有序理性。四是推进现代化物业管理,通过加强行业管束、政府扶持、智慧物业等方式,政府积极主动地发挥引导作用,承担兜底职能,转换资源输入思路,创新居民参与小区治理的渠道,为居民自治提供保障,为多元共治搭建平台。同时通过智能化运行,推动物业管理和小区综合治理,形成良好发展态势,深入推进城市基层治理体系和治理能力现代化。

稿 约

1.《复旦城市治理评论》于2017年正式创刊出版,为学术性、思想性和实践性兼具的城市治理研究系列出版物,由复旦大学国际关系与公共事务学院主办,复旦大学国务学院大都市治理研究中心编辑出版,每年出版2辑。《复旦城市治理评论》坚持学术自由之方针,致力于推动中国城市治理理论与实践的进步,为国内外城市治理学者搭建学术交流平台。欢迎海内外学者惠赐稿件。

2.《复旦城市治理评论》每辑主题由编辑委员会确定,除专题论文外,还设有研究论文、研究述评、案例研究和调查报告等。

3. 论文篇幅一般以15 000—20 000字为宜。

4. 凡在《复旦城市治理评论》发表的文字不代表《复旦城市治理评论》的观点,作者文责自负。

5. 凡在《复旦城市治理评论》发表的文字,著作权归复旦大学国际关系与公共事务学院所有。未经书面允许,不得转载。

6.《复旦城市治理评论》编辑部有权对来稿按稿例进行修改,不同意修改请在投稿时注明。

7. 来稿请附作者姓名、所属机构、职称学位、学术简介、通信地址、电话、电子邮箱,以便联络。

8. 投稿打印稿请寄:上海市邯郸路220号复旦大学国际关系与公共事务学院《复旦城市治理评论》编辑部,邮编200433;投稿邮箱:fugr@fudan.edu.cn。

稿 例

一、论文构成要素及标题级别规范

来稿请按题目、作者、内容摘要(中文200字左右)、关键词①、简短引言(区别于内容摘要)、正文之次序撰写。节次或内容编号请按一、(一)、1.、(1)……之顺序排列。正文后附作者简介。

二、专有名词、标点符号及数字的规范使用

1. 专有名词的使用规范

首次出现由英文翻译来的专有名词(人名、地名、机构名、学术用语等)需要在中文后加括号备注英文原文,之后可用译名或简称,如罗伯特·登哈特(Robert Denhardt);缩写用法要规范或遵从习惯;各类图表制作清晰正确,引用图表一定注明"资料来源"(出处文献格式请按照下面的"文献注释"要求)。

2. 标点符号的使用规范

请严格遵循相关国家标准,参见《标点符号用法》(GB/T 15834—2011)。

3. 数字的使用规范

请严格遵循相关国家标准,参见《出版物上数字用法》(GB/T 15835—2011)。需要说明的是:一般情况下,对于确切数字,请统一使用阿拉伯数字;正文或注释中出现的页码及出版年月日,请以公元纪年并以阿拉伯数字表示;约数统一使用中文数字,极个别地方(为照顾局部前后统一)也可以使用阿拉伯数字。

三、正文中相关格式规范

1. 正文每段段首空两格。独立引文左右各缩进两格,上下各空一行,不必另加引号。

---

① 关键词的提炼方法请参见《学术出版规范——关键词编写规则》(CY/T 173—2019)。

2. 正文或注释中出现的中、日文书籍、期刊、报纸之名称,请以书名号《》表示;文章篇名请以书名号《》表示。西文著作、期刊、报纸之名称,请以斜体表示;文章篇名请以双引号""表示。古籍书名与篇名连用时,可用中点(·)将书名与篇名分开,如《论语·述而》。

3. 请尽量避免使用特殊字体、编辑方式或个人格式。

四、注释的体例规范

所有引注和说明性内容均须详列来源:本《评论》的正文部分采用"页下脚注"格式,每页序号从①起重新编号,除对专门的概念、原理、事件等加注外,所有注释标号放在标点符号的外面;表和图的数据来源(资料来源)分别在表格下方(如果表有注释的话,请先析出资料来源再析出与表相关的注释说明)和图题下方析出。

【正文注释示例】

[例一] 陈瑞莲教授提出了区域公共管理的制度基础和政策框架。① 杨龙提出了区域合作的过程与机制,以及提高区域政策的效果和协调区域关系。② 第二类主要着眼于具体的某个城市群区域发展的现实要求,比如政策协同问题、大气污染防治、公共服务一体化等。

[例二] 1989年,中共中央发表《中共中央关于坚持和完善中国共产党领导的多党合作和政治协商制度的意见》,明确了执政党和参政党各自的地位和性质,明确了多党合作和政治协商制度是中国的基本政治制度,明确了民主党派作为参政党的基本点即"一个参加三个参与"。③

---

① 陈瑞莲:《论区域公共管理的制度创新》,《中山大学学报》2005年第5期。
② 杨龙:《中国区域政策研究的切入点》,《南开学报》(哲学社会科学版)2014年第2期。
③ "一个参加三个参与"指,民主党派参加国家政权,参与国家大政方针的制定,参与国家事务的管理,以及参与国家法律、法规、政策的制定和执行。

【表的注释示例】

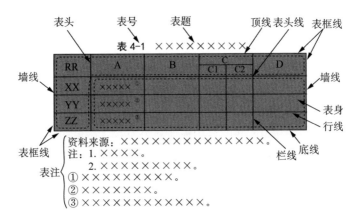

【图的注释示例】

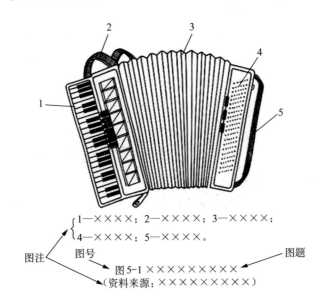

五、注释格式附例

1. 中文著作

＊＊＊(作者名)著(或主编等):《＊＊＊＊＊＊＊》(书名),＊＊＊＊出版社＊＊＊＊年版,第＊＊页。

如,陈钰芬、陈劲:《开放式创新:机理与模式》,科学出版社 2008 年版,第 45 页。

2. 中文文章

(作者名):《***》(文章名),《*****》(期刊名)**** 年第 ** 期,第 ** 页/载于 *** 著(或主编等):《*******》,**** 出版社 **** 年版,第 ** 页①。

期刊中论文如,陈夏生、李朝明:《产业集群企业间知识共享研究》,《技术经济与管理研究》2009 年第 1 期,第 51—53 页。

论文集中文章如,陈映芳:《"违规"的空间》,载陈周旺等主编:《中国政治科学年度评论:2013~2014》,复旦大学出版社 2016 年版,第 75—98 页。

3. 译著

(作者名或主编等):《****》,*** 译,**** 出版社 **** 年版,第 ** 页。

如,[美]菲利普·科特勒:《营销管理:分析、计划、执行和控制》(第九版),梅汝和等译,上海人民出版社 1999 年版,第 415—416 页。

4. 中文学位论文

(作者名):《****》(论文标题),**** 大学 **** 专业 ****(硕士/博士)学位论文,**** 年,第 ** 页。

如,张意忠:《论教授治学》,华东师范大学高等教育学专业博士学位论文,2006 年,第 78 页。

5. 中文网络文章

(作者名、博主名、机构名等著作权所有者名称):《****》(文章名、帖名)(文章发布日期),***(网站名),****(网址),

---

① 期刊中论文的页码可有可无,全文统一即可,但是涉及直接引文时,需要析出引文的具体页码。论文集中文章的页码需要析出。

最后浏览日期:****年*月*日。

如,王俊秀:《媒体称若今年实施65岁退休 需85年才能补上养老金缺口》(2013年9月22日),新浪网,http://finance.sina.com.cn/china/20130922/082216812930.shtml,最后浏览日期:2016年4月22日。

6. 外文著作

******(作者、编者名+姓)①,ed./eds.②(如果是专著则不用析出这一编著类型),************(书名用斜体字,且除虚词外的每个单词首字母大写),****(出版地,出版地可省略,全文统一即可):****(出版社),****(出版年),p./pp.③ ***(页码数).

如,John Brewer and Eckhart Hellmuth, *Rethinking Leviathan: The 18th Century State in Britain and Germany*, Oxford University Press, 1999, pp.5-6.

7. 外文文章

******(作、编者名+姓),"********"(文章名的首字母大写),******(期刊名,用斜体字并且首字母大写),*******(卷期年数),p./pp. ***(页码数). 或者,如果文章出处为图书,则在文章名后用:in ******(作编者名+姓),ed./eds.,************(书名用斜体字,且首字母大写),****(出版地,出版地可省略,统一即可):****(出版社),****(出版年),p./pp. ***(页码数).

期刊中的论文如,Todd Dewett and Gareth Jones, "The Role of Information Technology in the Organization: A Review, Model, and Assessment", *Journal of Management*, 2001, 27(3), pp.313-346.

---

① 外文著作的作者信息项由"名+姓"(first name + family name)构成。以下各类外文文献作者信息项要求同。
② "ed."指由一位编者主编,"eds."指由两位及以上编者主编。
③ "p."指引用某一页,"pp."指引用多页。

或著作中的文章如,Randall Schweller,"Managing the Rise of Great Powers: Theory and History", in Alastair Iain Johnston and Robert Ross, eds., *Engaging China: The Management of an Emerging Power*, Routledge, 1999, pp.18-22.

8. 外文会议论文

******(作者名+姓),"********"(文章名的首字母大写,文章名要加引号),paper presented at ******(会议名称,首字母大写),*******(会议召开的时间),***(会议召开的地点,具体到城市即可).

如,Stephane Grumbach,"The Stakes of Big Data in the IT Industry: China as the Next Global Challenger?", paper presented at The 18th International Euro-Asia Research Conference, January 31 and February 1, 2013, Venice, Italy①.

以上例子指外文会议论文未出版的情况。会议论文已出版的,请参照外文文章的第二类,相当于论文集中的文章。

9. 外文学位论文

******(作者名+姓),************(论文标题用斜体,且除虚词外的每个单词首字母大写),doctoral dissertation/master's thesis(博士学位论文/硕士学位论文),****(大学名称),****(论文发表年份),p./pp. ***(页码数).

如,Nils Gilman, *Mandarins of the Future*, *Modernization Theory in Cold War America*, doctoral dissertation, John Hopkins University, 2007, p.28.

10. 外文网络文章

(作者名、博主名、机构名等著作权所有者名称),"****"(文章名、帖名)(文章发布日期),***(网站名),****(网址),

---

① 如果会议名称中含有国家名称,出版地点中可省略国家名称信息。

最后访问日期: **** 年 * 月 * 日。

如, Adam Segal, "China's National Defense: Intricate and Volatile" (April 1, 2011), Council on Foreign Relations, https://www.cfr.org/blog/chinas-national-defense-intricate-and-volatile, retrieved December 28, 2018.

图书在版编目(CIP)数据

物业管理与基层治理/唐亚林,陈水生主编. —上海:复旦大学出版社,2021.9
(复旦城市治理评论)
ISBN 978-7-309-15749-9

Ⅰ.①物… Ⅱ.①唐… ②陈… Ⅲ.①物业管理-研究-中国 ②社区管理-研究-中国
Ⅳ.①F299.233.3 ②D63

中国版本图书馆 CIP 数据核字(2021)第 114181 号

物业管理与基层治理
WUYE GUANLI YU JICENG ZHILI
唐亚林　陈水生　主编
责任编辑/孙程姣

复旦大学出版社有限公司出版发行
上海市国权路 579 号　邮编:200433
网址:fupnet@fudanpress.com　http://www.fudanpress.com
门市零售:86-21-65102580　团体订购:86-21-65104505
出版部电话:86-21-65642845
常熟市华顺印刷有限公司

开本 787×960　1/16　印张 18.5　字数 232 千
2021 年 9 月第 1 版第 1 次印刷

ISBN 978-7-309-15749-9/F·2804
定价:68.00 元

如有印装质量问题,请向复旦大学出版社有限公司出版部调换。
版权所有　侵权必究